中公新書 2650

佐橋 亮著

米中対立

アメリカの戦略転換と分断される世界

中央公論新社刊

はしがき

「米中のすべての関係を断ち切ることもあり得る」

新型コロナウイルス感染症（COVID-19）が蔓延《まんえん》し、米中舌戦が激しさを増すなか、二〇二〇年五月にドナルド・トランプ大統領の口からその言葉が飛び出したとき、軽口を叩《たた》く彼にとっていつものことだ、と簡単に済ませられない気持ちになった。

一つには、ポピュリストのトランプ大統領であれば、その方向に事態を動かす決断をしかねないという恐れがあったからだ。彼を支える側近や、岩盤支持層に広く視聴されていたFOXニュースは、中国への根深い嫌悪を隠さなかった。

そして、政権中枢だけではなく、米軍や中央政府の官僚機構、連邦議会においても、中国との関係を全面的に見直すべきだとの考えが支配的だった。新型コロナウイルス感染症に対する中国政府の秘密主義的な初期対応が広く知られるようになり、世論調査に示される対中認識も急速に悪化した。こういったなかで、アメリカは中国との対立も辞さず、実際に多くの政策を変えて、中国との貿易や交流を絞り、人権侵害に対して一部では経済制裁まで行うようになった。

中国との関係を断ち切ればよいではないか――。いや、ことはそう簡単ではない。たしかに、近年の中国において加速する強権的な政治姿勢や、国際ルールへの挑戦は目に余るものがある。だが、もしトランプ大統領の言葉が現実のものとなれば、私たちの前に出現する米中が分断された世界は、想像を超えるものとなる。今や、世界第一、第二の経済大国が、先端技術を使ったサービスや製品をまったく融通しあわず、科学的成果を隠しあい、互いを訪問するのに制約がかかる関係となれば、私たちの世界はただ不便になるだけではなく、成長も鈍化し、軍事衝突の危険とも隣り合わせとなる。

だからこそ、トランプ政権発足後に貿易戦争が激化しても、米中はやがて関係の修復に戻ると考える向きもあったのだが、コロナ禍後にトランプ大統領や側近は、まるで冷戦期にソ連を批判したような言い方で中国批判を繰り返した。トランプ政権に引き締められた対中姿勢をジョー・バイデン政権は継承し、むしろ加速させているところもある。制約された米中関係、そして分断が深まる世界が現実のものとなりつつある。

ここで、思い起こしてほしい事実がある。中国を育てたのは、ほかでもない、アメリカであり、そのパートナーである日本や欧州だ、ということだ。米中は一九七二年にリチャード・ニクソン大統領が訪中、外交関係を切り開くと、七九年から正式に国交を樹立した。アメリカは過去四十年以上にわたり、中国に大規模な支援を与えてきた。多くの科学者の卵が太平洋を飛び越え、アメリカの大学や研究所で学んだ。さらに中国大陸にはアメリカから膨大な投資が行われ、中国はグローバル化の申し子として世界の工場に、そして世界の市場となった。

米中関係が不安定な基盤のうえになりたっていたのは事実だ。一九七〇年代における両国の接近はソ連を牽制《けんせい》するという戦略的な理由から始まった。価値観が異なることは誰の目にも明らかだった。ウォーターゲート事件で国民の支持を失い辞任に追い込まれたニクソン大統領も、二回の大統領選挙でアメリカ市民に選ばれたことには違いない。彼が向かいあった毛沢東《もうたくとう》は、選挙の洗礼を一度も受けたことのない、中国共産党の指導者だった。

自由主義の松明《たいまつ》を掲げるアメリカは、異なる政治体制に寛容であったわけではない。それでも、大きな目標のために打算を働かせたのだ。それは、中国で天安門《てんあんもん》事件が起き、ソ連が崩壊したあとも変わらずに維持された。中国との関係を維持すれば国際関係で有利に働く、成長の潜在性が高い中国への投資を拡大させたい、指導部の世代交代が進めば政治もきっと変わる——多くの思惑のうえに、中国との関係が維持された。天安門事件の翌年に公表された「国家安全保障戦略」には次の一文がある。「アメリカは、中国と世界が断交するような事態にならないよう努力してきた」。そして中国は、アメリカなどからの支援と期待のうえに、大きな成長を成し遂げたのだった。

しかし、アメリカは変わった。自らが作り出した巨竜・中国に、新しい姿勢で臨もうとしている。

なぜなのだろうか。

いわゆる米中貿易戦争は、問題に火を付けたにすぎない。トランプ大統領やアメリカ第一の経済ナショナリストにとっては、貿易赤字の解消、不公正な貿易慣行の是正が重要だったのかもしれないが、実のところ、それは中国強硬論の一部を構成するにすぎない。

科学技術に関する覇権争いは、アメリカの対中姿勢が変化した大きな背景となっている。技術革新が著しい現代に米中対立が生じていることは、決して偶然ではない。科学技術のフロントランナーでいたいというアメリカの願望は、それが国力に直結するという考えからきている。科学技術における競争で負けることがあれば、米軍の卓越した能力が危うくなり、アメリカの地位が脅かされ、また経済的繁栄にも負の影響が及ぶという深い問題意識がある。単に技術を窃取《せっしゅ》されているから憤っている、という類いの話ではない。

中国に追い越される恐怖がトランプ政権という時期に重なり、増幅された。中国はこれまでの欧米中心の国際秩序に不満を持ち、自らの利益と主張に見合った世界を作り上げていく、そのために増大したパワーをもとに他国や企業に強い影響力を働かせ、特定の行動を強いている。

中国の増大したパワーが意味するものがそういった強制力にあるとの恐れは、バラック・オバマ政権の頃から強まりをみせる。アメリカの政府や軍に溜まりつつあった中国への警戒心がマグマのように湧き上がってきたなかで、トランプ大統領が貿易戦争を始めたことにも助けられて、アメリカの優位を力づくでも維持しなければならないと中国への競争意識がたちまちに表面化していく。

さらに重要なのは、アメリカにおいて中国政府への信頼が全くといってよいほどなくなってしまったことだ。社会統制を格段に厳しいものとし、国家主席の任期を撤廃することで長期支配を可能にした習近平《しゅうきんぺい》政権は、強権化する政治体制の現実をみせつけた。過去数年で、香港《ホンコン》での一国二制度が危機に瀕《ひん》し、ウイグルでの監視体制の強化、思想改造を目的とするとみられる収容施設が増加したことも広く知られるようになった。監視社会化を進める中国のような権威主義のやり方が世界に広まることに、自由主義、民主主義の観点から、大いに不安が持たれた。

今や、首都ワシントンでは米中関係の見直しに賛成し、過去の対中関与政策が失敗だったと考えるものが多数派だ。これまで、中国との関係構築には政治体制の違いが無視されてきたが、その前提は経済が発展するにつれ中国の政治が多少なりとも改善するとの期待があったからだ。市民の自由が拡大せず、市場への介入を政府が強め、さらに国際社会にも協力しないことが明らかになっていくなかで、中国への期待を失望に変え、政策を改めるべきだと考えるものが大勢を占めるようになった。

中国への強硬姿勢の歯止めになるような政治的な勢力は、なかなか見当たらない。中国との政治的な協力に加え経済・社会的なつながりさえ見直す動きが主流だといってよい。中国の持つ強制力を押し戻し、アメリカのリードで国際秩序を支えるべきだとの発想がバイデン政権でも固められつつある。

一方、中国はトランプ政権の対中強硬姿勢の前にも、貿易協議など外交手段を駆使して、短期的には関係を維持するための努力を講じてきた。だが、新型コロナウィルス感染症が中国、アメリカ、そして世界に拡大し、大統領選を控えたトランプ政権が厳しく中国に迫るなかで、対米関係の維持以上に、自国の正しさを訴えることこそ国益と考え、激しい宣伝戦に出るようになった。バイデン政権の発足には関係打開の期待をかけたが、その見通しも厳しい。アメリカへの依存を減らし、国内の力で経済を循環させ、むしろ世界の中国への依存を増やすような方針で、中国は長期的対立に備えるような準備を加速させている。

果たして、アメリカと中国の関係はどこに向かうのだろうか。この問題は、おそらく今後国際政治をみるためにもっとも重要なポイントになるだろう。そして、たとえばアメリカが中国との関係を見直すように世界の企業にも求め、特定の分野であっても中国製品抜きの経済圏を作る方向を各国に強いれば、米中対立は日本の私たちの日々の生活にも大きな影響を与えることになる。さらに、米中に軍事的な危機が生じてしまえば、実のところ米中両政府には危機を管理する有効な手立てが乏しい。米中両政府が互いに不信を深め、相手との対話や協調よりも反発と関係見直しを優先させる政治的不和、すなわち米中対立を解消する見込みは当面ない。

本書では、今後の米中関係を考えるために、対立も辞さない姿勢で政策を見直すアメリカに注目して議論を進めていきたい。成長した中国が諸々の問題を作り出したことは事実だが、米中関係を一新させるようにまず動いたのはアメリカだからだ。なぜアメリカは中国との関係を見直すようになったのか。それは何を目的にしているのか。どれほどの犠牲を払う用意があるのか。この問いに答えていくためには、そもそもなぜアメリカが半世紀前に中国との関係を構築し、それを維持してきたのかも知る必要がある。また、時の政権を超えて、アメリカを広くみわたす必要もある。

それゆえ、本書は政治体制の異なる中国に関与し、その近代化を支える起点となった一九七九年の米中国交正常化を起点に話を始めていく。そして、なぜアメリカが数々の問題が発生したにもかかわらず、中国への関与をやめなかったのか、なぜ近年に急速に姿勢を変えたのか、中国への期待が喪失し、戦略が根本的に転換される背景を説明していく。

そのうえで、本書は米中関係が国際社会にもたらす意味についても、検討を加えたいと思う。米中関係の安定は、アジアの安定と繁栄に大きな意味を持っていた。だが、米中対立を前提にした世界では、これまでのように各国が米中それぞれと関係を深めることは困難になる。米中それぞれの政府は実際に、たとえば次世代通信網５Ｇに中国ファーウェイ社（華為技術）製品を使うかどうかをめぐり、欧州やアジアの国家に圧力を加え合った。米中対立がこのまま進めば、グローバル化を前提にしてきた世界は変質する。各国の反応にも一章を割いて議論したい。日本をはじめとしたアジアは地理的にも、また米中両国との深い関係性を考えても、その米中対立の最前線に立たされ、時に厳しい決断を迫られることになる。米中対立の本質はどこにあるのか、世界はどこに向かうのか。本書とともに、国際政治を繙《ひもと》いていこう。

米中対立†目次

図表作製／アップルパイ

米中対立

アメリカの戦略転換と分断される世界

序　章

米中対立とは何か

エンプレス・オブ・チャイナ号．Raymond A. Massey, "Empress of China" Arrival in Whampoa in 1784.

中国人の基本的な考え方は中国中心というべきものだ。しかしそれは世界全体に大きなインパクトを与えるものになるだろう。中国の挑戦はソ連よりも微妙な問題を含む。ソ連問題は戦略的なものだった。中国の挑戦はより文化的なものだ。果たして、同じように思考することのできない二つの文明は、世界秩序において共存という解を導き出すことができるのだろうか。

――ヘンリー・キッシンジャーによる二〇一五年の発言

エンプレス・オブ・チャイナ号、すなわち中国の皇后と名づけられた帆船が独立間もないアメリカ合衆国の東海岸から喜望峰《きぼうほう》を回り、インド洋を東上して清朝《しん》の広東《カントン》に向かったのは、今から二四〇年近くも前のことだ。それ以来、アメリカと中国の間には、交易や布教、出稼ぎ、留学と実に様々な交流があった。

アメリカ人にとって中国は、アジアにおける商業の一大要地であるだけでなく、ロマンをかき立てる存在でもあった。中国人にとってアメリカは、最初ははるか彼方《かなた》の新しい国にすぎなかったが、やがて羨望《せんぼう》の対象となり、自らの成功を夢みる場所にもなった。

米中は第二次世界大戦では連携したが、戦後に中華人民共和国が大陸に樹立されると朝鮮戦争で銃火を交え、長く敵対する関係となった。米ソ冷戦の最中、ソ連への牽制、またベトナム戦争の早期終結につなげるためにアメリカのニクソン政権が毛沢東の中国に接近したのは今から五十年ほど前のことだ。そして一九七九年から国交が正常化されている。

それ以来、再び行き交うことを許された両国の市民は、実に広く、深い関係を構築してきた。無数の中国人がアメリカの大学に通い最先端の学問に触れ、その多くはアメリカに根を下ろした。アメリカの資本家は中国市場に期待を寄せ、中国とアジアに関わってきた専門家や官僚は中国社会が急速に変貌《へんぼう》していくことに驚きを隠せなかった。

アメリカ政府にとって中国とは、ソ連を念頭にした協力のため、最初は必要性から連携した相手にすぎない。しかし、やがてその関係は近代化を支援し、政治体制が異なったとしても関与しつづけるものになる。天安門事件のような人権侵害、台湾海峡危機のような安全保障問題、中国への技術流出など実に多くの問題が米中関係には繰り返し訪れた。それでも、アメリカの中国政策は一貫して関係の安定化を図るものだった。

その観点に立てば、今や米中関係は新しい時代に突入したかのようだ。アメリカは、中国の経済活動、科学技術をグローバル化した世界から少なからず分離し、その成長を鈍化させることさえ念頭に置いて規制強化を行っている。トランプ前政権は従来の関与政策が失敗に終わったとも断じたが、バイデン政権も中国との競争を勝ち抜くと威勢のよい表現をしている。

過去四〇年にわたり、米中関係には人権、安全保障などをめぐり多くの危機が訪れたが、悪化した関係もやがて回復するパターンのなかにあった。しかし、現在の米中対立はそのパターンに収まるものではない。中国もアメリカとの関係を見直し、習近平の号令のもとでアメリカへの依存を解消するように動いている。

なぜ、米中関係は変化したのだろう。とりわけ、なぜアメリカは対中戦略の見直しに着手し、関係再構築を目指さず厳しい対応を取りはじめるようになったのか。それは中国の特定の行動が許容できなかったというものではなく、より深い事情に基づいている。それを解明していこうとするのが本書の狙《ねら》いである。

中国との共存の模索

現在に至る米中関係を理解するためには、やはりアメリカと中華人民共和国の中国が冷戦期にどう向かいあったのか、そしてなぜ互いに接近し、国交を樹立していくことになるのか、そこから振り返る必要があるだろう。

朝鮮戦争に中国人民志願軍が参入(一九五〇年)し、米軍を主体とする国連軍と衝突して以来、両国の関係はきわめて悪いものであった。実のところ、その前年までアメリカのディーン・アチソン国務長官は、ユーゴスラビアの指導者ヨシップ・チトーのように中国もソ連と距離を取らせることが可能とも考えていた。しかし朝鮮戦争後、中国はソ連と一枚岩のように切り離せない存在とみなされ、対中禁輸も徹底される。その後も、たとえば中印国境紛争などをみて、アメリカは交渉が可能なソ連よりも中国を非合理で恐ろしい相手と認識し、世論調査でもそのような結果が出ていた。

両国の間には台湾海峡をめぐり繰り返し危機が訪れた。代表的なものは、一九五四年から翌年にかけての第一次台湾海峡危機、そして一九五八年の第二次台湾海峡危機だ。米中は再び交戦することはなかったものの、一触即発の緊張が続くなか、米軍最高幹部は大統領らに核兵器の使用を繰り返し打診していた。アメリカは台湾に移転した中華民国政府と相互防衛条約を結び同盟関係となっており、また安全保障理事国としての地位を含め中華民国のみに国連代表権を認め、世界各国にもそれに倣うように求めていた。

中国は一九六四年に核開発に成功する。アメリカ政府は中国の研究施設への破壊工作案を検討していたが、それが実行に移されることはなかった。また本格化するベトナム戦争の最中、対応を誤れば米中が軍事衝突する可能性もあったが、両国政府は戦闘を避けたい旨を間接的に伝え合った。

こういった状況は、アメリカが冷戦という国際的な構図のなかで中国と政治的対立を深める一方で、それが軍事衝突になることを恐れつづけたことで生まれた。朝鮮戦争以降、米中が直接に銃火を交えることはなかったが、それはまさに朝鮮戦争を教訓として、ぎりぎりの判断を台湾海峡危機やベトナム戦争でしていたためでもある。安定を維持するため、大陸反攻を繰り返し提起し、また政府予算のほとんどを軍事に傾斜させていた台湾の蔣介石《しょうかいせき》に対して、アメリカ政府はその軍事挑発の試みを抑えこみ、国内経済に予算を回すように圧力をかけた。中国とは表面的には戦闘的な姿勢で対立を続けても、共存を目指す。それが基本方針だった。

年　月	基本文書等
1972年２月	上海コミュニケ（ニクソン大統領の訪中における米中共同声明）
1978年12月	アメリカ合衆国と中華人民共和国の外交関係樹立に関する共同コミュニケ
1979年４月	台湾関係法
1982年８月	アメリカ合衆国の台湾への武器売却に関する米中共同コミュニケ 中華民国政府への「六つの保証」

図表序－１　米中関係の基本文書等

米中の外交は一九六〇年代後半から動きはじめる。それまで米中には大使級会談という、か細いチャンネルを除けば対話もなかったが、リンドン・ジョンソン政権期から、悪化するベトナムの戦局のなかでアジアにおける安定のためには中国との関係を打開すべきだとの声がアメリカでは強まり、政府も一方的に中国にそれを呼びかけはじめる。

それでも、何より大きい影響があったのは中ソ国境紛争（一九六九年）だ。ニクソン大統領は、もしソ連が中国を「倒してしまう」ような事態に発展すれば、世界のパワーバランスが再構成され、アメリカが一気に不利になることを懸念した。「中国を永遠に孤立させておくことはできない」、「中国が強いままでいることに期待すべきなのか」熟考が求められるときが来ている。国家安全保障会議でのそのような大統領の発言を聞いたヘンリー・キッシンジャー大統領補佐官は、これらを「革命的言説」と表現している。アメリカ側だけが認識を変えたわけではない。ソ連からの脅威を真剣に捉《とら》えた中国も対米関係に今回は期待を寄せた。

かくしてアメリカと中国は接近に向けてはらを探りあい、それが一九七一年のキッシンジャー秘密訪中（一九七一年七月）、そしてニクソン大統領による訪中（一九七二年二月）に結実したのである。このときに両政府が交したものが、いわゆる「上海《シャンハイ》コミュニケ」である。

このように始まった米中接近により、キッシンジャーの言葉を借りれば中国は「暗黙の同盟国」となった。その真意は、たしかに台湾問題のように意見の不同意に同意したにすぎない課題はあれども、国際情勢において多くの点で利害が一致しており、協力を促進していけるとの確信にあった。リアリストのキッシンジャーにしてみれば、そのような戦略的な大局観が一致していることが重要だった。中国と共存し、中国をアメリカに有利な秩序作りに貢献させることが要諦《ようてい》であり、中国が異なる価値観に基づいた政治体制であることを意に介さなかった。

アメリカと中国の国交正常化はなかなか進まなかった。日本が一九七二年の田中角栄《たなかかくえい》首相訪中でそれを実現したことと対照的である。その背景には、台湾の中華民国とアメリカが長く同盟関係にあったこと、ウォーターゲート事件や文化大革命により米中両国の国内政治が混乱したことなどがある。ニクソン退陣後のジェラルド・フォード大統領も中国との交渉を続けるのが精一杯だった。

ジミー・カーター政権は米ソ冷戦の再燃をみて、対ソ連のパートナーとして中国を見出した。いわゆるチャイナ・カード論だが、それが米中国交正常化に向けた交渉の追い風となる。政治日程を重視したアメリカ政府の交渉の進め方は拙速であり、中国では鄧小平《とうしょうへい》が権力を掌握する過程であったこともあり、七八年一一月から翌月にかけて急遽《きゅうきょ》まとまっていく交渉では、台湾へのアメリカの武器売却の今後について締結寸前まで誤解が存在した。それでも、米中は予定どおり国交正常化を発表することを優先させ、そして翌年一月から国交が開かれたのである。アメリカは中華民国と断交し、同盟関係も終了となる。米中の共存はこうして、確固たるものとなった。

国交正常化後の米中関係

国交正常化は米中両政府の公式関係のいわば起点であり、その後を本書では扱っていく。ここからアメリカは中国と国交を持つだけではなく、その近代化を促進するための具体的支援に取り組む。その内容は中国人留学生、研究者の受け入れ、技術移転や最新研究設備の売却、兵器輸出と多岐にわたるものだった。

結果からみれば、今の中国の繁栄、科学技術の先端性の基盤はアメリカからの支援によっている。たしかに後々問題になるように、中国政府や企業は産業スパイや研究者の不公正な行為によっても多くの技術を窃取してもいる。しかし、学術交流や企業活動など合法な形でアメリカから中国に与えられた成長の基盤は実に大きい。中国の将来性の前に、晩年のニクソン元大統領（一九九四年没）はジャーナリストに語っている。「われわれはもしかするとフランケンシュタインの怪物を作り出してしまった」。

それでもアメリカは中国に支援しつづけた。一九八〇年代以降、アメリカの対中政策に存在した中国イメージは、関与を続け、支援が市場化改革や政治改革につながればまったく新しい中国に生まれ変わるというものだった。社会主義体制の中国も、変えられる相手とみなされたということだ。キッシンジャーはすでに政府要職にはなかったが、アメリカ政府は中国の政治体制が異なることを問題とみなさず、関与しつづければ状況が変わると考えたのである。さらに中国のパワーは超大国であるアメリカを脅かすものではない、との認識も強かった。

こういった認識を探るため、一例として過去三五年ほどアメリカ歴代政権が作成している「国家安全保障戦略」という文書をみてみよう。これはアメリカ政府の安全保障に関する時々の考えを整理し、広く市民と世界に発信するものだ。たとえば、「はしがき」で紹介したように、天安門事件直後の一九九〇年には「アメリカは、中国と世界が断交するような事態にならないよう努力してきた」という表現がみられるが、翌年にもジョージ・ブッシュ（父）政権は「協議と接触がわれわれの（中国）政策の中核にある。さもなくば、弾圧を覆い隠してしまう孤立した状況を強めるだけだ。中国の変化は不可避であり、われわれと中国のつながりは継続しなければならない」と書いている。

人権問題を強く批判して登場したビル・クリントン政権はどうか。詳しくは第1章で扱うが、強硬な姿勢はあっさりと腰砕けになった。むしろ、中国に関与する方針が明確にされた。一九九九年の「国家安全保障戦略」は、「安定して、開かれ、繁栄した中国が国際規範を尊重し、世界平和に貢献する責任を負うことがアメリカの利益」「中国は科学技術、医療研究の主要なパートナー」「中国をグローバル貿易システムに完全に組み込むことがアメリカの国益だ」と主張している。このような説明が、中国の世界貿易機関（WTO）加盟支持へひた走る政策と表裏一体の関係にあった。

では中国を戦略的競争相手とも表現して、厳しい対中認識を当初匂わせたブッシュ（子）はどうか。二〇〇二年には「大国との競争という古いパターンが再燃することを警戒している」との表現もみられるが、それを除けば対テロ戦争での協力もあり表現は柔らかだった。さらに二〇〇六年には「中国はアジアのドラマチックな経済的成功を体現しているが、まだ道半ばだ……中国は責務を果たし、アメリカとともに働くことで責任ある利害共有者にならなければならない」と書くが、これも中国が変わっていくという前提のもとで書かれている。

米中対立へ

こういった前提が過去十年ほどで大きく崩れていく。グローバル金融危機、いわゆるリーマンショック後も中国は成長を続けたが、世界第二位の経済大国となったあとも市場化改革はあまり進展せず、実のところ後退が目立ちはじめた。また高まる実力を背景に、南シナ海や東シナ海において周辺国に高圧的な姿勢で臨むようになる。国防予算が右肩上がりに伸び、科学技術も高度化したが、中国国内に外国からの影響が及ばないように厚い壁をさらに塗り固めるよ

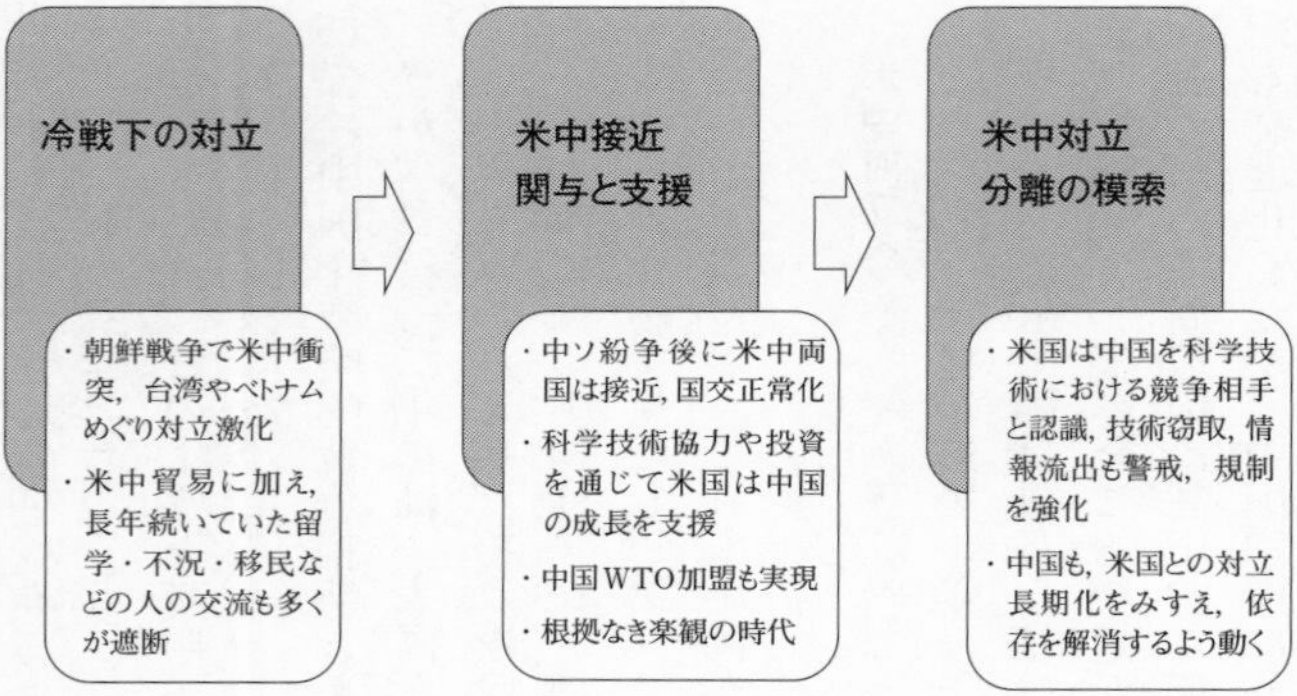

冷戦下の対立
・朝鮮戦争で米中衝突，台湾やベトナムめぐり対立激化
・米中貿易に加え，長年続いていた留学・不況・移民などの人の交流も多くが遮断
米中接近
関与と支援
・中ソ紛争後に米中両国は接近，国交正常化
・科学技術協力や投資を通じて米国は中国の成長を支援
・中国WTO加盟も実現
・根拠なき楽観の時代
米中対立
分離の模索
・米国は中国を科学技術における競争相手と認識，技術窃取，情報流出も警戒，規制を強化
・中国も，米国との対立長期化をみすえ，依存を解消するよう動く

図表序－２　米中関係の展開（20世紀後半以降）

うな社会統制を強めた。

オバマ政権後期から、中国は自らを変えられないし、変わろうともしない、そのような認識がアメリカで広まっていく。それは中国戦略の前提がみたされないという落胆であり、失望でもあった。それでも、「国家安全保障戦略」（二〇一五年二月）が中国の台頭を歓迎すると書いたように、状況認識も政策対応も転換の最中だった。

そしてトランプ政権になる頃から、中国はアメリカの目前に迫るライバルであり、アメリカが優位性を持ちリードしてきた国際秩序をその力で変えてしまいかねないと、はっきりと考えられるようになった。二〇一七年末の「国家安全保障戦略」は、中国をロシアと並ぶ競争相手として明確に位置づけた。そしてアメリカの政策は、政府を挙げて中国への対抗を練るものとなり、単に中国の影響力を押し戻すだけでなく、たとえば科学技術における中国の成長を少しでも弱めてアメリカの優位を維持しようというものへとなっていく。バイデン政権も大枠を踏襲しており、二〇二一年三月に発表した「国家安全保障戦略指針」（暫定版）は、中国を国際システムへの唯一の挑戦者としている。

具体的な展開は本編に譲るが、軍事的な抑止だけではなく、情報通信サービスからの中国製品排除、中国の先端技術開発につながる輸出管理の厳格化、民主主義国の連携、国際ルール作りと幅広い対応が行われている。

関与と支援の時代に中国の近代化は歓迎されるべきものでもあった。しかし今や、中国の成長への焦り、そして中国の内政・外交への不信がアメリカの中国政策の特徴となりつつある。中国もアメリカとの長期的な対立関係に備えるように国内経済対応や技術開発を急いでいる。アメリカと中国が相手への不信を深め、自らの死活的な利益を守るために、相手との関係の維持・管理よりも相手との関係への依存を解消するように対外政策、国内政策の再編を優先させる、そういった米中対立が前提となる世界が迫っている。

なぜ関与を続けたのか、なぜそれを諦めたのか

関与政策は批判なしに続けられてきたわけではない。むしろ、常に批判に曝《さら》されてきた。そして少なからず、中国への警戒が政策に反映されてきた。それでも、対中政策の主軸に関与が据《す》えられ、対中関係の安定化が目標とされてきたことは事実だ。中国が裏切ったため政策を変えるべきだとトランプ政権は繰り返し主張したが、アメリカは国交樹立後の四十年以上の歴史

のなかで中国が期待どおりに動いていないことを知るために十分な時間があったはずだ。それでも中国に関与しつづけたのはなぜなのだろうか。

それこそが本書で考えたいことである。そしてなぜ今、自らが育て、経済社会で深く結びつくに至った中国との関係を根底から見直しているのか。

アメリカの心変わりは中国の動きに対応したものだが、中国が成長することは自明であったのだから、彼らは成長した中国に今と異なる姿を想像していたということになる。そして、望ましくない方向に向かったことで落胆したとしても、あまりにも早く政策を見直しているようにもみえるが、そのスピード感はどこから生じているのか。

そして、アメリカはどこまで米中対立を続ける用意があるのか。おそらく当のアメリカ政府にも確固たる考えがあるとも言い切れないが、学術的な問いとして、この点も考えていくべきだろう。

これらの問いを考えることは日本や世界の今後を考えるうえで、きわめて重要ではないだろうか。

本書はアメリカを分析の対象とするが、このことについても触れておきたい。中国よりもアメリカに注目する理由は、なによりもアメリカこそが大胆に政策を見直しており、中国はこと米中関係においては受動的に対応している側面が強いからだ。そもそも中国は、体制への外からの脅威に対応する性格が強いとよく指摘される。

近年は、一つの国に注目するのではなくトランスナショナル（脱国境的）な動きや変化に注目して国際関係を分析する傾向がある。しかし、アメリカの歴史家ベスナーとロゲボールが主張するように、アメリカこそが二〇世紀半ば以降、支配的な超大国であり、その政策変化や紛争への介入が世界に大きなインパクトを与えてきた。そして関係者の利害、イデオロギー、政治日程など国内事情が往々にして他国との関係以上に作用してアメリカ政府の政策ができあがる。分析の主軸をアメリカの政策形成に据えることでみえてくるものが多い。

本書のアプローチ――信頼とパワー接近

それでは、本書はアメリカの中国政策、背後にある中国戦略をどのように読み解き、問いに答えようとするのか。「三つの期待」に基づく中国への「信頼」形成とその喪失、そして「パワーの接近」という二つの視点を組み合わせて、本書は説明を進めていきたい。

アメリカには、中国が政治改革を進め、市場化改革を行い、既存の国際秩序を受け入れそのなかで貢献を増していくとの期待があった。これが信頼の根拠だったと本書では考えてみたい。

信頼をめぐり研究を進展させてきた社会心理学の成果を参照してみよう。ここでは主要価値類似性モデルを紹介し、多くの実験成果を発表している中谷内《なかやち》一也《かずや》に注目する。中谷内の議論から重要な示唆を取り上げれば、第一に、信頼は協力を促進するが、相手の能力や動機づけに加え、相手との価値共有が認知されることで育まれる。価値共有とは両者が協力することで達成する目標が設定されていることがここでは意味されている。そして信頼が危機に瀕するときほど、価値の共有が問われることも実験結果で示されている。

ここで中谷内がいう価値の共有こそ、アメリカが中国にかけていた期待と読み解きたい。すなわち、アメリカは中国が同じ目標に向かって進むことを期待して信頼を育み、中国に関与し、支援を与えたということだ。その同じ目標が、市場化改革、政治改革、そして国際社会への貢献だった。そしてこの十年ほどの間、中国はまったく異なる方向に向かっているのではないか、そのような疑問がアメリカの政界、専門家の間で広がっているが、それこそ信頼の喪失といえる。中国の政治体制（特質）は変わらないにもかかわらず、国際社会への貢献も限定的であったにもかかわらず、変化への期待があったためアメリカは関係を維持したが、今やそれを見失い関係を見直しているということだ。

第二のポイントは、信頼の維持、回復は難しいということだ。自発的に自らを制裁するシステムに入ることが信頼の回復に寄与するというが、それが遅れれば信頼を得ることは難しくなる。これらの研究結果は人間を対象にしたもので、本書は国家を対象としており、あくまで参考にしかならないが、示唆的で刺激的な内容であることは間違いないだろう。

不信の深まりは米中対立の長期化を招く重要な要因となりつつある。米中両国は公式の同盟にあったことはない。米中接近により軍事・情報、科学技術で協力が進展したが、それらは互いを束縛するほどのものではない。しかし、信頼こそが、制度的仕組みが不在の状況で関係を

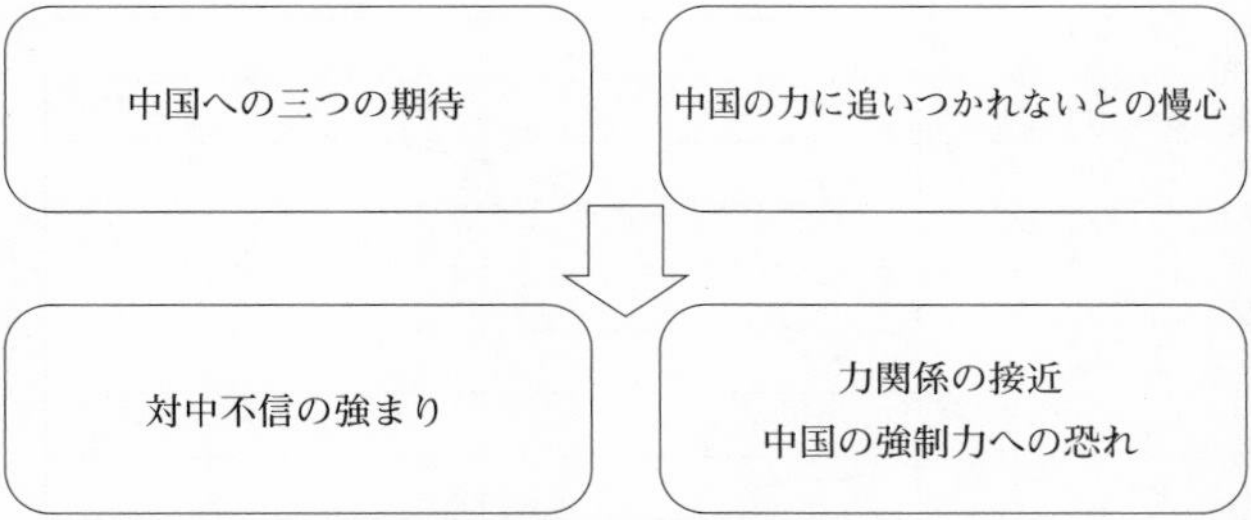

図表序－3　アメリカの姿勢が変化した背景

支えるように働いたといえる。もちろん、相手を信頼することはリスクにもなり得るが、それを打ち消すほど目標が満たされることに期待があったということだ。そういったアメリカの期待は中国の動きによってだけ形成されたわけではなく、アメリカ国内の様々な見方、利益によって形成された。

　ここではアメリカと中国がまったく同じ目標を共有していたと主張しているわけではない。むしろ、両国政府は台湾問題をはじめとして不同意の点があることに同意したにすぎず、政治改革や望ましい国際秩序をめぐり異なったビジョンをもっていた。しかし、大局をみれば同じ方向を向いて将来に向けて互いに期待を持ち、協力を進めたのが米中だった。

　米中の明確な合意である基本文書の内容はいまだに維持されている。しかし、そうした形式的なことではなく、合意を超えたところで関係を保たせてきた信頼がアメリカで壊れ、急激な政策変化に現れた。中国が国内事情もあり、国家資本主義を強め、党国体制の強化と社会統制を図り、先進国主導の国際システムへの挑戦的な姿勢を進めた結果だ。そしてアメリカの出方をみて、今や中国の対応も対米不信を前提とするものとなった。

同時に、本書では中国がアメリカのパワーに接近することによって権力交代への恐れが増したことがアメリカの戦略転換を加速したと捉える。

アメリカは自らに追いつくパワーの観点から中国への恐れを高めた。国際政治理論における現実主義の立場では、パワーの変化に対して自らの安全を追求するためには、軍拡を行ったり、同盟形成をするといわれる。また覇権国に対して挑戦する国のパワーが接近するとき、権力移行に生じる戦争を予測する研究成果も提出されてきた。

米中両国のパワーが接近しつつあることは紛れもない事実だ。中国の経済力はすでにアメリカに迫り、さらに科学・技術力もアメリカと激しい競争関係にある。軍事力では今は米軍が優位だが、人民解放軍の能力向上のスピードは速く、それに技術開発に民間の技術も取り込まれる、いわゆる軍民融合が懸念されるなど、アメリカは技術競争にかなりの危機感を持っている。たしかに数字をみれば米中のパワーは接近しつつある。何をパワーとして含めるかは議論の余地があるが、アメ

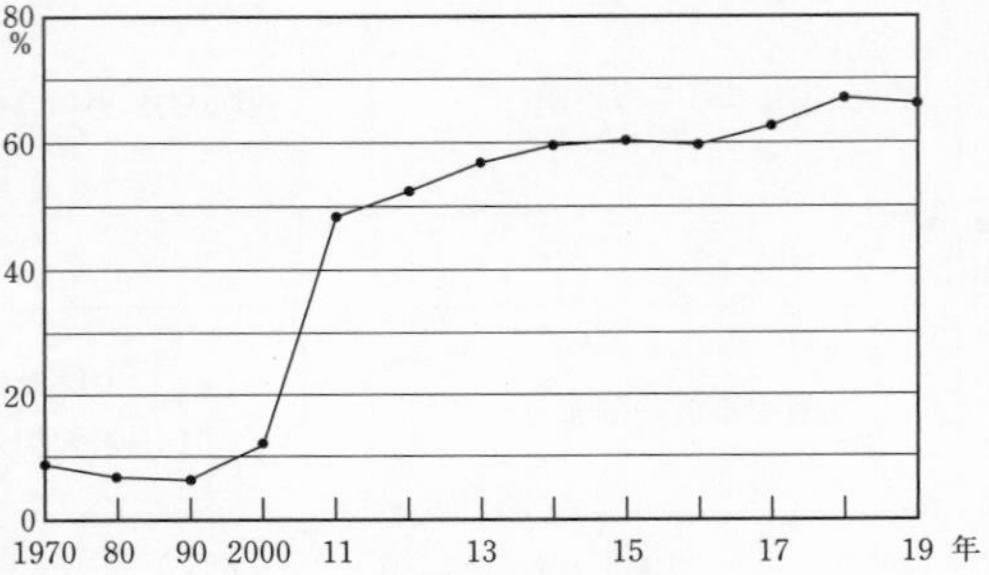

図表序－4　対米比率でみた中国経済の規模
出所：世界銀行による名目 GDP 推計値.

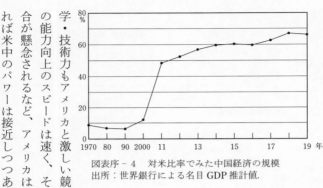

リカと中国は、経済力（ここでは実質国内総生産〔GDP〕）、軍事予算、科学技術力の面で急速に接近している。米『フォーチュン』誌のグローバル企業リストの上位一〇社中の三社が中国企業ということは中国の経済成長を示す象徴的なものだ。

もちろん、パワーが接近すれば必ず衝突が生じると断言することはできず、英米のような平和的移行の例もある。だが、パワーの接近という事実が重くのしかかり、それまでの政策を支えていた前提の崩壊をさらに早めた。

かつて中国への期待が関与と支援につながっていたとき、中国のパワーはアメリカのアジア戦略、そして世界戦略を脅かすものと考えられていなかった。アメリカは慢心していた。しかし台頭する中国が、アメリカの期待と異なった方向に政策を展開しただけでなく、アメリカにとって望ましい環境を一変させる相手と認識されたことが、政策を急展開させる事態を招くに至った。

換言すれば、アメリカにとって問題となるのは、中国の純粋に物質的なパワーがアメリカに迫ることではなく、それがアメリカの優位性と対の関係にある国際システムやその根底に流れるルールや価値観を書き換えるほどの強制力を持ちはじめていることだ。つまり、もし中国がアメリカの戦略環境を変えるほどの相手でないと考えられたとすれば、たしかに好ましくない中国の有り様とはいえ、対応はより緩やかなものにとどまったというのが本書の解釈だ。

なぜ、アメリカは期待を持ちつづけたのか。それを見失ったのか。中国の成長するパワーに潜む強制力をどのように認識していったのか。アメリカのなかで誰が中心的な役割を果たしたのか。それは本編のなかで解明していきたい。その転換点を予告しておけば、アメリカのオバマ政権末期からトランプ政権期、また習近平政権登場後に重なる。それまで存在した米中関係の修復力のようなものは、もはや働くことはなかった。

最後に本書の議論の進め方だが、分析にあたり、公にされている政策に加え、当時の政府内での議論、議会や民間と相互に作用しあう政策形成過程を探るために、各種報告書や報道ぶり、さらに同時代に書かれた論文を多く参照している。またアメリカ学界における主流の解釈を基本にしている。公文書はごく一部を除きいまだ開示されていないため利用できない。すでに説明した理由で、中国との二カ国関係そのものではなく、なぜ時々のアメリカ政府や議会がそう動いたのか、アメリカの政策形成を説明することに重点を置く。

本書の構成

本書では、まず第1章で国交正常化後にアメリカが中国の近代化を支援し、関係を構築していくさまを描く。それは天安門事件後も継続し、政策方針は関与という名前を与えられながら、主流の立場として確立していく。その背景にあったのが先述の三つの期待（中国が政治改革、市場化改革を進め、既存の国際秩序に貢献するとの期待）だった。

第2章では、アメリカ政府内外に存在しつづけた警戒論を取り上げる。一九八〇年代から中国との関係構築には、政治体制の違い、中国のパワーを成長させてしまう危険性から反対論があった。九〇年代以降、台湾問題、技術流出、さらに将来台頭した中国の姿をめぐり、議論は活発となり、また市場化改革にもWTO加盟後も疑問視する声は強かった。それでも関与支持派の影響力は強く、警戒論は傍流の考えのままであった。

第3章では、緩やかに戦略の転換が始まるオバマ政権を取り上げる。グローバル金融危機後、中国は周辺国への圧力に加え、アメリカへのサイバー攻撃など挑戦を続けた。国際秩序への挑戦者として中国が認識され、中国国内の社会統制の強まりも中国への不信を招いた。オバマ政権末期に従来の関与路線の手直しが始まった。

第4章では、トランプ政権を取り上げる。習近平政権の中国に三つの期待をかけることは厳しく、中国政策の前提を見直すべきだとの議論が強まる。その流れを固めたのは、一つには貿易戦争を辞さず、中国政府と大きな取引を成功させたかったトランプ大統領の動きだ。交渉のため圧力を重視する動きを取ったことが、対中戦略見直しの機運さえも高めた。それ以上に、アメリカ政府や議会には中国のパワーがアメリカに迫り、また国際秩序を変貌させる強制力を持ちはじめているとの焦りが生まれはじめた。そうした政治力学のうえに、単なる中国への押し戻しではなく、関与政策の全面的な見直しという結果が生まれてくる。

第5章では、関与政策、およびそれの見直しの背景にあったアメリカの国内力学を解剖したい。ここまで説明したような動きの背景には、アメリカ政府に影響を与えた産業界や科学界、官僚・専門家、米軍、さらには宗教界などがいた。彼らはどのような期待を中国にかけたのか、なぜ対応を変えたのか。少し詳細に立ち入ってみたい。アメリカの戦略は、中国の動きだけでなく、国内で錯綜《さくそう》する見方や利害のせめぎ合いのなかから生まれていることがわかるだろう。

第6章では、米中対立への各国の反応を探る。米中関係の安定はグローバル化の前提でもあり、各国は米中それぞれと複雑に利益が結びついている。果たして、欧州諸国、インド太平洋諸国は米中対立にどのように対応しようとしているのか。各国の対応は国際秩序の行く末を考えるうえでも示唆的だろう。

第7章では、今後の展望を探りたい。前半では国際政治学者が米中対立の背景、また今後の持続性をどうみているのか、取り上げてみたい。後半では、米ソ冷戦の教訓を参照しながらデタント（緊張緩和）や対立の終結は起きるのか考えてみたい。

なお、米中関係では台湾がきわめて重要な論題だ。それぞれの章で取り上げていく。「おわりに」では、バイデン政権と習近平政権が米中対立にどう向かいあっているのか、簡潔に論じたい。日本への含意についても、ここで触れておきたい。

第１章

関与と支援

——対中政策における主流派の形成

テキサスを訪問し，少女からカウボーイハットを受け取る鄧小平（1979年）．Wally McNamee/ Corbis via Getty Images.

【第１章に関連する主な動き】

1979　米中国交正常化，鄧小平訪米
台湾関係法の成立
1982　台湾の武器売却に関する米中共同コミュニケ
1984　趙紫陽・国務院総理訪米，レーガン大統領訪中
1989　天安門事件
1992　台湾への F-16A/B 戦闘機大量売却決定
1995　台湾海峡危機（～1996）
1998　クリントン大統領訪中
1999　米軍，ベオグラードの中国大使館爆撃
2000　恒久正常通商関係法案成立．翌年，中国は WTO 加盟

なぜアメリカは政治体制が異なる中国に関与し、近代化への支援を惜しみなく続けたのか。まずはそこから考えてみよう。

国交正常化を果たした後、カーター政権、ロナルド・レーガン政権は中国の近代化を多方面にわたって支援するようになる。言ってみれば、アメリカが中国を育てていく起点となる。それは、製品化されたものを中国に渡すだけの関係性ではなかった。アメリカは兵器を売却するだけでなく、最先端の実験設備を売却し、高度な技術を移転、近代化に不可欠な知識を得るための留学機会を開放するなど、成長の基盤を残すように多面的な支援を与えた。

中国が成長しても構わないと考えた背景には、中国が社会主義経済から移行し、社会を広く開放し、やがて政治体制にも変化がみられることへの期待があった。だからこそ、一九八〇年代にソ連牽制を念頭においた戦略協力という当初の対中接近の意義が薄れるなかでも、さらに貿易や互いへの理解不足に起因した幾多の障害があっても、そして天安門事件という明白な人権侵害があっても、アメリカ政府は中国との関係を一貫して発展させた。

その過程だけをみれば、アメリカはなんとも忍耐強いと思えるほどだ。中国との将来にそれほど大きな期待をかけていたともいえる。中国も、異なる政治制度を持つアメリカの対応に時に苛立《いらだ》ちをみせたが、利益の大きさが高まる感情を抑えた。この共有された期待のうえに両国の関係はより深くなった。

中国を変えていくことができるというアメリカの自信は明らかだった。中国に「関与」するという言葉が明確に使われるのは九〇年代からだが、異なる政治体制の中国に関与を続け、その成長を支援しながら二国間協力を深めていき、政治体制や人権に起因する問題は将来解消するだろうから当面は管理する、というアメリカの中国政策は七九年以降一貫していた。

早くは八〇年代から、中国との協力関係を疑問視する声はあった。世紀の変わり目までには中国に向けられた警戒論はかなり目立っていた。これらについては次章で詳しく検討したい。それでも、国交正常化から二〇一〇年代まで四十年近くの間、アメリカの主流の考えが関与と支援であったことは否定しようがない。

それでは、米中国交正常化（一九七九年）後のアメリカが、中国との関係を多岐にわたり発展させ、そして続々と生じた問題を管理しつづけたさまをみていこう。

第1節　始動する米中関係と対中支援

国交正常化と米中関係

ソ連への対応や政治スケジュールを重視するなかで、中国との国交正常化にこぎつけたのはカーター政権だった。その正常化に至る道筋は序章で説明したとおりだ。ズビグネフ・ブレジンスキー大統領補佐官は、国交正常化交渉を自らのリードで進めていくために行った訪中時（一九七八年五月）、「近代化し、他国から脅かされず、強い中国」こそがアメリカの利益だと繰り返し述べた。このフレーズこそ、ブレジンスキーにとって鄧小平への口説き文句だった。

米中国交正常化に至るカーター政権の動きのなかで、フランク・プレス大統領科学顧問の訪中（七八年七月）はきわめて重要だった。中国は七八年三月の第五期全国人民代表大会（全人代）第一回会議などで、科学技術発展が近代化に不可欠であり、外国からの導入を図る方針を明らかにしていた。のちに全米科学アカデミー長になるプレスは航空宇宙局（NASA）、国立衛生研究所（NIH）はじめ主要機関から構成された団員を伴って北京《ペキン》に降り立ち、ここから中国が望んでいた科学技術へのアクセスを可能にする大交流計画が始動していく。「近代化」した「強い」中国を望むアメリカの覚悟を裏づけるものだった。

国交正常化に伴って、米国には中国との関係の基礎を作ろうとする動力が生まれることになる。二国間で技術的な取り決めをするために高官が訪問を繰り返す旅行主導の外交が展開され、ウォルター・モンデール副大統領訪中（七九年八月）までに、困難を伴った朝鮮戦争での資産問題を含め多岐にわたって両政府は交渉を妥結した。

中国には軍事協力、情報協力に加え、留学生の受け入れを軸とする科学技術交流、さらには一九八〇年の最恵国待遇（MFN）の開始、投資保護等によって大きな恩恵が与えられることになる。ブレジンスキーが訪中時に、パネルまで持ち込んでソ連軍の配置を事細かに説明したように、情報協力はソ連に脅威を感じる両国にとって重要だった。加えて、軍事協力では、先だってキッシンジャーが中国の核兵器運用能力の支援まで提案したが、カーター政権でもブレジンスキーが主導し協力を進めた。当時の対中協力には、ソ連との外交交渉とバランスを欠く、中国における人権状況を軽視しているとの批判もあったが、政権は意に介さなかった。

輸出管理では、米国製品を多く内部に含むフランスからの核融合炉の輸出を許可するなど緩和がみられた。ハロルド・ブラウン国防長官訪中（八〇年一月）を経て、非殺傷兵器の輸出も可能になる。目玉は、アメリカの地球観測衛星であるランドサットから画像データを受け取る受信局の設置許可だった。それまで中国の要請が拒否されていたが、アメリカが許可を出したことで中ソ国境の把握にも貢献することになる。さらに、アメリカ政府は中国のために新たな輸出管理対象国のカテゴリー（P）を設け、これによってソ連等の共産圏と異なる対応が可能になった。当時、アフガニスタンでの中国との協力がより一層重視されており、中国をさらに近代化に向かわせることが利益になるとの意識が浸透していた。

鄧小平はじめ、中国の指導者は中国の政治体制を維持することへの危機感が強く、切実な支援をアメリカから取り付けられたことはきわめて大きな意味があった。

友人としての中国

正常化直後の一九七九年一月に訪米した鄧小平は、テキサスにも足を伸ばした。その際、バーベキューで一緒になったアメリカ人は鄧小平のことをこう評したという。「このピンってやつはいいやつだ！」（平はピンと発音する）。異なる価値観にも寛容なテキサス人の心性がよく現れているといえるが、中国の政治体制への関心が低いままにアメリカが胸襟《きょうきん》を開いていくさまを象徴しているかのようだ。

全米にそれを許容する雰囲気があった。ギャラップ調査によれば、当時の米世論（七九年末）は大多数が中国を好意的に見ており、半数近くがソ連からの攻撃から中国を守るべきだと答えている。人権状況への関心は維持されていたが、中国は将来変わるとの楽観もみられる。なおこの時期から、米国の労働組合は中国本土の安価な労働力に脅威を感じていた。

一九七九年三月に民主活動家の魏京生《ぎきょうせい》が逮捕されるなど中国における言論弾圧があからさまになったが、国務省内では人権部局に対して地域局が対中政策の維持を図る。翌年の国務省による議会での証言は、中国に自由主義化への兆しがあるとさえ述べている。

この時期の米国を覆っていたのは将来の中国に対する根拠のない期待であり、ソ連を主敵として同じ船に乗っているというイメージであったのだろう。国交正常化後、カーター政権は二年続いたが、レーガン政権に引き継がれていくような将来への楽観がすでにみられた。

レーガン政権と中国

レーガンはカリフォルニア州知事として台湾を幾度か訪問しており、大統領選の最中に台湾の中華民国政府との公式な関係構築に言及したため、中国政策の見直しを予期する向きもあった。しかし、振り返ればレーガン政権期に中国との軍事、情報、経済、科学技術と多面にわたる中国との協力は維持され、むしろ発展した。

新政権が発足すると、政府はレーガン大統領が台湾寄りとの観測を打ち消すために、中国への配慮を試みた。対中輸出の増加が対中協力の機運を下支えしており、さらに中国沿岸部での石油採掘にエネルギー業界出身のブッシュ副大統領が関心を持っていると、『ワシントン・ポスト』紙は当時報道している。

アレクサンダー・ヘイグ国務長官は、武器売却に固執した。彼は台湾にFX戦闘機を売ることを承諾させるために、中国にも殺傷兵器を売り込もうと考えたが、背景には中国の成長への期待もあった。購入したい兵器リストを出してほしいと、訪中したヘイグは大統領の承諾なく踏み込むほどだった。しかし、ホワイトハウスや国防総省はそれに抵抗し、さらに中国も自らの兵器購入が台湾に対するアメリカの武器売却を認めることになってしまうと慎重だった。

中国の反発により、台湾へのFX戦闘機売却をレーガン政権は断念する。さらにヘイグの動きにも助けられ、台湾への武器売却に期限が設けられかねないところまで議論は進んだ。そもそも中国側としては一九七八年末の時点で、売却には最終期限があるべきだと考えており、当時国交正常化のために先送りした課題をここで持ち出したことになる。

一九八二年八月一七日コミュニケ

一九七二年の上海コミュニケ、七八年一二月の外交関係樹立に際しての共同コミュニケに続く第三の基本文書として、八二年八月一七日にアメリカの台湾への武器売却に関する共同コミュニケが取り交わされた。

それは台湾への武器売却に最終期限を設けないものの、台湾への武器売却の水準が漸次《ぜんじ》縮小することを認めていた。そこには、「台湾に対する武器売却は質的にも量的にも米中外交関係樹立以降の数年に供与されたもののレベルを超えない」「台湾に対する武器売却を次第に減らしていき一定期間のうちに最終的解決に導くつもりである」と書き込まれた。

しかし、これは最初から空約束だった。レーガン大統領自身が部下に口述筆記させ、国務長官、国防長官に決裁文書を送っており、そこでは台湾に対する武器売却は台湾に対する中国か

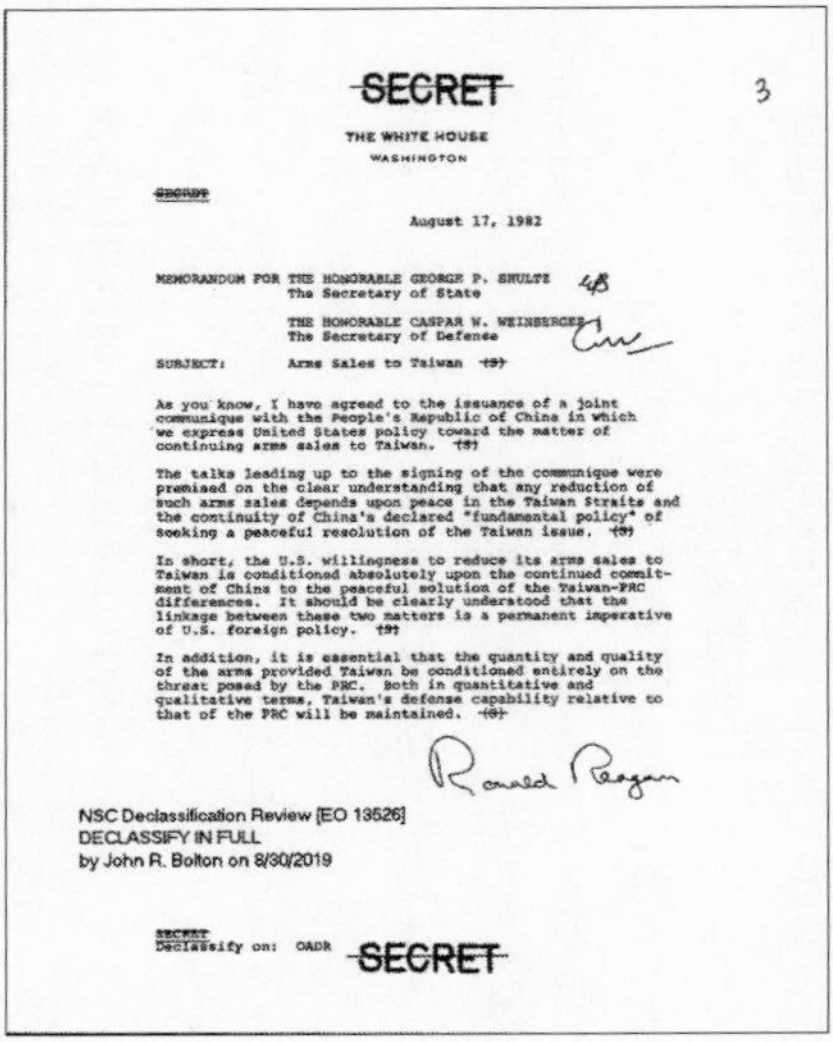
SECRET 3

THE WHITE HOUSE
WASHINGTON

SECRET

August 17, 1982

MEMORANDUM FOR THE HONORABLE GEORGE P. SHULTZ
The Secretary of State

THE HONORABLE CASPAR W. WEINBERGER
The Secretary of Defense

SUBJECT: Arms Sales to Taiwan (S)

As you know, I have agreed to the issuance of a joint communique with the People's Republic of China in which we express United States policy toward the matter of continuing arms sales to Taiwan. (S)

The talks leading up to the signing of the communique were premised on the clear understanding that any reduction of such arms sales depends upon peace in the Taiwan Straits and the continuity of China's declared "fundamental policy" of seeking a peaceful resolution of the Taiwan issue. (S)

In short, the U.S. willingness to reduce its arms sales to Taiwan is conditioned absolutely upon the continued commitment of China to the peaceful solution of the Taiwan-PRC differences. It should be clearly understood that the linkage between these two matters is a permanent imperative of U.S. foreign policy. (S)

In addition, it is essential that the quantity and quality of the arms provided Taiwan be conditioned entirely on the threat posed by the PRC. Both in quantitative and qualitative terms, Taiwan's defense capability relative to that of the PRC will be maintained. (S)

Ronald Reagan

NSC Declassification Review [EO 13526]
DECLASSIFY IN FULL
by John R. Bolton on 8/30/2019

SECRET
Declassify on: OADR SECRET

図表１－１　1982年８月17日，レーガン大統領がシュルツ国務長官，ワインバーガー国防長官に送った文書

らの脅威によってのみ決定されることと記された。コミュニケで武器売却を減少させると約束したとしても、それは中国が「平和的解決」に向けて動きつづける限りだと、アメリカ政府内での理解を統一した。このメモはその後も、ホワイトハウスに保管され、実質的な引き継ぎ文書として扱われたという（なお二〇一九年夏に文書は正式に機密解除されて開示されており、二〇年夏には次に挙げる、六つの保証に関連する公電も開示された）。

同趣旨を、早くも七月一〇日の段階で、ジョージ・シュルツ国務長官が実質的に台湾での政府トップであるジェイムズ・リリーアメリカ台湾協会（ＡＩＴ）所長（一九八九年から駐中国大使）に台湾側に伝えるように訓令を出している。アメリカ政府のメッセージとして、中国側とコミュニケを発表するが、人民解放軍の動きには今後も警戒を続け、逐一《ちくいち》情報を共有し、中国が台湾に敵対的な姿勢に転じれば武器売却に関する新たな約束は無効にするとされた。

訓令は続けて、①台湾への武器売却について中国と期限を設けず、②以後も武器売却の内容を相談せず、③中台を仲介するような行動をせず、④台湾関係法の改訂も中国と約束せず、⑤台湾の法的地位に関する立場も変えない、という点も明確にした。さらに、アメリカの立場は、（中台間の問題が）両岸の中国人が自由な選択のもとで決めるべき中国人の問題であり、平和的に解決されるべきだとされている。最後の点を再整理するように、⑥中国と交渉に入るような圧力を台湾にかけない、を付け加えた六点が、米中のコミュニケ発表日と同日に、あらためて台湾側も公開してよい内容として蔣経国《しょうけいこく》総統に伝えられた。これが「六つの保証」と呼ばれるものだ。

もし当時、アメリカ政府内でのこのような骨抜き作業の全貌《ぜんぼう》が中国の知るところになれば、米中関係はもたなかったかもしれない。もとよりレーガンとの折り合いの悪かったヘイグは国務長官を辞した。だが、米中関係はとりあえず難所を越えた。胡耀邦《こようほう》総書記は、台湾への武器売却で現状を超えないというアメリカの意思を確認できて納得したようだった。

発展する米中関係

米中関係にはその後もトラブルが山積した。支援が物足りないと、中国は米国に幻滅するようになった。テニス選手の胡娜が突然にアメリカに亡命を申請し、それが受け入れられたことに加え、清朝時代に引き受けられ現代的価値が膨大になってしまう湖広《ここう》鉄道債の償還を求めて民間人が起こした裁判をアメリカ政府が止めないことに、三権分立を理解しない中国政府は公然と不満を述べた。

アメリカも中国の外交姿勢に不満を持ち、ソ連を牽制する「中国カード」を見直す考えもでてくる。シュルツ国務長官は日本を重視するようになり、また中国が地域の存在を超えるものではないと考えた。ポール・ウルフォウィッツ国務次官補もアメリカ以上に中国が米中関係を必要としており、中国におもねる必要はないと考えていた。結果として、この時期の米中関係の代表的文献を著したハリー・ハーディングがいうように、「一九七〇年代初期の接近以来のどの時点よりも、アメリカの戦略上、中国の存在感は小さいものとなった」。

しかし政策レベルで、レーガン政権はその後も中国との関係強化を進めたのも事実だ。情報協力、軍事協力、さらに留学生の受け入れも続けられる。一九八三年の商務長官訪中によって輸出管理はさらに緩和される。中国の本心が軍民両用技術の移転による近代化であり、自国で製造できるような将来を確かなものにすることにあるとアメリカ政府も早い段階で気づいていた。中国は「非同盟友好国」として、北大西洋条約機構（NATO）や日本と同じ、輸出管理上のカテゴリー（V）に移動されることになった。この枠組みのもとでも、中国には同盟国のようにきわめて高度な軍事システムの輸出が可能になったわけではなく、従来よりはレベルの高いコンピューターなどの輸出が容易になるなど、より地味な変化ではあった。しかし、このカテゴリーにいれる意味合いは大きく、中国も進捗《しんちょく》に納得したようだった。

キャスパー・ワインバーガー国防長官は一九八三年末の演説で、中国は共通の利害を持ち、脅威とならないと言い切った。アフガニスタン、さらに国際情勢を広くみわたして米中軍事交流も重要視され、八四年に有償軍事援助（FMS）対象国となり、翌年には統合参謀本部議長の訪中が実現している。

そもそも、中国への武器売却や軍用技術の移転は一九八一年の国家安全保障に関する決定一一号文書で認められており、八四年の同一四〇号文書でもアメリカが「中国とともに働く覚悟を示すため」技術移転は必須だと整理されている。中国をソ連の手から離れた独立した状況にとどめ、「強く、安全で、安定した中国」になるために近代化させることが重要としている。中国が政治体制を改善し、市場化に取り組み、先進国との関係強化に取り組むことを促すことも目的に挙げられている。この書きぶりは、まさに本書でいう「三つの期待」に符合する。なお、これらの文書は大統領による決裁を受けている。

八〇年代にも中国政府が抱える人権問題はアメリカ本土に伝わっていた。それでも、人権問題を政府間の米中関係の障害にさせないことが、むしろ人権状態を改善することにつながるとの論理が存在していた。これはつまり、カーター政権で中国政策を担ったマイケル・オクセンバーグが八〇年代後半に説明したように、政府間の関係があればこそ中国はアメリカ民間財団のプログラム（法律分野を含む）を受け入れ、アメリカに留学生を派遣し、アメリカの広報外交が入り込む余地も生まれる、すなわち内側から変えていけるという期待である。議会でも、たとえば、民主主義の種が中国には芽生えており、貿易における最恵国待遇の賦与《ふよ》が人権改善にもつながるとジャニク議員が発言をしていた。変化への期待が、これらを支えていた。楽観がすぎるとも思えるが、この点を少し詳しく見てみよう。

アメリカの楽観主義

一九八四年四月、趙紫陽《ちょうしよう》国務院総理訪米を受けてレーガン大統領は中国の地に降り立った。共産党指導部に、中国の改革を好ましい変化だと賛辞を送ったレーガンは、立ち寄ったアンカレッジでも中国を「いわゆる共産主義国家」と表現した。だが当時、政府以上に前のめりな楽観主義が専門家や『ウォール・ストリート・ジャーナル』紙などのメディアにみられた。中国への市場経済導入に対する産業界の期待が一つの背景だろう。

それまでまったく閉ざされていた中国が、外国からの支援に一部であっても門戸を開いたことが明るい展望につながり、楽観主義を支えた。そもそも、それまでの中国は（例外はあっても）外部者にはまったく閉じた世界にみえた。暗闇《くらやみ》に一筋の光明があれば、従来の考えを覆すには事足りた。中国がたとえ部分的であっても開放する姿勢をみせたことが、アメリカ側に将来に期待を感じさせ、両者の間に信頼を構築した。

楽観の事例をみてみよう。アトランティック・カウンシルは一九八三年に中国政策に関する提言を公表している。邦訳もされたこの提言は、U・アレクシス・ジョンソン元駐日大使を議長に、ジョージ・パッカード学長（ジョンズ・ホプキンス大学高等国際関係研究大学院）が幹事を務め、マイケル・オクセンバーグ、ブレント・スコウクロフト元大統領補佐官など、錚々《そうそう》たるメンバー約六十名から構成されている。

提言は米中関係の利益はますます接近しており、「関係改善の第二の十年間」において「中国経済を国際的な経済機構と法的枠組みのなかで発展させる」「中国は経済的に発展し、安定し、近代化したあかつきには、われわれの貿易の重要な相手方」だと断言する。ソ連への牽制となる中ソ分断を戦略的な利益と認めるのは当然として、北朝鮮への「抑制的影響力」を認め、中国への武器売却や（軍民）両用技術の移転にも前向きな姿勢をとる。米中関係が軍事協力を深めても、地域のパワーバランスが大きく変わる可能性は「一九九〇年代とそれ以降はともかく、一九八〇年代にはない」と分析している。むしろ、中国との関係構築が当面のパワーバランスに好ましい影響を与え、経済的にも大きく期待できると確信のようなものを感じさせる。

中国が成長したとしても

支援を与えて中国が成長したとしても、近い将来にアメリカに追いつくことはあり得ないという感覚があったようだ。アジア研究の泰斗、ロバート・スカラピーノ（カリフォルニア大学名誉教授）は、中国は軍事的、経済的に今後二十年経っても弱いままであり、アジアにおける重要性が上がるにすぎないと一九八一年に喝破《かっぱ》している。また一九八四年の米下院外交委員会での公聴会でドナルド・ザゴリア（ニューヨーク市立大学教授）は、中国は孫の世代にとって脅威になるかもしれないが、二十〜三十年後は予見できず、経済成長によって政治への好ましい変化もあり得ると、その後のアメリカの対中関与政策につながるような発想を述べている。同席したドーク・バーネット（ジョンズ・ホプキンス大学教授）は、米中は現時点で利益が一致しているだけで政治改革は難しいと反論しているが、ザゴリアのような立論が当時には多かった。

むしろ国際政治において中国の成長は、軍事力を含めて、アメリカの利益になるとの考えがあった。日本における米中関係研究の草分け的存在である高木誠一郎《たかぎせいいちろう》も当時指摘しているが、アメリカには中国への技術移転はむしろ中ソの軍事ギャップ縮小に役立ち、またアジアの軍事バランスを有利にするという発想があった。

楽観主義はその後も維持されたが、先に指摘したように、一九八〇年代後半には中国の人権問題への関心も高まっていた。八八年のロード駐中国大使による北京大学訪問を鄧小平が直接に制止したときにアメリカ政府は問題の所在に気づき、中国政府だけを向いてきた、それまでの外交のあり方を再検討してもよかったのかもしれない。または中国の中東へのミサイル輸出などによって、中国が信頼できる相手ではないとの印象が米国の政策に影響しても不思議ではなかった。八〇年代後半になると、議会では保守もリベラルも中国との関係に批判的になっていた。

しかし、対中関係のあり方をめぐって、批判は出はじめていた。それほどこれらがイメージや政策の骨格を変えることにはつながっていなかった。

楽観論は根を張っていた。

第2節　天安門事件

ワシントンに届いた至急電

一九八〇年代、韓国、台湾、フィリピンとアジアにおいて民主化に向けた動きが進展した。しかし、北京の天安門広場、そして中国大陸の各地で政治改革を求めた市民、学生たちの粘り強い動きは、力に頼った共産党指導部により踏み潰《つぶ》される。一九八九年六月四日未明の悲劇は、それまで二十年近くにわたり中国との関係改善を進めてきたアメリカに大きな衝撃をもたらすことになる。

北京の大使館からワシントンのタスクフォースに「至急」と付けられ届いた第一報は、午前三時半過ぎから状況が変わっていくさまを描いた。午前五時半から大量の装甲兵員輸送車、戦車、トラックが天安門広場に入り、銃撃を繰り返し、その後も似たような衝突が続いた。印刷すると六枚にわたる公電は冷静に状況を報告しているが、逆にその書きぶりからは、あまりの凄惨《せいさん》さが伝わってくる。

同日の『ニューヨーク・タイムズ』紙一面は、最上段に「軍の攻撃により北京における抗議

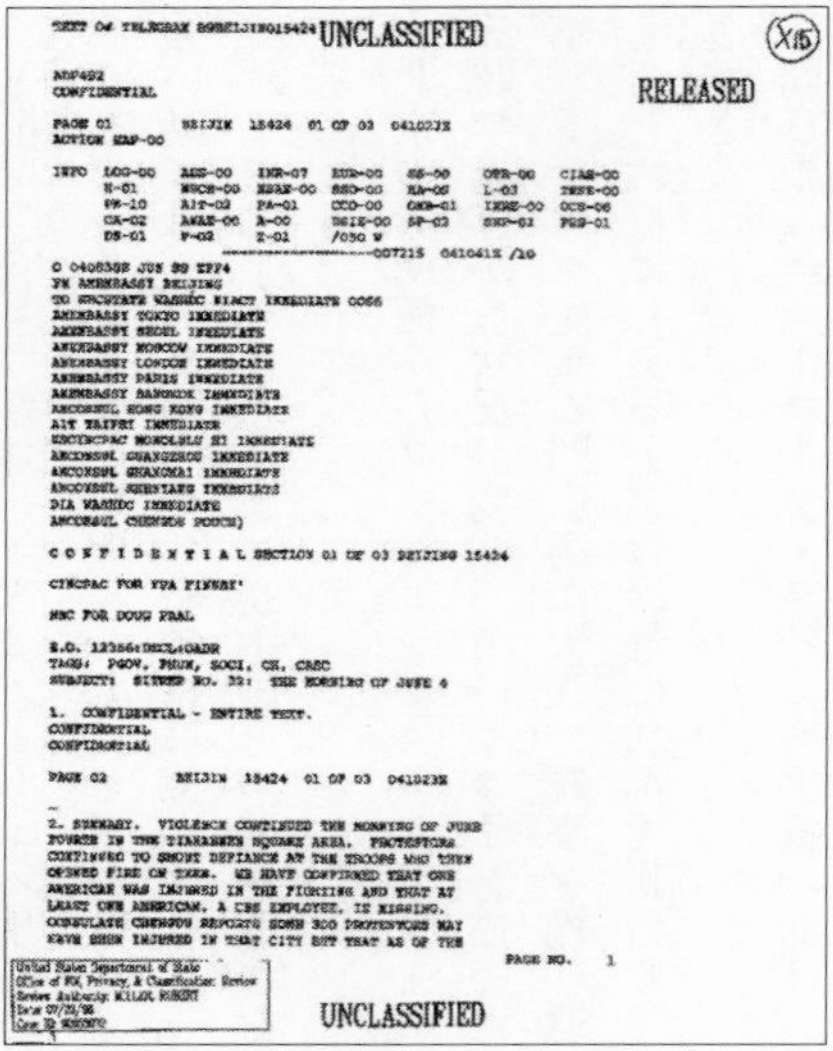
UNCLASSIFIED

RELEASED

CONFIDENTIAL

PAGE 01 BEIJIN 15424 01 OF 03

INFO LOG-00

AMEMBASSY BEIJING

AMEMBASSY TOKYO IMMEDIATE
AMEMBASSY SEOUL IMMEDIATE
AMEMBASSY MOSCOW IMMEDIATE
AMEMBASSY LONDON IMMEDIATE
AMEMBASSY PARIS IMMEDIATE
AMEMBASSY BANGKOK IMMEDIATE
AMCONSUL HONG KONG IMMEDIATE
AIT TAIPEI IMMEDIATE
AMCONSUL GUANGZHOU IMMEDIATE
AMCONSUL SHANGHAI IMMEDIATE
AMCONSUL SHENYANG IMMEDIATE
DIA WASHDC IMMEDIATE
AMCONSUL CHENGDU POUCH)

C O N F I D E N T I A L SECTION 01 OF 03 BEIJING 15424

NSC FOR DOUG PAAL

TAGS: PGOV, PHUM, SOCI, CH, CASC
SUBJECT: SITREP NO. 32: THE MORNING OF JUNE 4

1. CONFIDENTIAL - ENTIRE TEXT.
CONFIDENTIAL
CONFIDENTIAL

PAGE 02 BEIJIN 15424 01 OF 03

2. SUMMARY. VIOLENCE CONTINUED THE MORNING OF JUNE FOURTH IN THE TIANANMEN SQUARE AREA. PROTESTORS CONTINUED TO SHOUT DEFIANCE AT THE TROOPS WHO THEN OPENED FIRE ON THEM. WE HAVE CONFIRMED THAT ONE AMERICAN WAS INJURED IN THE FIGHTING AND THAT AT LEAST ONE AMERICAN, A CBS EMPLOYEE, IS MISSING. CONSULATE CHENGDU REPORTS SOME 300 PROTESTORS MAY HAVE BEEN INJURED IN THAT CITY BUT THAT AS OF THE

PAGE NO. 1

United States Department of State
Office of FOI, Privacy, & Classification Review

UNCLASSIFIED

図表1－2　北京から送られた天安門事件第一報の公電

活動は粉砕——数千人が押し戻そうとするが、「死者多数」と見出しを掲げ、中央に「路上に溢《あふ》れる苦悩、怒り、そして涙」と題した記事を掲載している。記事本文は、生々しく、現場の雰囲気を伝えている。

六月五日の報道では、天安門事件が多数の民間人犠牲者を生んだ九年前の韓国の光州《こうしゅう》事件に似ているとの表現もみられる。だが、天安門事件は新聞報道だけでなく、テレビによっても欧米社会に広くリアルタイムで伝えられた。その点で、勇敢な人々の手によって外国に伝わったものの断続的であった韓国の悲劇と比べてもいち早く世界の人々に知られることになった。

天安門事件へのメディアの関心は高いものだった。約二週間後の六月一九日の『ニューヨーク・タイムズ』紙一面には、ニコラス・クリストフの署名記事で、市場経済に向かっていた中国と、全体主義的にみえる中国、どちらが本当の姿なのかと問いかけた。彼は、共産党統治の限界が露呈しているとの認識を滲《にじ》ませたが、同時に、台湾のような平和的な民主化は難しく、民主化運動の次があるとすればそれは激しい暴力と衝突を伴うと、識者の説を引用する形で論を展開した。なお、クリストフは六月四日の第一報を書いた妻のシェリル・ウーダンとともに翌年、ピューリッツァ賞を受賞している。

対中関係を断念しないブッシュ政権

変化への期待に支えられた中国戦略の前提は、銃声とともに、音を立てて崩れ去った。それにもかかわらず、アメリカ政府の対応は人権問題への国際協調と、従来からの米中関係の維持をともに追求するような中途半端なものだった。つまり、ブッシュ政権は欧州と歩調を合わせ、すぐさま兵器輸出の停止などに踏み切る一方で、早々にスコウクロフト国家安全保障担当大統領補佐官を北京に派遣して関係の維持を図ったのである。

きわめて極秘裏に行われた七月訪中のために用意されたアメリカ政府の発言要領を読むと、世論や議会の激しい反応に中国の理解を求め、これ以上の事態の悪化につながる逮捕や処刑を行わないように釘を刺してはいるが、米中関係の重要性を讃える箇所《かしょ》では、まるで天安門事件はなかったかのようだ。「米中関係における過去十年以上の着実な発展は両国に重大な利益をもたらした」との情勢認識のうえに、「ブッシュ大統領は眼前の出来事を管理し、将来にわたる健全な関係を確固たるものにしたいと思っている」と発言するように、この文書は指示している。

ブッシュやスコウクロフトらの対中関係での努力は、中国との連絡チャンネルを維持し、事態のさらなる悪化を防ぐことに加え、ソ連を念頭に置いた米中協力の重要性は依然として高いとの考えから生じていた。

北京に着任したばかりのリリー大使も、極秘訪中の直後に、関係維持とさらなるハイレベル対話を支持すると本国に伝えた。このような政府内の姿勢はアメリカ社会が受けた衝撃とあまりに温度差があった。

アメリカ社会の分裂

アメリカ世論は激しく反応していた。ギャロップ社の調査によれば、直前でも七割以上のアメリカ市民が中国を好ましく認識していたが、事件後にはまったく逆に、七割以上が中国を好ましくないと答えたのである。もちろん日本でも世論の対中認識は厳しくなったとはいえ、これほどではなかった。

パット・ブキャナンのような保守的な評論家は、ニクソン政権以来の対中接近を厳しく批判し、北京の学生たちを褒め称《たた》えた。ハーバード大学フェアバンク東アジア研究所に集った教授陣も、一時は中国政府を通じた科学交流の一切を禁止すべきだとの議論にも傾斜した。

他方で、まさにニクソン政権以降、中国政策を牽引したキッシンジャーは事件直後、また八月と二度にわたり『ワシントン・ポスト』紙に長文の意見を掲載している。共通するメッセージは、対ソ牽制やアジアの安定のために対中関係が引き続きアメリカの利益であること、「国内事項」に干渉すれば中国の対米排外主義を強め、それは禍根《かこん》を残すというものだ。すぐに同紙に反論を掲載したステファン・ソラーツ連邦下院議員は、「首都を八週間にわたって占拠されればどのような指導者も耐えられない」「弾圧は不可避だった」というキッシンジャーの表現を取り上げ、キッシンジャーが中国にひざまずき、叩頭《こうとう》の礼をしているようだと糾弾した。

年末にスコウクロフト大統領補佐官の訪中が世間に知られ、それが二回目だとも判明すると、ブッシュ政権の外交工作に強い批判が集まることになる。

明白な人権侵害の前に、そして中国にかけてきた期待への裏切りの前に、米論壇の大勢を批判論が占めたといってもよいだろう。『中国とアメリカの夢』(一九九五年)を出版した社会学者のリチャード・マドセン(カリフォルニア大学教授)は、それまでアメリカの政界、さらに社会に広く存在してきた中国がいつか変わるという期待が、天安門事件でいったん潰《つい》えたことを強調している。

それでは、天安門事件がアメリカ政府の対中姿勢の分水嶺になったのだろうか。まったくそうではない。議会やアメリカ社会における対中認識が悪化したことと対照的に、政権の関与姿勢は変わらず、それは共和党政権から民主党政権になっても、クリントン政権初期の例外的な強硬姿勢を除けば、継続したのである。中国政治の変化への期待も、形を変えて登場してくる。

ハーディングの表現を引用すれば、「(天安門事件による)米国社会の雰囲気の変化は、対中政策に新たなコンセンサスを作らなかった。むしろ、それは分裂を生んだ」。米中関係がアメリカの対外政策の課題であると同時に、内政上の争点になっていく。その起点が天安門事件だった。

第3節　固定化されていく関与

関与政策の形成

米中関係を擁護しようとする政府には、人権問題だけではなく、冷戦の終結によってソ連牽制という目標を失った対中関係を正当化するロジックが必要であるとの認識があった。この流れのなかで確立していくのが「関与」政策である。

関与政策の形成は、ブッシュ(父)政権のローレンス・イーグルバーガー国務副長官の議会証言(一九九〇年二月)を一つのきっかけにする。キッシンジャーの部下であり、彼が設立したコンサルティング会社の社長も経験したイーグルバーガーだったが、彼は中国を対ソ牽制ではなく、ミサイル、核兵器、化学兵器の拡散、環境問題での重要な協力相手として位置づけた。関与という言葉も使っている。四月に国防総省が発表した戦略的枠組み報告においても、中国は当面の軍事的脅威にはならないとされた。ジェイムズ・ベーカー国務長官も、アジア太平洋政策を論じた『フォーリン・アフェアーズ』誌への寄稿のなかで、関与政策を明瞭に位置づけた。

この時期アメリカには中国指導部の強硬派はじきに失脚するとの見込みがあったとも指摘される。強硬な政治家が権力を掌握しつづけるわけはない、というその分析の根拠は薄いように思えるが、それでも世間の批判を気にせず対中政策を緩和させたのは事実だ。

中国専門家のロバート・ロスは、この時期を関与政策の萌芽《ほうが》期とみる。政権支持率が下落し、大統領選が迫るなかで、ブッシュ政権は議会工作と中国政府との交渉の両輪を回しながら、目にみえる成果の獲得を目指した。具体的には、民主党指導部を抱き込んで中国への最恵国待遇の維持、輸出管理の緩和が行われる。一九九二年一月にはブッシュと李鵬《りほう》国務院総理の首脳会談も行われた。同じく選挙対策の一環として、選挙重要州に生産ラインのあるＦ－16Ａ／Ｂ戦闘機の台湾売却が決定し、それは中国による中東へのミサイル売却という報復行為を招くが、それ以上には両国関係はこじれなかった。

中国にとっても対米の再構築が課題となっていた。ブッシュ大統領による「封じ込めを越えて」演説など西側の「和平演変」への警戒、天安門事件後の先進国による対中制裁への不満もあったが、低姿勢の対外方針を採り、九三年のアジア太平洋経済協力（ＡＰＥＣ）非公式首脳会談に併せた江沢民《こうたくみん》国家主席訪米などを通じて米国との関係構築に乗り出す。

クリントン政権による関与

貿易と投資における中国ブームが両政府の動きを支えた。

現職のブッシュを下し、経済を優先課題に挙げたクリントン政権が直面したのは、経済成長する中国に米産業界が大きく期待を寄せる現実だった。一九九〇年まで四％程度の成長にとどまっていた中国経済は一九九二年で一二％の伸びを記録し、翌年以降も成長を維持する。輸出相手、そして期待の持てる直接投資先として中国の魅力が高まっていた。外国資本、そして文化に門戸を開く中国を象徴するかのように、九二年四月には北京にマクドナルド一号店が開かれ、ハードロックカフェ、ピザハットも続いた。

クリントンは選挙の最中、中国政府を徹底的に批判したはずだった。しかし、変節は早かった。一九九三年秋、クリントン政権は「包括的関与」政策を発表したのち、一一月のAPECにおいて江沢民と首脳会談を行い、兵器輸出の再開を決める。翌年三月のウォーレン・クリストファー国務長官訪中では、直前に米政府高官に接触したばかりの魏京生ら活動家が拘束されていたにもかかわらず、訪中を予定どおり実施した。そして九四年五月には、最恵国待遇更新と人権問題の切り離しが声明される。

八〇年代に存在した中国の将来への、いわば無邪気な楽観主義は吹き飛び、米ソ冷戦も終わったが、それでも中国との関係を維持する。対中関係はすでに二カ国間関係の維持と管理を目的にしたものに変質しつつあった。中国政府も、この頃までに、米産業界による米中関係の維持に自信を持ったようだ。

米中台関係の先駆的な研究者ナンシー・タッカーは、クリントン政権にいくつかのロジックが溶け合う形で関与姿勢が定着したさまを描いた。貿易、投資への期待に支えられた関与論者に加え、安全保障関係者も、潜在的なライバルの中国にはアメリカの力を見せつけるために関係が必要であり、また北朝鮮問題でも協力を得たいと考えた。さらに、中国は依然として不安定で崩壊する可能性さえあるからこそ成長させなくてはならないという論理も、たとえばアトランティック・カウンシルの報告書（一九九四年）に存在していた。これらのうえに、政権中枢では、中国の市場化を進めればそれが政治改革につながるという論理が形成されていった。

危機を乗り越える関与方針

一九九五年と翌年にかけて、クリントン政権は中華民国・李登輝《りとうき》総統の訪米、そして台湾海峡危機という課題に直面した。この経緯については次章で詳述するが、政権の対中政策に関して言えば、危機の前後に大きな変化はみられない。

台湾海峡危機後、中国政策はホワイトハウス・国家安全保障担当大統領補佐官が直接統制するようになる。この頃よりアメリカ社会では、中国を敵対視する言説が増えはじめていた。しかし政権は、九六年四月の日米安全保障共同宣言で中国の肯定的かつ建設的な役割を認め、翌年の「国家安全保障戦略」も中国との対話を強調した。九八年の東アジア戦略報告も「包括的関与」政策を自画自賛したうえで、民主化推進の項で中国への言及を避けた。

一九九七年六月六日、天安門事件より八年のタイミングでサミュエル・バーガー大統領補佐官が行った演説も、関与政策の重要性――中国が国際社会に歩みを進めれば普遍的価値観は広がる、すなわち関与を通じて中国は変えられる――を訴えるものだった。バーガーは退任後のオーラルヒストリー(口述記録)でも、当初ジェットコースターのように不安定だった米中関係から、戦略的パートナーシップに基づいたクリントン政権後期の安定を構築したことを誇る。彼にしてみれば、中国を国際社会に統合しつつあったのであり、それがWTO加盟(二〇〇一年)に結実したということになる。

その年一〇月にクリントンもアジアソサイエティで演説をしているが、米中関係は「複雑」な側面を持つとして人権問題を相対化し、協力が必要な課題を北朝鮮問題から環境問題まで多数挙げ、政治体制が異なっても信頼は構築できると語っている。批判を牽制するように、「中国の孤立化は実行できないだけでなく逆効果で、危険ですらある」と断じた。こういった発言を通じて、アメリカは中国の成長を防ごうとしているという中国政府に存在する懐疑論も否定しておく必要もあった。九八年六月のクリントン訪中では、戦略核兵器の照準を相互に外すなどの合意もみられる。

中国の変化への期待を訴える

元政府高官や専門家から構成される政策コミュニティにおいても、中国警戒論（次章で詳述）よりも大勢を占めたのは楽観論だ。その背景には、江沢民という第三世代の指導者に率いられた中国政府指導部が、アメリカなど米欧の制度をまねつつ、財政・金融改革、国有企業改革に取り組んだことがある。その改革は、徴税システムや銀行部門にも及んだ。江沢民時代は、日本ではその歴史認識と日中関係への影響から論じられることも多いが、アメリカにおける江沢民時代の評価は、当時かなり前向きなものであった。江沢民は英語を交えながらクリントンなどに率直な物言いをして、それまでの指導者との違いを印象づけた。そして朱鎔基《しゅようき》国務院総理も、海外メディアとの対話を繰り返し、経済改革への本気を知らしめた。多くのメディアは退任まで、彼に高い評価を与えた。

中国の政治の先行きにも、明るい展望がみられた。たとえば、国防総省や情報機関の要職を経験し、スタンフォード大学名誉教授だったヘンリー・ローウェンは、一九九六年に発表した論説で、中国の地方政治や徴税システムの改革、報道の活況を例に挙げつつ、中国の政治体制は問題があるものの前進しており、経済成長によって民主化していくと結論づけた。中国系の政治学者で、当時プリンストン大学で教鞭《きょうべん》を執っていたミンシン・ペイも、共産党指導部は当面のところ民主主義的な政治参加まで実現させることはないとしてローウェン的な見通しこそ退けたが、共産党の役職定年制の導入や幹部の若返り・教育水準の向上、全人代や司法の機能強化などを例に、中国政治が改革しつつあることを前向きに評価した。アメリカの中国政治専門家の間でも、中国政治の制度化、官僚化によって多元的な政治に向かっているとの議論が増えていた。

ここにみられるのは、中国政治の変わらない性質よりも、少しでも変化の兆しがあればそこに期待を込める構図だ。八〇年代に比べれば中国国内の動きをみており、また経済成長が政治に与える影響への予測も根拠にされていた。九〇年代、新しい世代に率いられた中国政府指導部は、決してアメリカの期待をかなえるほどの目標感を持ち合わせなかったとみるほうが妥当だろう。とはいっても、当時のアメリカに存在した期待そのものを否定することはできない。相手が改革の約束を果たそうとする動きをみせ、それに説得力を感じたことで、アメリカは中国に大きな期待を抱きつづけたのである。

WTO加盟へ

中国経済への期待、国内改革への期待が結びついた一つの終着点は、中国のWTO加盟の実現となる。中国のWTO加盟に至った経緯を詳しく振り返ることはしないが、ここで指摘しておきたいことは、九〇年代末にアメリカ政府や議会で、中国をみつめる視線は政府・議会でも厳しくなっていたが、それでも実現したということだ。

一九九九年五月にベオグラード（ユーゴスラビア）の中国大使館への誤爆事件が起きると、

中国では激しい対米批判が社会を席巻し、ナショナリズムにアメリカも警戒を強める。また中国による軍事技術窃取疑惑に関して議会に設置されたコックス委員会報告書の一部が機密指定を解除され対中警戒論を高めた。九九年春には朱鎔基が訪米するも、ＷＴＯ加盟問題をめぐってクリントン政権内の対立が激しく、交渉は前進をみせなかった。それでも中国の最高指導部は対米関係を維持する構えを崩さず、これはアメリカでも、中国の国際社会に加わる強い意志を反映するものと高く評価された。

図表１－３　ベオグラードの中国大使館誤爆事件後の南京における反米デモ

シャーリン・バシェフスキー通商代表は朱鎔基と一九九九年一一月に会談し、中国のＷＴＯ加盟支持を正式に認めた。クリントン政権は、そのために必要な中国に恒久的な最恵国待遇を実現する法案成立を議会に働きかけることになる。

クリントン政権の殺し文句は、中国市場で日本や欧州に遅れを取ることはできないというものだった。さらに産業界も積極的にロビイングを行い、賛成派を増やそうとした。環境保護団体や労働組合、また安全保障タカ派は、本来の立場の違いにかかわらず反対で一致していた。

結果的には、二〇〇〇年五月に下院を、九月に上院を「恒久正常通商関係」法案が通過した。中国は二〇〇一年にWTOに正式に加盟し、世界の工場として急速な経済成長を実現していく。

小結——ストレステストを耐え抜いた関与路線

一九九〇年代を振り返れば、天安門事件後の十年間であったにもかかわらず、中国に関与するロジックが完成した時期となった。共和党、民主党のどちらの政権も、主流の考えは対中支援であり、関与であった。なお、次章で取り上げるように、どちらの党派にも警戒論が存在したが、主流にはならなかった。

ソ連の崩壊は、米中協力の戦略的条件が消滅したことを意味する。さらに台湾海峡危機、軍事に関わる技術流出、人権、といった現在において問題視されている領域において、数々の対中懸念が生起していた。九〇年代後半からは中国脅威論が社会的にも広まった。アメリカの中国に関する信頼が、いわば「ストレステスト」にかかったのが九〇年代ということになる。

アメリカ国内政治に注目して、産業界、およびその支援を受けたと思われる元政府高官のロビー活動がクリントン政権の政策決定に少なからぬ影響を与えたことはよく指摘される。しかし、関与政策が単なる経済的利益を超えた秩序形成、将来の変化という期待から正当化されていたことを見過ごすべきではない。

国際経済システムに組み込まれれば、中国は必ず欧米の価値観を受容していくとの仮定があった。大統領補佐官のバーガーが、クリントン政権末期に『フォーリン・アフェアーズ』誌に発表した論文は、WTOへの加盟などグローバル経済への参画が改革への圧力になると説明した。「中国はルールに基づいた国際システムに拘束され、国内を変革しなければならなくなる」「中国の指導者たちは政治改革に関して厳しい選択を迫られることだろう」。

関与の考えを支えることになるのは、経済発展は経済面の改革だけでなく、政治にも好ましい影響を与えるという仮説である。これは政治学者シーモア・リプセットの考えを援用したものだが、実際に中国を論じた当時の分析にはリプセット論文の引用もみられる。この仮説をもって中国に期待を寄せることに、それ以上に根拠があったわけではない。しかし、当時の視点に立てば、アジアで実際に先行して経済発展後に民主化した事例もあり、否定もできなかった。

八〇年代から存在した論理は、中国を中から変えていくということだった。中国の科学者や学生がアメリカで生活し、さらにアメリカの民間団体や学生も中国を訪れていくことで、自由な社会の魅力を伝え、内側から変えていく発想だった。それに比べると、経済発展によって中国政治や社会体制の変革を期待するアプローチは若干、遠巻きのようにもみえる。

中国社会や政治の実態のうえに成立していた議論とはいえない。将来の政治指導者こそは改革を実現するという見通しも一九六〇年代からこの時代まで米政府に散見されたが希望的観測にすぎない。こういったアメリカに存在した楽観的な見方を、九〇年代の中国における改革ポーズが支えた構図だ。対中関与政策の厳しい批判者であるジェームズ・マンはこれを「気休めのシナリオ」と呼んだ。

しかし結果からみれば、関与の路線が固定化されていく。対中戦略を冷戦後に再検討する議論がかなり盛り上がったこの時期、関与政策にすべてを収斂《しゅうれん》させていく政治的な動きが勝利した。

第2章

不確かなものへの恐怖

——中国警戒論の胎動

1995〜96年にかけて台湾海峡周辺で実施された中国・人民解放軍の演習地域等

【第2章に関連する主な動き】

1989　天安門事件
1995　李登輝・中華民国総統訪米
　　　台湾海峡危機（〜1996）
1996　日米安全保障共同宣言
1999　コックス委員会報告書，一部公表
2000　台湾総統選，初の民進党政権誕生
2001　海南島事件
　　　同時多発テロ
2007　中国，人工衛星破壊実験

前章では、米ソ冷戦構造における必要性から生まれた米中関係が、いかにして中国への関与と支援を続ける強靭《きょうじん》さを持つに至ったのか、アメリカ歴代政権の政策とその背景を繙いてみた。アメリカの論理の背景には、「三つの期待」を基礎にした信頼、中国の成長を過小評価する見通しがともに存在していた。

最近のアメリカ政府や専門家は、中国の政治、経済における改革や国際社会における建設的な役割が、当初思い描いていたようには進まないことに苛立ち、戦略を転換させるようになった。しかし、なぜ当時から、そのような見通しへの懐疑論が強くなかったのか、と後知恵で責めるのはあまり公平な姿勢とは言えない。アメリカでは党派を問わず、また政権の内外を問わず、中国において変化がみえない箇所よりも変化をみせている箇所に注目する傾向があった。だからこそ将来への期待を自らの判断で持ちつづけた。

とはいえ、早い段階から中国の政治体制が抱える問題に注目し、また成長した場合にもたらされる世界政治の課題について訴えていた専門家たちがいたことも事実だ。彼らの声は、中国の変化に注目する主流派たちの前にかき消されてしまうところが多かったが、問題意識や、中国への対応策には今につながる原型を発見することもできる。

政治哲学者のアイザイア・バーリンは『ハリネズミと狐』の冒頭でギリシャの詩人アルキロコスを引用している。「狐はたくさんのことを知っているが、ハリネズミはでかいことを一つだけ知っている」。これを喩《たと》えに使えば、前章で関与路線を支えるように動いた人々はまさに狐のような知恵ものとして中国との関係を維持しようとした。本章で紹介するような懐疑派は、たった一つの「でかいこと」、つまり政治体制が変化しづらい中国が世界に大国として台頭する将来を伝えようとしていた、ハリネズミたちであった。

本章では、芽生えはじめた警戒論と、それが関与政策に取り入れられ折衷《せっちゅう》主義的な議論になっていく経緯を描く。時期としては前章に重なるところから始まり、また今世紀のブッシュ(子)政権に至る。

第1節　中国への警戒と懐疑

初期の懐疑論

それでは懐疑派は、中国との協力強化を求める声が圧倒的な主流であった時代に、どのような論理を用いて中国への接近に慎重な立場を表明していたのだろうか。

ファシズム研究者として知られるジェイムズ・グレガー（カリフォルニア大学教授）は、一九八六年に中国の政治経済とアメリカの対中政策に関する単著をスタンフォード大学フーバー研究所から出版している。彼はアメリカの対中政策がさしたる見通しを持たず盲目的に協力の強化に走っている姿を強く批判し、ソ連への対抗という類似した目標はあるものの、中国には中ソ国境にソ連をはり付ける程度の期待しかできないと断じた。中国のパワーが役に立つという考えを「脱神話化」すべきだ、という言葉に彼の主張は上手《うま》く込められている。

政治体制の研究に詳しいグレガーにしてみれば、マルクス・レーニン主義が色濃く残る中国との協力で相手を一方的に利することは、商業的な利益からそれを支持する声が出てきたとしても正当化できないものであった。そして、中国に兵器を売却すれば台湾や北朝鮮に絡んで将来アメリカの対応を難しくし、原子力協力を進めればパキスタンに技術を拡散しかねないなど、協力の悪影響をむしろ懸念すべきだった。南シナ海をめぐる中国と東南アジア諸国の対立にアメリカが巻き込まれ、また対中協力が日本等との同盟と矛盾《むじゅん》することにも彼は気づいていた。

ただし、グレガーも中国は地域的パワーに今後もとどまると述べており、圧倒的な成長までは織り込んでいなかったようだ。その点で対照的な見解を披露《ひろう》していたのは、米軍の委託研究を多く請け負うランド研究所の出身であったトマス・ロビンソン（ジョージタウン大学教授）だ。

彼は早くも一九八五年に、「世紀の変わり目までに中国は強国になる……中国政府は国境を越えた新しい利益を見出すだろう。それは国力に相応したもので、いわゆる帝国主義と言われるものだろう」と書いている。そしてアメリカの選択は、「中国の近代化を支援し、新しいパワーバランスのなかで中国が責任ある役割を果たすように導くこと」か、「中国の圧力を受ける国と力を合わせて、アジアのバランスを回復する歴史的な役割」のどちらかだ、と述べる。言うまでもなく、これはその後のアメリカの道を暗示していた。前者の選択肢をその後三十年にわたって維持したアメリカは、今や後者に転じている。

彼らが遺《のこ》した文章に、私たちはアメリカのその後の対中姿勢や国際政治の展開を読み解く、先見の明を見出すことができる。たしかに、彼らが予見したとおり、中国とアメリカの間に存在したのは表面的な協力関係であり、その先に目指していた国際秩序に合意は存在せず、また収斂していく見込みはなかった。

それでも、八〇年代には圧倒的な少数意見であったことは否定できない。

関与への批判

米ソ冷戦の終結が明らかになった一九九〇年代になる前後から、中国が成長を続けていけば、少なくともアジアにおけるパワーバランスが崩れてしまい、それがアメリカの利益に影響を与えるという議論が政府内外に芽生えていく。あえて購買力平価でみれば、中国の経済力は九〇年代半ばにドイツを追い抜き日本の姿を捉えるほどの勢いだった。天安門事件の記憶もあるなかで、対中政策を無条件に経済優先で進めることへの疑念が生まれるのは自然だった。

保守系評論家のチャールズ・クラウトハマーは、『ワシントン・ポスト』紙などで活躍し、冷戦後の世界が当面はアメリカのみの一極構造になるとの主張で知られる。それでも長期的視野から中国の成長に恐れをなしたのだろうか、彼は『タイム』誌に寄稿（一九九五年）し、中国を封じ込めるべきで、クリントン政権も共和党優勢議会で権勢を振るっていたニュート・ギングリッチ下院議長もともに手ぬるい、と痛烈な批判をしている。

クラウトハマーにとって、中国の成長を許すことは一九世紀末のドイツを支援するようなものだった。中国は南シナ海で周辺国に圧力を加えはじめており、国防費を一〇％以上増加させつづけている。さらに中東にミサイル技術を拡散させている。今アメリカがなすべきは、ベトナムとの関係改善を進め、中国に対抗する利益を共有するインド、日本、さらにはロシアとも関係を強化することだ。そのように考えるクラウトハマーにとって、中国の封じ込め網の構築さえも実は第一歩にすぎず、政治体制の変革こそが平和の実現をより確かにするものだった。

一九九七年に『タイム』誌の二人の元記者によって書かれた『やがて中国との闘いがはじまる』は、その邦題が軍事的な戦争を意味しているような挑発的な印象を残す。ただし著者たちが強調するのは、アジアと世界における地位を回復した中国と、アジアに覇権国が登場することを阻止したアメリカの政治対立は運命づけられており、その日が近づいているというものだ。たちどころに戦争になるということではなく、構造的な対立関係を予見したということだ。

そのうえで著者たちは、アメリカが圧倒的な軍事力を持つこと、米軍基地を足がかりにした前方展開を維持すること、中国の核大国化を防ぐこと、台湾海峡の軍事バランスを維持すること、そして日本を強くすることを提案している。同書は関与政策を擁護せず、中国が成長したとしてもアメリカと同盟国が優位のパワーバランスを維持し、経済成長だけでなく人権改善を求める。将来的には民主化した中国が望ましいとした。

しかし、彼らのように中国との決別、関与論の否定を前面に押し出したような議論は、二〇〇〇年に中国脅威論を書籍化した『ワシントン・タイムズ』紙のビル・ガーツや、ペンシルベニア大学のアーサー・ウォルドロンのように似たような議論もあるものの、個人としての活動にとどまった。

折衷案としての関与修正論

専門家や元政府関係者が集う形でまとめられた懐疑論は、より穏健な関与修正論に落ち着く。たとえば、国際関係主流派のサロン的役割を担ってきた外交問題評議会が一九九六年に中国政策の提言をまとめたが、その内容は「条件付き関与」だ。中国が急速に成長することを前提に、無条件の関与も、または中国が現状を変えるような野心的な行動に出る前での先制的な封じ込めも、ともに選択肢として否定された。その代わりに提案された「条件付き関与」は、経済的な手段で中国を国際秩序に統合することが失敗した場合のリスクに備える（ヘッジ）ことが重要だとして、紛争の平和的解決や軍事面での透明性、航行の自由の尊重、経済改革、人権改善など一〇の条件を挙げる。

とはいえ、この報告書は、中国とのハイレベル対話や、台湾の行動に自制を求めるなど、あくまでも関与政策の論理を補強するものでもあった。だからこそ、提言は「（相手を搦《から》め捕るような）網を編む」と題されたのである。

同盟国や東南アジア諸国連合（ASEAN）との安全保障協力の深化も提案されているが、重点はあくまでも、中国に経済、安全保障で国際協力に応じるべきだと説く体《てい》で、米国内を説得しようとするものだったと読める。江沢民政権のもと中国の政治体制はソフトな権威主義に移行しつつあるとの評価もみられる。総じて、米中関係を正当化するための提言だった。

ランド研究所も米空軍からの委託研究で、封じ込め（コンテインメント）と関与（エンゲージメント）を組み合わせたコンゲージメントという概念を九九年に提起している。語感に従えば、封じ込めに接近しているようにも聞こえるが、実はそうではない。

たしかに、報告書は外交問題評議会の例に倣うように、同盟や地域安全保障の枠組みの強化を求めたが、そこでは「中国に地域覇権を追求しようとは思わせない」ことに力点が置かれていた。中国が国際システムに統合されるか、「第一次大戦前のドイツ」になるかは、決まっていないという言い方で、中国を前者に方向づけることがコンゲージメントの本質にある。これまで以上に圧力をかけるにせよ、中国を米中関係に踏みとどめることを念頭に、人権問題で制裁すべきではなく、台湾問題でもアメリカの防衛意志を曖昧《あいまい》にすべきだとされた。

クリントン政権末期には、ブルーチームと呼ばれる対中強硬論者が声を上げはじめていた。関与路線の前提を強く疑う彼らは、中国にある嫌米論も参照しつつ、中国の軍事的成長が好ましい結果をもたらさないと強調した。議会の動きに影響はみられたが、共和党や政策サークルで大きく支持が広がることはなく、ランド研究所のような折衷論が一定の支持を得た（なおブルーチームとの対比で、関与派はレッドチーム、コンゲージメント派はパープルチームと呼ばれることもあった）。

関与派の無条件にもみえる、または将来への「希望的観測」に基づいた主張への疑念は、安全保障に造詣の深いものたちの間で広まっていた。さらに、ここまでに紹介した議論に共通するように、八〇年代よりも中国の成長は織り込むべき、明らかな前提となった。しかし微修正をみせた主流説は、備えを強めつつ関与せよだった。アメリカ自身の強さ、そして日本を含めた同盟の重要さが強調された。それは関与を否定するものではなく、対中関与方針を認めたうえで、アメリカのアジアへの軍事関与、外交的影響力を担保しておくことを正当化した。折衷的だが、弥縫《びほう》策といえなくもない。

第2節　アジアの安全保障における中国

中国と日米安保

アメリカでの中国論争の盛り上がりをみた元タイ大使の岡崎久彦《おかざきひさひこ》は当時、『読売新聞』に文章を寄せている。言うまでもなく岡崎は、当時の日本で外交論壇を牽引していた一人だ。「平和を守る最善の方法は、平和的解決以外の方法はあり得ないという国際環境を作り出す事である」と断ずる岡崎は、中国に関与することを自己目的化したような政策が望ましくないことは言うまでもないが、封じ込めるのではなく、中国の歩む道を定めていくような国際環境を作るべきだとした。

岡崎は、中国とアジアが経済的に台頭し、そしてアジアが軍拡競争に陥る未来もみすえていた。だからこそアメリカと同盟国、地域諸国の力を糾合することでこそ、平和の条件が整えられると考えたのだろう。

「必要悪としての軍拡の形をとっても、要は平和が守られればよいのである。平和さえ守られれば、友好関係も繁栄も続くし、そのうちに中国の国内情勢も含めて状況の変化があるかもしれない」。岡崎の考えはアメリカの主流派に近いものであった。

日米同盟は、中国への備えを高めるうえでも重要なピースとみなされ、関与修正論の立場でもそれは当然の前提だった。貿易摩擦で大いに傷ついた日米同盟を一九九六年に日米両首脳の共同宣言によって「再確認」させるに至った、大きなきっかけは北朝鮮危機だ。朝鮮半島有事の際に、日米が一体として動けないことのデメリット、また日本の法整備の明らかな遅れを痛感した日米の政府関係者は、危機後に日米同盟の立て直し、そして日本における有事法制整備へと舵《かじ》を切る。

とはいえ、中国の将来に投げかけられた日米当局者の不安は、アジアの要石《かなめいし》として日本の役割を固めていくうえで、少なからず役割を果たした。

最近でも、当時ハーバード大学教授から国防次官補に任命され、このプロセスに大きく関与したジョセフ・ナイが、冷戦終結後に「中国の台頭という問題に、より注力するようになった」と当時を振り返っている。一九九五年にナイが牽引した東アジア戦略報告（EASR）は、前方展開兵力を削減するという前政権の構想を否定し、東アジアにおける米軍一〇万人体制を擁護したことで知られるが、同報告は中国の国防予算拡大を指摘したうえで、その意図の不確実性と周辺諸国との領土問題の存在に注意を喚起している。

当時、日米同盟の重要性をアメリカ側で再認識させるうえで大きな影響力を持ったとされる論文は、マイケル・グリーンとパトリック・クローニンが国防大学国家戦略研究所に寄せた論文だ。そこでは、地域のパワーバランス、日本のパートナーシップ拡大、日本の抑制と地域の不安除去のために日米安全保障体制が堅持されるべきだとされた。論文の主眼は思いやり予算、戦域ミサイル防衛、北朝鮮問題等であったが、地域のパワーバランスを崩しかねないものが中国の成長を指していたと読み込むことはできる。

抽象的な意味で中国の成長が視野に入ってきたことと、具体的にそれを議論することの間には距離があったのかもしれない。国防総省日本部長だったポール・ジアラは後に発表した論文のなかで、一九九七年の日米防衛ガイドラインに至る協議で中国を十分に話し合わず、それが九八年のクリントン訪中に伴う、ジャパン・パッシング（素通り）という不安を招いた遠因になったと反省をみせている。

それでも、日米同盟の視野には、徐々に中国の影が映りはじめていた。もちろん当時の日本には、中国の台頭に軍事的な対応だけで応じようという議論だけではなく、たとえば中国を正式に、またはオブザーバーとしてG－7に加える案が外務省内ではたびたび提起されていた（なおアメリカにも中国を含めたG－7拡大案は存在していた）。中国への対応は、アメリカの主流派と同様、国際社会への統合をしつつ、静かに備えるべしというものだった。

東アジア戦略報告にはアメリカの覇権維持への意思が込められており、それが国際的な地位回復を望む中国の秩序観との摩擦を招く可能性に早くも指摘がみられたが、そのような長期的な課題を具体的に政策に反映するには至らなかった。

台湾海峡危機

一九九四年五月、ホノルルに立ち寄った李登輝総統は、空港の一角を除いて外出が認められなかったとの報告を受け、ついに飛行機から一歩も外に出なかった。大きく報じられたこの出来事は、民主化へと向かいつつある台湾に対する姿勢として適切ではないと米連邦議会の強い反発を招く。翌年の李登輝訪米、台湾海峡における中国・人民解放軍の大規模演習と米空母派遣といった（第三次）台湾海峡危機に向かう、米中台関係の激動が始まった。

しかし、詳細に立ち入る前に結論を先取りすれば、台湾海峡危機によってアメリカ政府の対中関与方針が変わることはなかった。そしてアメリカは、あくまでも自らが他国（＝中国）によって行動を抑制されることがあってはならないという判断のもと、海軍力を大きく動かしたにすぎない。むしろ台湾政治への警戒心を高めたアメリカは、その後長年にわたって、民主化した台湾の行動をむしろ抑制するように動く。

九五年は中台の駆け引きから始まった。中国政府は国家主席の江沢民による八項目提案を通じて両岸対話に前向きな姿勢をみせたが、台湾側は母校コーネル大学への李登輝訪問を実現すべく、ワシントンでのロビー活動を強化した。李登輝へのビザ発給はないと国務長官が中国政府にいったん約束するものの、五月に下院が三九六対〇、上院が九七対一で李登輝の私的な訪米が直ちに許可されるべきだとの決議を通すと、さらに過激な法案を防ぐためにクリントン大統領はビザ発給を決断する。

ついにコーネル大学を訪問した李登輝は、中華民国を連呼し、また中国に台湾をモデルにした政治改革を求めるなど政治色を前面に押し出した演説を行う。中国は熾烈《しれつ》な反応をみせたが、これは米側と台湾の事前約束とも異なる内容だった。中国は駐米大使の召還等に踏み切る。そして東シナ海（台湾島北海域）におけるミサイル発射を伴う軍事演習を実施した。

米中両国は、事態の沈静化に向けて動きはじめる。アメリカは大統領親書さえ送った。八月には外相会談がブルネイで実施され、首脳会談に向けた調整が行われる。アメリカは大統領親書さえ送った。そこには後に「三つのノー」として知られる内容があったが、非公開とされたため、台湾に対するアメリカ政府の姿勢に解釈上の混乱が生まれる。いずれにせよ、中国駐米大使はワシントンに戻り、アメリカのジェイムズ・サッサー新大使も北京に赴任、一〇月にはニューヨークで米中首脳会談も実現している。

しかし緊張緩和はみせかけだった。一一月には江沢民が福建《ふっけん》省沿岸で人民解放軍の演習を視察する。アメリカは不測の事態への備えを本格化させ、翌月に米中国交樹立後はじめて空母戦闘群に台湾海峡を通過させる。九六年三月に台湾で行われる初の直接選挙による総統選を控え事態は緊迫していく。劉華秋（国務院外事弁公室主任）が訪米しているタイミングで、中国は台湾南部の高雄《たかお》、東北部の基隆《きりゅう》から数十キロの海域に着弾するミサイルの発射演習を通告した。

クリントン政権は激高した。ウィリアム・ペリー国防長官は「深刻な結果」をもたらすと劉華秋に伝え、すぐさま政権として二つの空母戦闘群の台湾海峡派遣を決断する。なおペリーは台湾寄港案さえ提起していた。悪天候を理由としていた前年末の空母通過と異なり、今般の派遣は明確にアメリカの意思を伝えるものとして行われた。ほかにも中国国防部長の訪米延期、米輸出入銀行の新規プロジェクト延期などの措置が執られ、上下院も台湾を支持する決議を行っている。

その後、中国が平潭《へいたん》島周辺での大規模演習を実施し、軍の大規模動員もみられたが、総統選が実施されると緊張は解けた。

危機を振り返ると、中国の強硬な対応の背景には、積極的な外交を展開し八項目提案も素通りした李登輝に対してだけでなく、当初ビザを発給しないとの約束を反故《ほご》にしたアメリカへの不信もあった。中国の成長をみて、アメリカが中国弱体化の方針に舵を切ったのではないかと懸念したようだ。なお、人民解放軍が強硬姿勢を主導したとの説もあるが、当時共産党の軍へのコントロールは変わらなかったとの評価が根強い。むしろ、中国には武力で脅しても米軍は動かないとの読み間違えがあった可能性がある。

アメリカはたしかに受け身の対応だった。しかし、中国の軍事的脅しを看過すれば、アメリカの同盟国への安全の約束が疑われてしまう。可能性は低いとはされたが、沿岸諸島への着上陸を含む、多くのシナリオが大統領の執務室に届いたようだ。それが大規模な海軍力の展開による抑止の試みにつながった。危機は選挙の終了を奇貨として収束したが、それをもって米中が危機回避に成功したとはいえない。

急成長する中国、巨大な外貨準備を持ち、重要な貿易相手である台湾との危機に直面したクリントン政権に残された教訓は、再発防止だった。危機の最中に米政府高官が丁懋時・国家安全会議秘書長と接触し、挑発を行わないように釘を刺したが、巻き込まれる恐怖はその後のアメリカの台湾政策に強く反映されていく。他方で、一般的な対中警戒心は高まったが、対中政策では三つのノー（一九九八年六月に訪中したクリントンが講演で公にした、台湾独立、二つの中国という解決、台湾の国連加盟等を支持しないという内容）にみられるように対話姿勢が強調された。

外交交渉で危機が解決したわけでもなく、そもそも米中経済の相互依存が進んでいたにもかかわらず危機が発生したのだが、台湾の民主主義への恐怖、外交による事態沈静化への信念がその後も台湾海峡への対応の基本線になった。

中国への懸念

九〇年代後半、アメリカから中国への技術流出、また中国からパキスタン等へミサイル関連技術を含む軍事技術の流出により、アメリカは大量破壊兵器の拡散につながるとの懸念を深めていた。

中国はたしかに、一九九二年にミサイル技術管理レジームに準じた対応を行うと宣言し、核不拡散条約に加盟、翌年には化学兵器禁止条約に署名した。包括的核実験禁止条約にも一九九六年に署名する。しかし、中国から中東にミサイルと関連技術が移転することにアメリカの警戒は緩まなかった。一九九三年、化学兵器の原料物質を中国・大連《だいれん》からイランに輸出していると疑われた銀河号の積み荷からは何も発見されず、中国は激しく非難したがアメリカは謝罪を拒んだ。

核兵器関連技術が中国政府の意図的な工作活動によりアメリカから流出したとの懸念を検証するため、議会にコックス委員会が設置された。機密解除のうえ、一部公表された報告書は中国への核技術漏洩《ろうえい》の可能性を認めるものだった（ただし関与した具体的個人を訴追するには至らず、唯一取り調べられた台湾系米国人のウェンホー・リーも主要な疑惑では訴追されていない）。連邦議会では保守派議員が中国への商用衛星等の売却の持つ安全保障上のリスクを訴えていた。

この時期の兵器と関連技術をめぐる議会の動きは中国警戒論が政策に接近した事例であり、警戒論に存在した戦略的パートナーシップ批判などはその後につながる論理も提供する。それでも対中関与政策への影響は軽微だった。

中国の人権問題に関しても引き続き懸念されていた。一九九二年に成立した香港政策法は九七年の香港返還を前に、香港の自治が保たれることが香港に関する特別な扱いの条件としている。なお上院での法案提出者はマコネル上院議員（現・上院院内総務）だった。チベットに関しては、上院で当時権勢を振るった保守派のジェシー・ヘルムズ議員がチベット大使設置を求めるる動きを示していた。これは特別調整官の創設につながった。

第3節　ブッシュ政権における検討

戦略的競争相手と呼ばれた中国

二〇〇〇年の大統領選挙に臨んだブッシュ（子）は、戦略的なライバルとして中国を意識した発言を行っていた。一九九九年一一月に、レーガン図書館で行われたブッシュによる演説は、彼のアプローチを示している。「もし私が大統領になったら、中国は大国として遇されるが、強靭な民主主義の同盟が地域にあることにも気づくだろう。……もし私が大統領になったら、中国はアメリカの価値観は常にアメリカが追い求める課題であることを知るだろう。私たちが市民的自由を求めるのは、外交上の体裁ではなく、この国の根本的な約束だからだ」。

より具体的には、国家安全保障担当の大統領補佐官（後に国務長官）になるコンドリーザ・ライスが、二〇〇〇年に『フォーリン・アフェアーズ』誌に投稿して論じた。彼女は「中国は台頭しつつあるパワーだ」と断言したうえで、中国を国際経済に統合し、それによって政治改革に向かわせることに期待を寄せるのは結構だが、その限界も認めるべきだとする。中国はアメリカが確固たる地位を持つアジア太平洋の現状を維持しようとするのではなく、成長すれば

図表２－１　飛行機（EP－３）を飲み込んだ竜（中国）を描いた風刺画．中国はなかなか乗員とEP－３機体の返却に応じなかった

それを塗り替えようとするので、クリントン政権が言うような戦略的パートナーではなく「戦略的競争相手」だというのがメッセージだった。

ブッシュの就任からまもなくして、海南島周辺にて米偵察機ＥＰ－３と中国人民解放軍戦闘機の接触事案が起こる。墜落した機体の引き渡しや、謝罪のあり方をめぐり両政府は対立した。ＥＰ－３事件を沈静化させたにもかかわらず、直後に台湾へ武器売却を行うなどブッシュ政権の姿勢は頑なだった。とはいえ、中国政策が就任前に言われていたような形で競争的なものに変わったとまでは言い切れない。むしろ、「中国敵視というよりも、中国軽視」（高木誠一郎）の状況であり、ブッシュ政権も中国のＷＴＯ加盟を否定はせず、表だって大きな政策変更をしなかった。

同時多発テロと米中関係の安定

二〇〇一年九月に生じた同時多発テロ事件が米中関係を一気に安定させることになる。それまでもコリン・パウエル国務長官は関与政策を強調し、国防総省との温度差を感じさせていたが、テロ後のブッシュ政権は全体として、中国との協力を重視するようになる。中国も国連安保理でアメリカの自衛権行使を支持し、パキスタンとの関係強化や情報協力でも応じた。一〇月に上海で演説したパウエル国務長官は、「米中が敵対する理由はない」とまで言い切り、WTO加盟により世界に開かれた中国は、法の支配や人権を徐々に受け入れるとの見通しを語っている。

クリントン政権期に国務次官補代理を務め、カリフォルニア大学に戻っていたスーザン・シャークが解説するように、当時のアメリカにとって国際テロリズムは中国の台頭よりも喫緊の課題だった。中国がブッシュ政権に対テロ戦争での支持と協力をもちかけるなど、二国間関係での進展がみられ、それもあって米社会における対中強硬論は沈静化していき、中国の成長を認めつつも過度に危険視しない風潮になった。

ペンタゴンにおける静かな中国戦略構想

その一方で、政府内では国防総省において、中国の将来を正面にみすえた戦略議論が活発化していく。中国がやがて世界のパワーバランスを塗り替え、アメリカ優位に仕上がった国際秩序を脅かす存在になりかねないとの前提を持っていたが、政府の外に議論が出ることのない、静かな中国戦略の再検討過程だった。この経緯は、国防長官を務めたドナルド・ラムズフェルドが保有する個人文書へのアクセスも許され、当時の政府関係者にインタビューを重ねたニナ・サイローブ（スイス連邦工科大学上席研究員）による研究が最近詳しく解明した。日本でも秋田《あきた》浩之《ひろゆき》が一部の内容をつかんで早い時期に刊行している。

二〇〇一年九月までに防衛戦略レビュー（DSR）が国防総省内で準備されていた。DSRは米優位の好ましい現状への挑戦として、同盟の弱体化、他国の「接近阻止・領域拒否（A2／AD）」能力の獲得、米本土を狙う大陸間弾道ミサイル・大量破壊兵器等の取得が挙げられており、とくに想定されたのは中国だった。検討を担ったのは、日本でも最近よく知られるようになった、アンドリュー・マーシャルに率いられたネットアセスメント室だった。

DSRにおいて対応策として重視されたのは、同盟国への安心供与や抑止、戦争遂行能力の確保に加え、中国への「諫止《かんし》」、すなわちアメリカの軍事優越への対抗を図るような能力を開発する意欲を放棄させることに置かれた。未公開のDSRは同盟国との関係強化や前方展開の再編には具体的にほとんど触れず、三割以上を軍事技術開発に充《あ》てているとされる。アメリカが今度も軍事においてその技術基盤によって優越した地位を保つのだから、それに挑むのは得策ではないと中国に知らしめることで挑戦者にならないようにする、それが諫止ということだ。

なお、環境を形成するというアプローチの源流は、一九九三年一月、引き際のブッシュ（父）政権の国防総省が発表した地域防衛戦略にも存在している。これは、一部がリークされ、世界支配の戦略と批判を受けた防衛戦略ガイドラインを最終的にまとめたものだ。冷戦期のようにグローバルな共産主義の封じ込めに代わる戦略として必要なことは、各地域において潜在的な支配者の登場を阻止することである、との指針を打ち出していた。報告書は中国を明示的に指摘していたわけではないが、アジア支配を目論《もくろ》む勢力の動きを阻止するためにも前方展開と戦力投射能力、また同盟の重要性を訴えていた。

当時の対中戦略において封じ込めや体制変革は明確に否定されていたと、サイローブは整理する。封じ込めは学術的には相手の弱体化や外交的孤立化を意味することが多いが、そのような手段をブッシュ政権は構想に含めていなかったということだ。

同時多発テロ事件の発生によりDSRの一部公開作業は頓挫《とんざ》し、テロ後に公表された「四年ごとの国防計画見直し」（QDR）では中国に対する諫止といったコンセプトはごく簡潔に示されたにとどまり、アジアの地域バランスの変化に触れるものの中国が対象とは明記されなかった。しかし、中国を主眼に置いた戦略議論はその後も密かに続くことになる。

国家安全保障会議を中心に省庁横断型のアジア戦略のレビューも実施された。そこで頻繁に使用されることになる概念は「シェープ」だが、狙いは諫止と共通するものがある。手段として考えられたのは、アメリカの軍事力に加え、冷戦期に形成されたハブ・アンド・スポークスの同盟網（アメリカをハブとして、アメリカとそれぞれの同盟国が二カ国の同盟でつながれている構造を指し、集合的な同盟の形式をとるNATOと対比される）を、インドもいれた新しいネットワーク構造へと高めていくことだった。多国間同盟はブロック化をもたらし、また相互不信によって安全保障のジレンマを招きかねない。そのため、協力の網を作るネットワーキングを高めることが好ましい環境を作るためより有用と考えられた。この考え方はデニス・ブレア太平洋軍司令の論文（二〇〇〇年）に原型がみられる。

またグローバルな米軍再編（GPR）は、DSRでそこまで重視をされなかった前方展開の再編成を行うもので、在日米軍基地の再編成にも大きく影響した。その目的は中国が成長したとしてもアメリカの同盟がアジア太平洋における安全保障構造の中核にある状況を維持することにあった。

二〇〇六年に公表されたQDRでは、かなり明確に中国への警戒感が書き込まれた。議会に例年提出される「中国軍事力報告」においても、台湾海峡を越えたアジア全域への軍事的インパクトが論じられるようになった。

米軍、国防総省を中心に、不確かな中国の将来にいかに備えるべきか議論が活発化したのがこの時期であった。国務省は対中関与を深めることが解決策と考えたが、別の角度から対中戦略を構想する新たな勢力が加わったことになる。クリントン前政権のアシュトン・カーター国防次官補とウィリアム・ペリー国防長官も、偶然なのか政権内の議論に重なるこの時期に、中国指導部に米国に追いつくことの困難さを知らしめ、現実的な政策目標に誘導することを政権外から訴えた。

専門家も弱い中国という前提を捨てるべきだとか、中東やインド洋での軍事活動に注視すべきだとの声を上げていた。その後オバマ政権で対中政策を担うエヴァン・メディロスも「ヘッジ」という概念を用いて、それを関与といかに組み合わせるか提案して注目を集めた。

責任ある利害共有者

WTO加盟後とはいえ、ブッシュ政権期に中国との摩擦がなかったわけではない。依存を深め合う米中経済の間には、核抑止のような経済的相互確証破壊が成立しているという議論も、二〇〇五年前後に言われるようになった。人民元の割安感をめぐる不満は米議会に根強く、やはり二〇〇五年には大きく取り扱われた（第5章で詳述する）。中国に国家資本主義の兆しがみられたこともアメリカに察知されている。さらに、欧州諸国から中国への武器売却禁輸措置を解除する動きが出ると、アメリカは牽制しつづける。二〇〇七年には中国が人工衛星破壊実験を行い、その軍事的含意が米軍を中心に活発に話し合われた。

しかし、ブッシュ政権後期の代表的な政策アプローチは「責任ある利害共有者」と呼ばれるものだった。ロバート・ゼーリック国務副長官が二〇〇五年の講演で示したものだが、中国が大国化することを前提としたうえで、中国に国際ルールを遵守させるだけでなく、中国と国際秩序において積極的に協力し、それらの重要性を理解させることを訴えている。これは一九九〇年代後半から中国政府や政府に近い有識者が使った「責任ある大国」論、さらには胡錦濤《こきんとう》政権による「平和的台頭」論が奏功したとみることもできる。中国は経済成長を重視し協調路線を続けるはずであり、たしかに問題のある国に接近することもあるがそこにもエネルギー確保という事情がある。そのように中国の行動に理解を示す向きが強かった。中国が変わるという期待は依然として政府内に強かった。

またウォール街出身のヘンリー・ポールソン財務長官も中国との関与のうえに対話を制度化させる方針を持ち、それが戦略経済対話へと結実していく。人民元問題を中国の金融システム改革の問題に読み替えた点に金融界の利益を代弁するところがあった。

第4節　民主化した台湾への冷遇

安定重視のアプローチ

すでに触れたように、台湾海峡危機後もアメリカの台湾に対する姿勢はとくに変わっていない。むしろ、台湾を取り巻く情勢の安定を重視するようになり、これは対中警戒論と問題の管理を目指す関与政策との折衷主義の表れでもあった。

たとえば、一九九九年にクリントン政権のスタンリー・ロス国務次官補は両岸対話の再開に期待を寄せたが、それは中台双方に「暫定協定」を求める内容でもあった。

李登輝による「二国論」の提起（九九年七月）にアメリカ政府の対応は冷淡だった。クリントン大統領は自ら記者会見で、「私たちは事のエスカレーションを望んでいないが、昨日に李登輝氏が述べたことはその方向に事を動かそうとするものだと考えている。……「一つの中国」政策は正しく、両岸対話も正しい。平和的アプローチもそうだ。そして、これから両岸のいずれも離れるべきではない、と私は判断している」と言い切っている。別の場でもクリントン大統領は両岸問題の平和的解決に言及し、「原則を破った場合にアメリカの同意が得られると期待すべきではないと明言しておきたい」と話している。こういった行政府の反応は台湾安全保障強化法案を二〇〇〇年二月に下院で通過させていた連邦議会と対照的だ。

クリントン政権は台湾にだけ厳しかったわけではない。二回目の総統直接選挙（二〇〇〇年三月）が迫るなか、中国は台湾白書を発表し、朱鎔基国務院総理も武力行使の放棄を認めない発言を行う。クリントン政権は強い反発をみせ、両岸問題の平和的解決には「台湾に住む人々の同意が求められる」と大統領がはじめて言及した。

陳水扁《ちんすいへん》が当選し、民進党への初の政権交代が実現することを、アメリカは民主主義の観点からは歓迎した。だが同時に米中関係への波及も懸念し、たとえば就任直後に中南米を訪問した陳水扁総統が乗り継ぎでアメリカに立ち寄る際にも、公式行事の一切を阻止するなど、政府は事態の管理に努めた。独立志向とみられる初の民進党政権の発足に対する中国の反応に、アメリカ政府は警戒を緩めなかった。

アメリカ政府の複雑な視線はリチャード・ブッシュの論文に的確にまとめられている。当時アメリカ台湾協会（AIT）会長（専務理事兼任）だったブッシュは、両岸関係において人と物の交流が続くことは緊張の緩和につながり歓迎すべきことであり、アメリカの政策はそのような雰囲気を促進するものでなければならないとする。そのうえで、「双方にとって受け入れ可能で、平和的な基礎のうえにある、台湾海峡問題の究極的な解決を排除するような台北、北京（または双方）による行動」「そのように受け止めさせる認識を作り出すこと」をアメリカの目標を阻害するものと整理した。外交的なレトリックを駆使してはいるが、アメリカ政府が安定を目標としており、そのためには中台双方の行動を制御する必要があることを認め、そして中国がどのように事態を認識するかも気にかけていたことが読みとれる。

陳水扁への警戒を高めるブッシュ政権

ブッシュ政権は、たしかに当初中国への慎重姿勢を公言し、その反面で米台関係を重視しようとしたところはあったが、二〇〇三年夏頃から雰囲気は一変する。陳水扁政権による公民投票提案をめぐり、アメリカの懸念に対して台湾側は聞く耳を持たない姿勢で応じた。温家宝《おんかほう》国務院総理訪米のタイミングで、ブッシュ大統領自らが「台湾の指導者によってなされているコメントと行動は、彼が独自の判断で現状を変えるような決断をしかねないことを示唆しており、それに私たちは反対している」と述べたことは、「一九七九年以来最悪の関係性」（『ワシントン・ポスト』紙）を物語る。

このような展開は、ブッシュ政権が民主化を重要視する、いわゆるネオコン（新保守主義者）の影響を強く受けた政権であったことを考慮に入れれば、かなり奇妙なことだ。陳水扁が再選を目指した二〇〇四年総統選の頃にはブッシュ政権は完全に冷めていた。戒厳令下の国民党統治を批判してきたアメリカにとって、民主化を定着させようとしていた台湾は、自らの価値を表現するお手本のような存在であるはずだった。それほど、両岸関係の安定が崩れ、アメリカが不可避に巻き込まれるとの懸念がアメリカで強まっていたということだ。

陳水扁は総統に再選すると新憲法制定案を公表し、アメリカの不信はさらに深まる。ジェイムズ・ケリー国務次官補は、中華民国憲法の変更に関してアメリカ政府が支持できることには「限界がある」と議会公聴会で明言した。さらに、台湾防衛意思も一層曖昧にされる。二〇〇四年末にアーミテージ国務副長官は、台湾関係法はアメリカに台湾防衛を義務づけておらず、（有事の際は）議会を通じて戦争権限法に則《のっと》った対応となると発言した。

同時多発テロ後に改善し、「一九七二年以来最良」（パウエル国務長官）と言われた米中関係と対照的なほど、米台関係は冷え切っていた。それは結果的に、アメリカに、中国・台湾政策で必要なものは問題の管理であり、安定の達成という視点を植え付けた。中国、台湾どちらの行動も安定のために制しようという「二重の抑止」が定着したともいえる。

二〇〇五年に中国が成立させた反国家分裂法にもアメリカは冷静な反応をみせており、台湾がそれを受けて挑発的な態度に出ないように代表的な専門家は訴えていた。

陳水扁政権の末期まで状況に変わりはなく、台湾正名運動をめぐり米台の緊張は増した。米国務省は陳水扁が現状維持を約束した「四不一没有」の堅持を求め、「台湾当局の管轄下に置かれている施設の名称変更を支持しない」と明確に述べる。現状変更の意志を陳水扁が発表すると、「約束に関して疑念を持たせるようなレトリックは、役に立たない」、（台湾のアプローチに）「一貫性がない」とまで担当高官に発言させている。ジョン・ネグロポンテ国務副長官も台湾の「一部の政治的アクター」が現状に挑戦していると牽制してみせた。

二〇〇八年総統選挙を控え、国連加盟に関する公民投票の実施案に関して、国務省は明確に反対する。ライス国務長官が「挑発的」と明言し、それが「台湾海峡の緊張を不必要に高め、台湾の人々の国際舞台における具体的利益を生み出さない」と批判した。ネグロポンテ副長官も中国で同様の発言を行い、中国への配慮すら示した。

ブッシュ政権による台湾牽制の背景には、対テロ戦争に注力したいなか他地域で緊張を抱えたくないこと、中国との貿易関係が拡大していたことがある。米台関係の悪化は底なしのようだった。なお、民進党の謝長廷《しゃちょうてい》候補は穏健で経験豊富な候補とみられていたが、馬英九《ばえいきゅう》候補は、連戦《れんせん》・胡錦濤による対話の基礎のうえに両岸関係を構築しようとするため安定につながると思われていた。

民主化し、それを定着させようとした台湾に対して、アメリカは世界の民主化を歓迎するという一般原則よりも、地域安定化を優先させた。その結果、クリントン政権もブッシュ政権も、アメリカの「一つの中国」政策を強調し、「二重の抑止」路線といわれるほど、中国、台湾どちらの行動も抑制するように動きつづけた。

ブッシュ大統領の回想録には、台湾は訪中を語る箇所でたった一度でてくる。それは、自らが「一つの中国」政策を踏襲し、「台湾の独立宣言および中国の軍事行動を通じた一方による現状の変更に反対することを明確にした」という言及だった。

小結

アメリカにとって中国は異なる政治体制であり、さらにソ連を牽制するという戦略的な理由による関係構築の正当化も次第に困難になった。とすれば、中国に支援し、関与していくという方針が批判を受けないはずはない。むしろ、繰り返し批判の的にされていた。しかし、それでも関与と支援がしぶとく政権の基本方針でありつづけた。もちろん外交政策には議会よりも政権の裁量余地が大きいことは事実だが、議会は一九九四年から共和党が優勢だった。それにもかかわらず、なぜ関与論が中心をなしていたのだろうか。

なによりも、成長した中国をアメリカの利益につなげていくことが可能だという議論が説得力を持った。中国は市場化によって変わるという期待が前面に押し出された。また、中国はアメリカに当面追いつくことはないという見通しを多くの専門家が繰り返し表明していた。

アメリカ政府や政界の関与支持派は米中関係の「制度化」を実現させようと動き、それは戦略経済対話にもつながった。そして中国も、対米関係を重視し、国内のナショナリズムや嫌米主義にもかかわらず、アメリカとの外交を安定化させること、アメリカの期待を満たすように動く素振りをみせることに精力を注いだ。テロとの戦いも、中国とのグローバルな協力の重要性を知らしめた。

たしかに、米軍など安全保障関係者の間では中国の軍事近代化への懸念が増していた。人権問題への懸念を払拭《ふっしょく》する材料もなかった。しかし、警戒心を抑えこむように、関与の考え方がアメリカ政府に根を張っていた。警戒論の政策への影響は、リスクヘッジを名目にした外交努力、技術流出に関する捜査などにとどまっていた。中国はアメリカの世界戦略上、まだ大きな位置づけを与えられていなかったのである。

第3章

高まる違和感
——台頭する中国と出会ったオバマ政権

習近平の中国と向かいあう，オバマと日本などの首脳.
FINANCIAL TIMES, May 19, 2015.

【第３章に関連する主な動き】

2007　グローバル金融危機（リーマン・ブラザーズは2008年９月に経営破綻）

2009　オバマ大統領訪中

2010　コペンハーゲン・国連気候変動枠組み条約締約国会議（COP15）

ASEAN 地域フォーラムにおいてクリントン国務長官が南シナ海問題について発言

2011　アメリカ，ロシアが東アジア首脳会議に参加

2012　習近平総書記の就任（2013年３月に国家主席に就任）

2013　習近平国家主席訪米

中国，東シナ海に防空識別圏を設定

2014～　中国による南シナ海での人工島建設，および拠点設置が本格化

2015　米連邦政府人事管理局への大規模ハッキングが発覚

習近平国家主席訪米

アメリカ，「航行の自由作戦」の開始

二〇〇九年一月、バラック・オバマ氏が第四四代アメリカ大統領として宣誓した。アメリカの理念を力強く語るその姿に、アメリカは熱狂した。

しかし、彼を待っていた世界は、グローバル金融危機（いわゆるリーマンショック）であまりに深い傷を負っていた。そして冷戦後もアメリカが中心に座る国際秩序に踏みとどまってきた中国とロシアは、徐々に現状に挑戦をしかけはじめる。オバマ外交は崇高《すうこう》な理念をもとに、外交と国際協調によって事態の打開を図ろうとしていくが、ことはそう簡単に解決するものではなかった。ロシアとは関係のリセットを図ったが、ウラジーミル・プーチンが再び大統領の地位に返り咲くと、ウクライナ問題で厳しい対決に向かっていく。

中国は東シナ海、南シナ海で周辺国に高圧的に振る舞うようになり、それに窮したアジア諸国から招かれるようにオバマ政権はアジア重視の方針を固めた。とはいえ、新しい指導者となった習近平に期待し、トップ外交による問題解決にオバマは期待を寄せるところがあった。国内で社会統制を強め、対外的にも新しい秩序作りに語勢を強める習近平政権を前に、徐々にアメリカ政界でも失望感が広がっていく。

政権としては気候変動など中国と協調できる領域を確保しつつ、関与姿勢を原則としては断念しなかった。それでもオバマ政権末期ともなると、台頭し強権化する中国にはもはやあまり変化を期待できないのではないか、新しい政策が求められているとの考えも強まっていた。中国への不信を背景にしたアジア戦略の姿が徐々にみえはじめていた。

第1節　対中外交の重視

オバマ政権の船出

オバマ政権が発足した頃、経済危機からいち早く脱し、軍事力も増した中国は深めた自信を対外政策に反映させ、周辺国への圧力を強めていた。人工衛星破壊実験（二〇〇七年一月）や南シナ海における他国漁船の拿捕《だほ》の増加、さらには米軍艦船と人民解放軍艦船の接近がみられたインペッカブル号事件（二〇〇九年三月）などが相次ぎ、中国の周辺国への姿勢は高圧的との批判も高まりはじめた頃だ。

しかし、アメリカで目立った議論は、中国とは世界的な金融危機を乗り越えるために協調しなければならないというものだ。中国はアメリカ政府公債を購入しつづけてほしいとクリントン国務長官が発言したことさえある。

いわゆる先進国首脳会談であるG－7ではなく、またグローバル金融危機で従来に比べ大きく位置づけを高めた中国もメンバーに含むG－20だけでもなく、米中の「G－2」を重視すべきだとの考えが登場してくる。

この考えの提唱者といわれるフレッド・バーグステン（ピーターソン国際経済研究所創設者）は、二〇〇四年から考えを口にしはじめていたというが、金融危機の最中にあたる二〇〇八年夏に『フォーリン・アフェアーズ』誌にまとまった形で論文を掲載する。中国の単なる役割拡大を求めたブッシュ政権の「責任ある利害共有者」のアプローチは不十分であり、中国が「アメリカにとって真のリーダーシップを共有するパートナーの資格」を持っており、「一定程度だが欧州に取って代わる」ことを正面から認めるべきときが到来した。中国では国際システムに責任を果たすべきかの論争がある。だからこそアメリカが先んじてG－2提案を行うことが重要だ、というのがバーグステンの主張だ。

二〇〇九年一月のオバマ就任式直前に、米中国交正常化三〇周年を祝して北京で催された行事に出席したブレジンスキーも、米中が金融危機、気候変動、イランなど多くの問題で協調すべきだと力説し、帰国後すぐに「G－2が世界を変える」というエッセイを『ファイナンシャル・タイムズ』紙に発表している。

米中共同統治論とも言われるこの考え方は、実のところ中国政府には不評だった。中国は依然として、グローバル課題に大きな責任を取らされることのコストに敏感だった。

オバマ政権が発足すると、G-2論の影響を受けるように、副大統領を米側代表にした新しい協議を模索する動きも報道されたが、国務省などの巻き返しにより、従前の戦略経済対話を改組し、戦略・経済対話としてテーマを拡大、また参加する閣僚・政府高官の規模を巨大化させることになった。

二〇〇九年七月に第一回会合が行われ、王岐山《おうきざん》副総理などの代表団がワシントンを訪問したが、相互訪問による戦略・経済対話は八年にわたって毎年開かれた。次官級の戦略安全対話も新設された。なお、結論を先取りすれば、これらの枠組みは安全保障だけでなく、経済面でも具体的成果に欠けたとの評価が根強い。また人権問題に踏み込むことはなかった。

戦略的再保証

中国の成長を前提に、米中関係を二カ国関係の管理にとどめず、地域やグローバル課題に積極的に活《い》かすという発想は理論化されていく。象徴的には、ジム・スタインバーグ国務副長官による「戦略的再保証」の提案がある。

九月に講演したスタインバーグは、米中が互いの真意を知ることができず軍拡競争に陥る、いわゆる安全保障のジレンマを回避するために取り組みが必要と力説した。そのための「戦略的再保証」とは、アメリカが中国の成長を歓迎すると同時に、中国も「自国の成長と世界における役割の増大が他者の安全や経済を脅かさないことを保証する」、相互の取引関係を指すという。具体的には、金融、気候変動、北朝鮮、イランなどでの協力が必要とされている。ゼロ・サム的な競争ではなくウィン・ウィンの解決を、中国の台頭という新しい地政学のなかに打ち立てようとスタインバーグは訴えた。

スタインバーグによる提案は、「責任ある利害共有者」に比べれば、米中が具体的各論で協調することを重要視したものだった。同時に、そのように中国の協力を引き出し、また相互不信による関係悪化を避けるために、核戦略や宇宙、サイバー領域でも米中の対話を進めるべきだと考えた。スタインバーグは退任後にも戦略的再保証と題した書籍を著し、機微な問題での米中協調のためにアメリカも歩み寄る必要があることを具体的に提案している。

オバマ訪中

二〇〇九年一一月のオバマ訪中は、戦略的再保証という言葉こそ用いていないが、中国政府に歩み寄ろうという姿勢を強く感じさせるものだった。事前に東京に立ち寄ったオバマはサントリー・ホールで演説し、対中封じ込めを明確に否定してみせ、中国とのパートナーシップを強調した。米中両政府が合意した共同声明は、四〇を超える分野ごとの協力に合意したことを述べるものだった。しかし「互いの核心的利益を尊重」するという一節が、中国の核心的利益をアメリカが尊重するようにも読めるため、活発化する中国の海洋進出に拍車をかけるものと批判を受ける。また、台湾に関して中国寄りと受けとられる文面もあったため、それも不手際とみなす声があった。オバマ政権は台湾政策に変更はないと釈明し、翌年早々には武器売却に踏み切る。

オバマ訪中への最大の批判は、人権問題という困難な課題にオバマが十分に踏み込まなかった点になされた。タウンミーティングは放送規模が制約され、オバマと人権派の人物との面会も行われなかった。江沢民との会談でダライ＝ラマに触れてみせたクリントンや、訪中時に現地の大学で法の支配、言論の自由を取り上げたブッシュと比べれば劣っており、オバマがロシアでは野党指導者と面会したことを踏まえても物足りないものだった。こういった言動は実力が増した中国を慮《おもんぱか》っているのだろうと、『ニューヨーク・タイムズ』紙は呆れたように報道している。

高まる不満

オバマ政権がその一年目にみせた対中姿勢は、すぐに限界に達する。まず、年末にコペンハーゲン（デンマーク）で開催された第一五回国連気候変動枠組み条約締約国会議（COP15）において、中国は国際的な検証を拒否し、会議が掲げていた目標は大きく下振れせざるを得なかった。温家宝国務院総理が主要国での非公式首脳会談を欠席したことも、米欧に大きな失望をもたらす。

その翌月には、グーグルが、中国政府の関与も疑われるサイバー攻撃が人権活動家などのGメールに行われていることを発表する。この件に関して米国家安全保障局（ＮＳＡ）との協力に踏み切り、その後に中国での検索サービス撤退を決断するグーグルの姿勢はかなり頑なであり、攻撃の悪質さを思わせるものだった。

事態の展開を受けてヒラリー・クリントン国務長官はインターネットの自由に関して、かなり力のこもった演説を行う。市民的自由が拡大していくうえでのインターネットの役割を高く評価し、逆にそれを検閲しようとする国家は長期的にみれば成長と発展が実現できないことになると強く批判した。演説のなかで中国がチュニジアやエジプトと並べられたことも、中国政府には大いに刺激的だったに違いない（なお、この年の年末にチュニジアで起きた焼身自殺をきっかけに、アラブの春と呼ばれる民主化運動が北アフリカ・中東を席巻するが、そこではＳＮＳが大きく貢献したと言われる）。

米中関係にはさらに問題が続いた。台湾への武器売却（一月）では、Ｆ－16Ｃ／Ｄ戦闘機やディーゼル潜水艦こそ含まれなかったが、ブッシュ政権末期の二〇〇八年実施分と同規模となったことで、オバマ訪中時の楽観的な雰囲気は吹き飛んだ。

さらに二月にはオバマ大統領がダライ＝ラマと面会する。実のところ、ダライ＝ラマは当初は一〇月の訪米時の面会を希望していたが、大統領訪中前の実施は困難としてホワイトハウスが延期させたのだった。

息つく暇《いとま》もなく米中関係を軋《きし》ませる問題が表出した。韓国海軍の「天安」号沈没、延平島《ヨンピョン》への砲撃、さらにアメリカ科学者へのウラン濃縮施設の公開と、北朝鮮による挑発が相次いだが、それもエネルギーを含む貿易によって北朝鮮に影響力を行使できる立場にある中国への不満につながった。また国務省は八月には尖閣《せんかく》諸島が日米安全保障条約の適用を受けるとも明言した。翌月に尖閣諸島周辺での危険行為によって中国人船長を日本政府が逮捕した後に、中国がレアアースの対日輸出を停止したとみられたことも、アメリカの視点からみて好ましい動きとは思えなかった。

第2節　アジア政策の立て直し

テロとの戦いからアジアへ

ブッシュ政権は、テロとの戦いにアジア各国の協力を求め、多国間主義には消極的だった。もとより、アメリカは台湾問題のような重要な問題を議論できないASEAN地域フォーラムなどアジア流の多国間協議に九〇年代から多くの期待を寄せなかった。しかしオバマ政権が始まると、中国政策の重鎮であったステープルトン・ロイ元中国大使やケビン・ラッド豪首相の助言もあり、ヒラリー・クリントン国務長官はアジアにおける多国間主義の価値を認め、ASEANが重視していた東南アジア友好協力条約（TAC）に加盟する（二〇〇九年七月）。

実のところ、対テロ戦争に関心を向けつづけるあまり、アジア政策が手薄になったとの焦りは、ジョン・マケイン候補を押し立てて二〇〇八年の大統領選挙を戦った共和党にも共通していた。ブッシュ政権のアジア軽視はアメリカ抜きのアジア統合という結果につながってしまうのではないか。それはアメリカにとって今世紀の繁栄のチャンスをみすみす逃すことになり、米軍を通じてアジアに安全保障を提供するだけの存在になってしまうのではないか。そのような焦りが専門家の発言などにみられた。マケインは、大統領候補として恒例の『フォーリン・アフェアーズ』誌への外交政策論文の寄稿で、中国にもアジアにも僅《わず》かしか触れなかったヒラリー・クリントンと異なり、アジアにおける同盟国の重要性をことさらに語った。

オバマ政権にとっても、最大の課題は、テロとの戦いに注力するあまりアジアを軽視しているとの見方を退けることにあった。中国が南シナ海領有権をめぐって周辺国との緊張を高めていたことは、アメリカにとっても好都合だった。二〇〇七年以降、中国の南シナ海政策は一層積極的に自らの力を誇示するようなアプローチとなっていた。その高圧姿勢の前に、領有権問題を抱える国だけでなく多くの東南アジア諸国が、中国との関係にバランスを保つ必要を感じていた。かつてであれば日本と中国を組み込むことでバランスを図ることができたが、中国の急速なパワー向上だけでなく、たび重なる首相交代で日本の影響力が低下していたことも加わり、アメリカに期待が寄せられるようになった。アジア政策を強化したいアメリカにとって、それは戦略的なチャンスでもあった。

アジア・ピボット

アジアでの政治的影響力を回復したいアメリカが打ち出した政策が、アジアへの「ピボット」であった。

ピボットという一見奇妙な名前は、バスケットボール好きのオバマ大統領が好んで使用しつづけたといわれた。ピボット（旋回）とはバスケットボールで使われる言葉で、軸足を動かさず、ボールを持ったままもう片方の足で身体を旋回させることを指す。中東での対テロ戦争から、今世紀の世界の発展を牽引するアジアへアメリカ外交を旋回させる外交の鍵《かぎ》となる言葉として、アジアへの「ピボット」と呼ばれるようになった。リバランス、リバランシングという言葉も国防総省・米軍はじめ政府が使ったが、基本的には同義だ。

クリントン国務長官は、オバマ大統領を巻き込みながら、アジア政策をリードしていく。在任中のアジア訪問回数は一四回にも及ぶ。彼女はまず、二〇一〇年七月のASEAN地域フォーラム（ARF）で南シナ海問題を取り上げた。この発言は中国政府には想定外だったようだ。中国外相は一時退席した後、席に戻ると長々と中国の立場を説明し、そして中国はどの国よりも大国だと、居合わせたアジア各国への恫喝《どうかつ》にも響く発言をしたという。

アメリカのアジア政策は、翌年秋に『フォーリン・ポリシー』誌への国務長官論文として、また同時期に演説として発表される。ポイントは六点にまとめられており、①二カ国間の安全保障同盟の強化、②中国を含む新興国と協働する関係の深化、③地域におけるマルチの制度への関与、④貿易と投資の拡大、⑤広範な基礎を持つ軍事的プレゼンスの前進、⑥民主主義と人権の強化である。

その狙いは何か。クリントンの表現を引用すれば、「われわれにとっての今日の挑戦は、太平洋におけるパートナーシップと制度のウェッブ（網の目）を、大西洋におけるそれと同様に、永続的で、アメリカの国益と価値観に沿ったものとすることができるか」というものだ。言い換えれば、アメリカの狙いは太平洋における基盤作りだった。

とくに力点が置かれたのは、同盟国だけでなく、東南アジア諸国への協力の強化である。アジア太平洋において、従来アメリカは北東アジアを重視し、また豪州との同盟関係が強固だった。しかし当時、中国の影響力が拡大し、また南シナ海問題で動揺が走っていたのは東南アジアである。そのため、アジアのなかでも東南アジアを重視する、という方針が強調された。オバマ政権で要職を歴任したデレク・ショレが述べるように、「核心は中国の台頭に対処するアメリカの力を改善すること」にあった。シンガポールのようにすでに強い結びつきを持った相手だけでなく、インドネシア、マレーシア、ベトナムといった人権問題や過去の経緯から協力が弱かった国とも、安全保障を含めたパートナーシップ構築に多くの労力が注がれた。なお、ミャンマー民主化は当時オバマ政権のアジア・ピボットの隠れた焦点でもあった。政府高官は、インドシナ半島に民主主義国が生まれることがアメリカの利益と力説した。

また、航行の自由を強調し、国際法による解決を強調する一方で、地域の多国間安全保障協力の重要性を認識したアメリカは、拡大ASEAN国防相会議（ADMMプラスと呼ばれる）、そして東アジア首脳会議（EAS）への参加に踏み切る。アメリカのEAS参加にはASEANに慎重論もあったが、ほかの地域構想を牽制するためにも、ロシアと併せての参加であれば好ましいとして正式な参加に合意が生まれた。

二〇一一年一月に慶應義塾大学で講演したロバート・ゲーツ国防長官も、中国の軍拡や地域戦略の狙いへの懸念を示し、それを念頭に置いた備えに万全を期すことが重要であり、米軍のアジアにおける駐留の必要性を訴えている。

オバマ大統領も、その年一一月に訪豪した際の議会演説でアジア政策を語っている。「太平洋国家アメリカ」は安全保障、経済的繁栄、そして市民的自由の拡大のために、この地域を最優先に扱うという意欲が示される。米軍の海外展開を削減する全般的傾向のなかでアジアを同様に扱わないという意味もあった。オバマ政権は演説や文書の発表に注力したが、政府間の交渉やプログラム実施だけでなく、そのような「宣言政策」によって存在感を示し、影響力を回復することも重要な目的だった。

ピボットは、アメリカの影響力を回復させ、中国がルールや法規範、なによりアメリカのリーダーシップを前提にした国際環境のなかにとどまるように枠をはめる発想である。その意味で、関与政策との親和性も高いものだった。アメリカ外交を専門とする森聡《もりさとる》が主張するように、戦略的再保証の考えが洗練されたとみるのも的を射ている。

またオバマ政権は環太平洋パートナーシップ（TPP）を推進していく。そこには、アジアでの政治的な主導権を維持し、一体化するアジア経済とアメリカ経済とを連結させようとする横断的な戦略観をみるべきであろう。安全保障におけるアメリカの役割はその足がかりだった。アメリカは中国の排除を前提にした政策に転じたわけではない。クリントン論文は中国との協力を柱に据え、オバマ政権は中国もメンバーに持つ多国間協力に積極的に関わった。地域にアメリカが積極的に参画することで、巨大化した中国だけでなくさらに大きなアメリカがいることでアジア太平洋でのバランスがとれる構図を作り出そうとしたのである。

それでも、米中関係が行き詰まりをみせていたため、ピボットは中国の目に挑発的に映った。

中国包囲網との批判

中国政府はリーマンショック後に深めた自信と同時に、「包囲される」ことへの恐れを強めた。アメリカ政府の思惑以上に、ピボットの狙いを読み込んでしまったところがある。そのようなとき、胡錦濤主席の訪米（二〇一一年一月）が実質的に失敗したのは無理もないことであ

図表3－1　アメリカが同盟国を動かし中国を包囲している状況を描いた風刺画
出所：『フォーリン・アフェアーズ』2012年11・12月号.

った。二〇〇九年一一月のオバマ訪中時と異なり、両国は共同声明において核心的利益の尊重に合意するようなことはなかった。

　中国は、もとより日米同盟などアメリカの同盟が強化されることに敏感である。国際政治学者の朱鋒は、当時の北京の雰囲気を的確にまとめて、中国にとって「戦略的包囲という危機感」が強まっていると表現した。当時外交部副部長だった崔天凱《さいてんがい》も二〇一二年に北京大学の雑誌に論文を発表し、ピボットへの不安を率直に述べ、アメリカは「いかなるシグナルを送ろうとしているのか」と疑問を呈した。アメリカでも中国専門家のロバート・ロスが『フォーリン・アフェアーズ』誌上で、中国の包囲への警戒感をこれ以上拡大させれば、それが地域の将来にむしろ負の影響を及ぼすとの論旨を展開した。

　もちろん、中国の批判も完全な的外れとは言えない。アメリカは日本やオーストラリア、韓国との同盟関係を再強化し、東南アジアのいくつかの国との安全保障協力をかなり深めたことは事実であり、その念頭には中国が置かれていた。たとえば、二〇一一年に米豪両国は米海兵隊のオーストラリアへのローテーション配備を決めた。日米関係をみても、鳩山由紀夫《はとやまゆきお》政権時の混乱後、菅直人《かんなおと》、野田佳彦《のだよしひこ》と続く民主党政権も同盟の立て直しに動いた。フィリピンのアキノ政権は、アメリカから旧式の巡視艇を購入することを決断し、また軍近代化をニューヨークで公言した。ゲーツ国防長官はシンガポールに最新鋭の沿海域戦闘艦を配備することを表明している。インドネシア、マレーシア、ベトナムとも、アメリカは安全保障を念頭に置いた協力を進めた。

アジア・ピボットは同盟に加え、安全保障パートナーを増やそうとするものだ。アメリカに接近する国が増えるのであれば対抗策をとるべきだとの意見がでるのは当然だった。清華《せいか》大学の閻学通を中心に、新しい国際環境に対応するためには鄧小平以来の非同盟原則を修正し、中国も戦略的パートナーシップを構築すべきだとの議論が強まっていき、北京大学の学者たちとの論争が始まっていく。

米中関係の立て直し

二〇一二年三月に、クリントン国務長官は中国政策演説を行っているが、この頃までにオバマ政権のアジア政策にはだいぶトーンダウンがみられた。そもそも、ニクソン訪中四〇周年を祝して開催されたイベントでの祝辞という性格もあるが、一九七二年のニクソン訪中をロースクールの下宿に借りてきたテレビで釘づけになって観たものだと話しはじめたクリントンは、国際秩序の外にいた中国が必死の努力のうえに孤立を乗り越えてきたのだとその道筋を讃えてみせた。

そして、米中のパワーが接近し、政治的緊張が高まっているものの、両国は関係を「不健全な競争関係、ライバル関係、衝突などを引きおこさずに」管理すべきであり、「安定し、相互が受け入れ可能な協調と競争のバランス」を取るべきだと訴えた。アメリカが「中国の成長を封じ込めようとしている」との声があると認めつつ、「中国の台頭を支援することと、アメリカの国益の間に矛盾はない」と不安の払拭を目指した発言をしている。

中国の人権問題に関しては不満を表明しつつ、経済発展とともに問題が解消していくとの希望を述べている。このような楽観は、僅か二ヵ月後に、盲目の弁護士・陳光誠《ちんこうせい》氏がアメリカへの亡命を申請し、米中関係が大きく軋むことで揺さぶられる。クリントンが国務長官時代を振り返った回顧録では、一つの章がこの問題に充てられたが、それほどまで人権問題を抜きに中国を語ることのリスクを彼女が教訓として汲《く》み取ったことを意味するのだろう。

いずれにせよ、クリントン演説にみられるのは、ある意味で米中関係のリセットの動きだった。たしかに、その年六月のレオン・パネッタ国防長官によるアジア政策演説はアジア太平洋に展開する海軍艦船比率を高めていくことを約束した。それでも、米中関係を立て直そうという雰囲気は強かった。一一月のトム・ドニロン大統領補佐官の演説も、東南アジアの重要性を強調したうえで、中国との地域、そしてグローバルな協力関係をオバマ政権第二期でも継続することを約束している。先に指摘したように、アジア・ピボットには関与政策に通底する発想があったが、同盟など安全保障を強調したことで米中関係に必要以上の摩擦を招いているとの内省が、相次いだ政策説明の力点修正の背景にあったとみられる。

チャック・ヘーゲル国防長官演説（二〇一三年六月）も、従来の東南アジアとの安全保障協力を前進させる姿勢を確認しつつ、中国との軍事対話の重要性を強調した。アメリカが地域諸国とのパートナーシップを強化することが中国との対決的な秩序作りを意味していないとのメッセージを持つものだった。

当時、政策シンクタンクも中国の反応を考慮すべきだとの提言をしている。たとえば、新アメリカ安全保障センターは、アメリカが対中封じ込めを模索しているとの解釈を否定することが重要だと説き、アジア各国とのパートナーシップも災害救援などに集中すべきだとした。さらに、日本の安倍晋三《あべしんぞう》首相が発表した「安全保障ダイヤモンド構想」を、対中牽制の意図があからさまだと批判さえ加えていた。

習近平を歓迎したオバマ政権

米中関係の好転をよく示すのが、習近平の国家主席就任を歓迎するムードだった。二〇一二年二月に国家副主席として訪米した習近平は、「とても率直で、反応のよい」（バイデン副大統領）話せる相手という印象を残していた。そして国家主席に就いた習を、オバマはカリフォルニアの保養地に位置し、外国賓客《ひんきゃく》をもてなす大統領の西海岸の拠点たるサニーランズに招き、一泊二日の米中首脳会談（二〇一三年六月）を催したのである。

この会談の評価は分かれる。八時間にわたる首脳会談が準備されたことをもって米中関係の強靭さをみることもできれば、習近平のポジショントークに辟易《へきえき》したオバマが習の話している最中にトイレに立ち、不快感を隠さなかったことで関係性の限界を示したともみられる。だが、習近平による新型大国関係の提案にオバマ政権も反応することになる。それまで新型大国関係は、アメリカとの平等な関係の構築、核心的利益の相互尊重に力点がおかれていたが、この会談では「衝突せず、対抗しない」新型大国関係を構築することが強調された。

国連大使から国家安全保障担当の大統領補佐官に転じてきたスーザン・ライスは、同年秋にジョージタウン大学で行ったアジア政策演説で、この提案に応じるような発言をする。「中国に関して、私たちは新型大国関係を実行に移そうと考えている。つまり、避けられない競争関係を、アジア、そして世界における共通した利益を見出せる課題での協力を深めることで管理するということだ」。ライスはハイレベルの対話がなにより重要だと強調した。そして彼女が挙げた課題は北朝鮮に続けてイランやアフガニスタン、アフリカの順であり、アジアに関する言及では東シナ海、南シナ海の問題に触れながらも中立的な姿勢を崩さず、同じ分量を気候変動や海賊対策といった非伝統的課題における協力に割いた。

ライス講演の直後に、『朝日新聞』とのインタビューに応じた国家安全保障会議アジア上級部長のメディロスも、二〇一二年三月のクリントン演説に米中の衝突を回避する枠組みを模索しようとする起源があり、「「新型大国関係」は中国の構想ではない」、そしてアジア・ピボットと新型大国関係は矛盾しないと言い切った。

潮目の変化

二〇一三年一一月、中国が東シナ海に一方的に防空識別圏（ADIZ）を設定したことで、こうした雰囲気は雲散霧消する。日本政府が厳しく反発したことは言うまでもないが、直後に訪中を控えていたバイデン副大統領も唐突な中国の発表に大きく狼狽《ろうばい》する。

ライス演説に欠けていた、東アジアにおける伝統的な安全保障問題を、中国が自らの行動でアメリカに思い起こさせる形となった。メディロスも、南シナ海を念頭にこれ以上防空識別圏を設定すべきではないと二〇一四年一月にインタビューで明言した。「G-2のような枠組みを望むか」と問われると、「誰も望んでいない」とまで答えている。二月には、ダニエル・ラッセル国務次官補が、それに先だつウィリアム・バーンズ国務副長官との訪中時に、海洋をめぐる問題での多くの懸念を伝えたという内容を議会公聴会で明らかにした。そこには、東シナ海、南シナ海に加え、尖閣諸島周辺での中国の活動への懸念も含まれていた。同月のジョン・ケリー国務長官の訪中も、互いの立場の応酬で終わった。

サニーランズで生まれた米中関係の推進力は、この年から二〇一五年にかけて着実に失われていく。オバマの対中不信感は、二〇一四年四月の訪日時における尖閣諸島への日米安全保障条約第五条適用の言明、および共同声明への記載につながる。

それにしても、なぜオバマ政権は習近平に期待したのだろうか。過去数年、すでに中国の台頭がもたらすアジア太平洋への影響を十分に理解していたのではなかったか。その背景として三点指摘しておきたい。

第一に、習近平氏のリーダーシップが開明的なものになるとの期待がもたれたことだ。国家副主席として訪米時にみせた率直な物言いに、オバマやバイデンはじめ、アメリカ政界は魅了された。第二に、中国が世界のパワーバランスに及ぼす影響を十分に理解しきれていなかった。アジアにおける軍事力への警戒は一部で真剣に議論されはじめていたが、中国のパワーがアメリカ主導の国際秩序に挑戦する水準になりつつあるとの意識は弱かった。そして第三に挙げるべきは、オバマ政権に存在した「外交」への信念だ。そもそもオバマ政権には、アメリカの圧倒的なパワーが相対化され、外交や他国との協調によって望ましい世界を実現し、国益を最大化しようという発想が根強かった。

第3節　急速に高まっていく中国への警戒

中国政治への違和感

二〇一四年に立ち上がってくる中国への違和感は、それまで米中関係で繰り返されてきた関係悪化と修復のサイクルとは質の異なるところがあった。アメリカ政府機関や企業に対するサイバー攻撃、中国の人権問題、南シナ海における人工島建設とその軍事拠点化、人民元問題など、従来のように各領域での問題を通じて米中の摩擦が生じた。しかし、重要な変化は、それらを争点化するアメリカ政府内外の姿勢に個別の問題を横断するような中国認識がみられ、政策を取り巻く環境も変わりはじめたことにある。中国を扱うアメリカの政策論議には、新しく、そして目立った特徴が生まれていた。

第一に、習近平政権が国内において進める社会統制、さらに周辺国に向けた外交は、前政権までと異なり、新しい政治と国際関係の形を定着させようとするものだとの理解がアメリカで広まる。

中国における社会統制の強化は、二〇一四年以降に反スパイ法、国家安全法、反テロ法、サイバー安全法といった法律の制定や組織再編などで実行されるが、その端緒は二〇一三年にあり、たとえば中国共産党第一八期中央委員会第三回全体会議（三中全会、二〇一三年一一月）は、思想統制の強化を打ち出している。この頃から西側のリベラルな政治思想を排除し、マルクス主義を讃えるような世論統制も強化されており、そして「中国の夢」「中華民族の偉大な復興」への言及も始まる。

外交では、習近平は周辺外交工作座談会（二〇一三年一〇月）で周辺諸国との外交を重視すると述べたが、それは松田康博《まつだやすひろ》の表現を引用すれば、「現状の中国を周辺諸国に受け入れさせることの重要性を強調」するものだった。つづいて二〇一四年の中央外事工作会議において「中国の特色ある大国外交」を唱え、その理念を豊かにし発展させると述べた。二〇一四年五月、習近平は上海におけるアジア信頼醸成措置会議で、アジア人による安全保障の実現を訴える新安全保障観を提案する。習近平による「奮発有為」という新たな戦略方針のもと、周辺外交における「一帯一路」が具現化していく。アジアインフラ投資銀行（AIIB）も二〇一五年に発足する。

習近平にとって「新型大国関係」による米中関係の安定は、こういった野心的なプランと同時に達成されるべきものであった。習近平は、たとえば二〇一四年七月の米中戦略・経済対話の開幕式での演説で、アメリカと対話を重ね、互いの戦略的意図を判断し、忍耐強く関係管理を行う新型大国関係が必要だと、「新型大国関係」という言葉を九回も繰り返し、力説した。しかし、アメリカからみれば、これは国内や周辺諸国で存分に政治目標を達成しようとする中国を受け入れるべきだという考えになりかねない。

オバマ政権は、それを認めない姿勢を公言していく。たとえば、二〇一四年一一月にブリスベン（オーストラリア）で演説したオバマは、香港での雨傘運動にも触れつつ、中国でも市民的自由が拡大していくことへの期待についてあえて触れてみせている。同年三月に娘とともに訪中したミシェル・オバマも、北京大学での講演で表現の自由や情報への自由なアクセスを中国政府に正面から求めていた。二〇一五年五月にアシュトン・カーター国防長官が従来にない口調で、中国による南シナ海での人工島建設を強く批判し、即刻中断するように求めた。しかし、言葉によって自制を求めることの限界も明らかだった。

中国の軍拡への懸念

第二に、この頃までに中国の成長が軍事バランスに及ぼす中長期的な影響が、中国、アジアをめぐる政策の中心的話題になってくる。国防総省や安全保障専門家たちが、長期的課題として人民解放軍を正面に据えた議論を外に展開しはじめる。

具体的には、中国のミサイル戦力等の増強により「接近阻止・領域拒否（Ａ２／ＡＤ）」能力とアメリカが呼ぶ能力を解放軍が備えることが危惧された。冷戦終結後もアメリカの戦略目標は、主要な脅威を可能な限りアメリカ本土より遠ざけ、高い能力を持つ同盟国、パートナーと協働し、海洋や宇宙空間、サイバー空間など国際共有空間へのアクセスを維持することだった。人工衛星攻撃能力やサイバー戦能力と併せた中国の精密攻撃能力の向上は必要な場所に戦力を投射することを前提にした米軍の世界戦略にとって具体的な障害になるとみられはじめた。

米軍としてはその試みを挫《くじ》くことが必要だった。二〇一四年の「四年ごとの国防計画見直し」（ＱＤＲ２０１４）は、冷戦終結後に繰り返されてきた不透明な中国国防予算への批判だけにとどまらずに、中国などが米軍の戦力投射を脅かしつつあることに警戒を示した。「二〇一五年国家軍事戦略」（ＮＭＳ２０１５）も中国を名指しこそしなかったが、ミサイル脅威や宇宙・サイバー空間への脅威を列挙し、米軍が長距離打撃力や水中戦、統合運用を高めていく必要を強調した。

さらに国防総省は、二〇一四年より「第三次オフセット戦略」を提唱する。その核心は、通常戦力による抑止力を戦争の作戦レベルにおいて強化するため、最先端の科学技術におけるイノベーションを継続し、それを軍事に応用することにある。アメリカが中東やアフガニスタンに注力している最中、中国およびロシアが迫り来る競争相手に育ってしまい、将来的なアメリカの優位に自信を持ちづらくなったという、自省にも近い認識がそこにはあった。

中国の軍事力がアメリカの行動を左右するほどになり、もしそれを看過すればアメリカの軍事行動にフリーハンドがなくなるだけでなく、同盟国からの信頼が失われ、中国がアジアで圧倒的な影響力を持つことが懸念された。これは、従来にないほど中国のパワーに可能性を認めることでもあった。

この時期から軍事専門家たちは中国の成長が持つ意味を十分に理解しはじめ、それをアメリカにとって優先すべき戦略課題とみなし、従来中東やテロなどに割いていたエネルギーをアジアに振り分けるようになる。中国専門家のなかには、中国の出方はその不安感と機会主義に起因しており、アメリカの対応次第で変えていけるとの考え方も依然としてあった。だが徐々に、習近平政権の野心を真剣に受け止め、中国は現状の国際システムを塗り替えようとしているとの考え方が増えていった。

習近平国賓訪米に現れた関係の限界

二〇一五年の春には、米連邦政府人事管理局のデータベースがハッキングされ、二二〇〇万人以上の個人情報が流出したことがアメリカ社会に大きな衝撃をもたらす。このデータには、機微な政府情報に触れる者に資格を与えるセキュリティ・クリアランスの審査に関係する個人情報が含まれていたとされる。

南シナ海では建造された人工島に着々と軍事施設が整備されていたが、そのさまは詳細な衛星画像とともに米戦略国際問題研究所の特設ウェブサイトで紹介される。このウェブサイト構築には政府も協力していたとみられる。このように中国によるサイバー攻撃と海洋進出がアメリカで大きく話題をさらうようになった。

オバマ政権は、中国との外交に一縷《いちる》の望みを持っていた。気候変動における協調など、グローバルな課題解決のために米中協力が不可欠との理解があった。強硬さと協調の模索が交錯した好例が二〇一五年九月の米中首脳会談だった。

米中に問題が山積しているなかでの首脳会談ということにメディアは注目していた。たとえば『ニューヨーク・タイムズ』紙は、「習近平国家主席との貴重な会談では、オバマはタキシードに身を包んだとしても警戒心で引きつった笑顔を見せるべきだろう」と表現した。気候変動、連邦政府人事管理局へのハッキング、南シナ海、人権侵害、人民元問題、さらに中国・国家安全部が捜査員をアメリカ本土に送り込み汚職等に関係した中国人の本国帰国につなげる「キツネ狩り」作戦など、山積みの問題を列挙している。人権問題では、同年七月九日に始まる人権派弁護士の一斉拘束がアメリカでも注目されていた。

首脳会談をキャンセルすべきだと強硬派の議員は訴える。米世論においても、オバマ政権第一期の時期に三割程度だった「中国を好ましい存在と思わない」との回答が、第二期には五割以上に増加し、「好ましい存在と思う」を逆転するに至った（ピュー・リサーチ・センター調べ）。

九月下旬、ボーイングフィールドの愛称を持つシアトルのキング郡国際空港に習近平が降り立つ。直前にローマ法王を迎えたアメリカ社会は日々、一挙手一投足を熱心に報道していたが、国賓として訪問していた習近平にはそれに比するほどの注目は与えられなかった。

首脳会談では、懸案だった米中投資協定で成果を得ることはなく、安全保障問題でもすれ違いが目立つ。中国からのサイバー攻撃への懸念が高まるなか、共同声明は知的財産やビジネスの機微な情報の窃取を互いに今後しないとの合意が盛り込まれ、サイバー犯罪に関する対話メカニズム創設も決まった（年末にはじめて閣僚級対話が実施された）。とはいえ、直後に上院軍事委員会で証言に立ったジェームズ・クラッパー国家情報長官も、合意の効果については楽観的になれないと述べている。

米中首脳会談の成果として、オバマ政権は気候変動での合意をことさらに宣伝した。たしかに冬にパリで予定されていた締約国会議に向けて重要な取り組みではあった。それまでも、両国はコペンハーゲンでの決裂に懲《こ》りずに気候変動問題を二カ国間交渉の場で取り上げつづけ、両政府の代表が真剣な取り組みを会見の場で並んで主張するほどにはなっていた。前年一一月のAPECに併せた訪中でもオバマは、海洋安全保障や香港をめぐる意見の確執のなかで、成果として気候変動をメディアに誇った。二〇一五年春にオバマは中国との原子力協定を改定（オリジナルの協定は一九八五年）し、温暖化ガスの排出削減のためにアメリカ製の原発技術の輸出拡大を認めた。気候変動問題は民主党外交の哲学に共鳴するものであり優先順位がきわめて高いため、米中関係の接合面になっていた。

　しかし、米中関係を取り巻く雰囲気は悪化していた。中国国内の人権問題、サイバー攻撃、南シナ海と問題は多岐にわたり、中国政府のあり方そのものに問題の根源があるとの認識が強まっていた。たとえば、首脳会談直後に議会で行われた民主党系の中国専門家メラニー・ハートによる証言は、この点を端的にまとめた。彼女は、サイバー・セキュリティ、不公正貿易、南シナ海、技術公開に関わる国内経済指令を中国発の問題として列挙したうえで、次のように述べる。「中国政府指導部は、既存の国際統治メカニズムから巧みにすり抜け、そのような行為を抑止したり、対処しようとしたりするアメリカ政府の試みを回避することで、アメリカの利益を脅かすような政策を採りはじめている」。

　この時期までには、関与重視派とでもいうべき中国専門家たちも、たとえば南シナ海問題がアジアの国際関係を揺さぶり、米中関係をゼロ・サム的な性格にしていると懸念を表明するようになった。

踏み込んだ対応へ

オバマ政権末期のアメリカは悪化する対中認識をもとに、政策の修正を始めた。

たとえば、オバマ大統領は二〇一五年二月にはスタンフォード大学での演説で「重要インフラが私たちの社会の新たな脆弱《ぜいじゃく》性になっている」などの認識を示し、サイバー攻撃に関する取り組みを加速させるとして一四〇億ドルを翌年予算に計上した。四月には国際緊急経済権限法(IEEPA)に基づいてサイバー攻撃関与者への資産凍結を可能とした。同月に発表された国防総省のサイバー戦略ではサイバー部隊を従来の三倍に増強することも示された。米サイバー軍トップは二〇一五年一一月にサイバー報復を辞さないと中国への脅しとも受け取れる発言を行っている。

南シナ海では二〇一五年一〇月に「航行の自由作戦」の公表が始まる。初回には、中国が埋め立てた南沙《なんさ》諸島の人工島から一二海里内を、米海軍駆逐艦が事前通告なしに通過した。これは、アメリカが国際法上認められた航行の自由を行う、それまでも米海軍が各地で繰り返してきたオペレーションではあるが、南シナ海の人工島周辺で行うことで、中国の領有権に関わる主張を認めないことを暗に示した。

すでに人工島の建設、軍事拠点化はかなり進展していたため、航行の自由作戦開始のタイミングは遅きに失したと批判することもできるが、見方を変えれば、このような作戦がついに実施されたことがアメリカの対中認識の悪化を示す。米太平洋軍を中心に中国の海洋進出への警戒が高まるなか、二〇一五年五月に航行の自由作戦は提案されていたが、ライス国家安全保障担当大統領補佐官が習近平訪米前の実施に慎重姿勢を示していた。それが訪米の成果不足もあり、実施されるに至った。オバマ大統領は南シナ海問題にかなり関心を寄せるようになっており、二〇一五年秋の日米首脳会談でも作戦を繰り返し実施する意欲を見せた。

オバマ政権末期までに、北東アジアの安全保障問題への関心がかなり深まっていたのは間違いない。日本を筆頭にアメリカの同盟国は、オバマ政権のアジア政策が依然として中国に十分な圧力を加えていないと批判しており、国防総省を中心に政策広報を含め、アジア重視を打ち出そうと動いていた。また中国では二〇一六年に外国非政府組織（NGO）管理法が成立し、アメリカの民間団体の活動が厳しく制約されることになり、専門家の中国認識はさらに悪化の一途を辿《たど》っていた。二〇一六年にオバマ政権は北朝鮮の核ミサイル開発への警戒もかなり高めており、直近の課題としてそれを重視していたが、中国の台頭こそが戦略的な課題と認めるまでになっていた。

第4節　台湾をみつめる視線の逆転

安定重視の台湾政策

オバマ政権における対中政策の変化を物語る好例として、台湾問題への姿勢変化もみておこう。それは実のところ、オバマ政権の最後に生じる。それまでの七年近く、オバマ政権は馬英九・国民党政権と中国との間に生まれた安定した両岸関係を歓迎していた。ところが、中国の台頭という問題を明確に認識したことで、政権末期にはまったく異なる対応に転じたことが観察できる。

馬英九が再選を目指した二〇一二年の台湾総統選は、民進党・蔡英文《さいえいぶん》が挑む構図だった。当時ワシントンの雰囲気は、馬政権によって実現した、かつてないほどの両岸の安定はアメリカにとって「恩恵」であり、民進党政権の再来は好ましくないというものだった。

そして蔡が訪米すると（二〇一一年九月）、『ファイナンシャル・タイムズ』紙の記事がそれがアメリカ政府と蔡の距離をさらに広げる結果になったと報道する。同記事には、オバマ政権関係者としてコメントが二点掲載されている。第一に、「蔡英文は近年に両岸関係と（東アジア）地域が享受してきた安定を維持する意欲と能力があるか、その点に関して大きな疑問を私たちに残した」。第二に、「（蔡英文は）中国を不用意に挑発することを避けるべきことは理解しているようだが、彼女とその側近たちが、自身の動機と民進党の野望について中国が持っている不信の深さを十分に理解しているかどうかは、まったくわからなかった」。蔡英文候補がアメリカ政府から高く評価されなかったことは明らかだった。それは蔡英文のアプローチをオバマ政権が認めたと事後に利用されることを阻止するためでもあった。

さらに選挙直前に、アメリカ台湾協会（AIT）台北事務所長、すなわち実質的なアメリカの駐台湾大使を務めたことのあるダグラス・パールが、台湾のテレビ局にコメントを出す。それは「中国を脅かすものではないと中国を説得するような方法を蔡英文はみつける必要がある」「（馬英九の再選は）大きな安心となる」というものだ。

こういった動きは、間接的とはいえ選挙に働きかけるほどに民進党政権の再来を歓迎しなかったことを意味する。なお選挙直前には、台湾への査証免除措置を発表し、現職を後押ししている。国民党政権による台湾海峡の安定維持をアメリカの利益とみていた。

先に指摘したように、この時期は米中関係に修復力が働いていた頃でもある。とはいえ、オバマ政権の対応はあまりに露骨だった。

蔡英文当選の歓迎

対照的なのは、二〇一六年総統選での対応だ。この頃までに、オバマ政権の対中認識はすっかり様変わりしていた。地域の安定を揺るがすものは柔軟性と自制を欠き、しかし台頭しつつある中国だ、との気づきがワシントンに広く共有されていた。

たとえば、二〇一五年五月、スーザン・ソーントン国務次官補代理は演説のなかで、両岸関係の安定を重要視していると強調したうえで、以下のように続けた。「(両岸は) 尊厳と尊敬の基礎のうえに建設的な対話を続けるべきである」「台湾の友人とも平和で安定した両岸関係にアメリカの利益があると議論しているが、同時に、中国政府にも柔軟性と自制を奨励したい」。一読すればわかるように、中国に行動を求めるようになっている。そしてソーントンは、台湾の「自信と、力による強制からの自由を支援したい」とも述べた。

その翌月、ワシントンを訪問した蔡英文を待っていたのは、四年前とはまったく異なる歓迎ムードだ。四年前、馬英九再選を支持したオバマ政権は、一度拒絶した蔡英文に手のひらを返したかのような対応をみせる。蔡英文が社会・経済政策を念頭にした実務的なリーダーであり、急進的な政策の採用より民進党の地盤を固めることに優先順位を置いているとの評価が固まったことも大きかった。

馬英九と習近平によるシンガポール会談も、アメリカでは馬英九による選挙アピールの一環にすぎないと考えられ、とくに評価を変えるものではなかった。

当選後も、アメリカ政府は現状を維持するという蔡英文側の約束を評価する。蔡政権発足後に大統領府秘書長を経て外交部長となる呉釗燮《ごしょうしょう》が訪米し、新総統の姿勢をめぐって注目を集めていた九二年コンセンサスについて、中台関係を不安定化させないよう慎重に対応していくと説明されていたことが大きい。立法院で過半数を抑え、安定政権となったことも政権運営への信頼につながった。

アメリカ社会では台湾が政治体制において大陸と対照的な存在であることが「再発見」された。『ワシントン・ポスト』紙の社説は、民主主義を定着させた台湾を、専制をさらに強める中国と対照的な存在だとみて、「中国共産党政権は台湾の民主的な選挙から学ぶべきだ」と題を付けた。望まない方向に進む中国大陸を前にして、台湾の民主主義は光り輝いてみえた。台湾が安定を阻害すると考えられた過去は、今や遠い昔となった。

小結――限界に直面していた関与継続論

レーガン政権以来、アメリカ外交には一つのパターンがあると言われる。すなわち、政権は発足時に中国政策に批判的だが、徐々に柔軟で融和的な姿勢をみせるというものだ。たしかに、クリントン政権もブッシュ（子）政権にもそれはよく当てはまる。「北京の虐殺者」「戦略的競争相手」と選挙期間中に中国に批判的な表現をしても、政権が発足すると徐々に対中関係を安定化させていった。米中経済が深く結びつき、また協力によって得られる外交上の利益が大きいという事実に気づいたことがその背景だろう。

オバマ政権はその意味では例外的なパターンだ。大統領候補としての外交政策演説では気候変動問題で中国に言及した程度にすぎず、発足後も一年目にはグローバル金融危機を乗り越えるパートナーとして中国との協力に前のめりなところがあった。しかしその後、中国をみつめる視線は厳しくなっていく。中国の台頭が明確になったことで、中国政策がアジア政策、さらには対外政策全般への基本姿勢を示すものと受け止められるようになり、関係悪化と修復力の発揮というサイクルに収まりづらくなる。

別の整理も参考までに紹介しよう。政府分析部門に長く勤めたジョージワシントン大学のロバート・サッターもこの時期、米中関係の前提が多くの点で崩れたと主張する。彼は、尖閣諸島をめぐる日本への外交、軍事、経済にわたる総合的な力の行使など周辺国への強制力の使い方の変化、中露関係の強化に注目し、また不公正な貿易慣行で成長する中国が国際協調に十分に応じず、国際経済に悪影響を与えていること、国内での社会統制が強化され、人権侵害が著しいことに注意を喚起している。

オバマ政権期、とくに後期には、習近平政権の出方をみて、中国に国際社会への貢献は期待できず、民主化への道筋をつけることも難しいという見方が支配的になった。さらに市場化改革の後退も加わり、明確な失望が中国に関わる議論の主流となった。グローバル金融危機後に加速した中国の国家資本主義に、アメリカの専門家やメディアの批判は強まり、国有企業を優先することが経済成長を妨げるとも指摘された。受取国の財政健全性や自然環境に国際水準での配慮を行わない、野放図な経済援助のやり方も批判されはじめた。

代表的な中国専門家のデビット・ランプトンが米中関係は「転換点」に達しつつあると表現

したが、関与と支援の前提が崩れるなかで、米中関係を擁護することは難しくなっていた。

気候変動問題やサイバー空間をめぐり、実体はさておき米中が協調のそぶりをみせつづけたのは事実だ。中国のパワーに関しても、まだアメリカのそれに追いつくには時の猶予《ゆうよ》があると控えめな見方も多かった。この時期はまさに、アメリカの対中姿勢にとって緩やかな転換点だったのだろう。争点として中国の台頭が主要な戦略課題に押し上げられつつあったが、まだアプローチに関して議論は割れていた。別の言い方をすれば、問題には気づいていたが、解法に辿り着く前に政権が時間切れとなった。警戒論が徐々に政策に現れても、関与が全体を覆っていたため中国政府はそれに安心していたところさえある。

第４章

関与政策の否定へ

――トランプ政権と中国

アメリカ第一を何よりも重視したトランプ．*The Merccury News*, November 16, 2017.

【第4章に関連する主な動き】

2017	4月	習近平国家主席訪米
	6月	中国，国家情報法を施行
	11月	トランプ大統領訪中
	12月	アメリカ，国家安全保障戦略で中国を競争相手と明記
2018	3月	中国，国家主席の任期撤廃 アメリカ通商代表部，中国に関する報告書を発表
	7月	アメリカ，対中関税第一弾を発動（年内に第二弾，第三弾発動）
	8月	2019年度国防授権法成立
	11月	ペンス副大統領の対中政策演説
2019	9月	アメリカ，対中関税第四弾を発動
2020	1月	米中貿易協議・第一段階の合意文書に署名
	6月	ウイグル人権法成立
	7月	ヒューストンの中国総領事館閉鎖，成都のアメリカ総領事館閉鎖
	8月	米国務省，クリーン・ネットワーク構想を発表

トランプ政権においてアメリカの対中姿勢は一気に硬化する。「貿易戦争」と呼ばれた貿易摩擦は米中の激しい対立を演出したが、それは米中対立の一端を示したにすぎない。この時期、アメリカは中国を念頭に置いた様々な経済規制を立法化したり、行政府が実施に移したりした。代表的なものはファーウェイ社と関連企業に対するものだが、規制や制裁は実に多くの企業、中国国籍保有者に及んだ。なにより中国はアメリカの世界戦略にとって最重要課題の一つと明確に位置づけられた。

その政策形成過程を大統領が主導したとは言えない。むしろ、トランプは貿易戦争を声高に唱えながらも、人権問題に大きな関心を寄せず、自らの再選につながる中国との交渉の成功に期待しつづけた。台湾や香港といった話題を嫌い、部下たちは持ち出さないようにしたとも言われる。大局的な国際秩序観もおそらく希薄だった。

他方で、アメリカ政府部局や米軍、また連邦議会に中国に対する警戒心が広く共有され、それが行政措置や立法活動につながった。それまでの関与と支援を基調にした中国政策のあり方を批判し、中国の変化を実現する期待を持たず、政府を挙げて中国の影響力を押し戻すべきだとの立場が支配的になった。トランプ大統領による貿易戦争の号砲は、そのような中国強硬策を実現するための政治的な環境を整備したことになる。

なぜ中国政策を改める必要があると当時考えられていたのか。なによりも第一に、中国の政治体制の強権化、相次ぐ人権問題の表面化による信頼の喪失が指摘できる。中国内政がみせた強権化が、中国を平素から分析してきたアメリカの専門家の見方を変えた。国家情報法(二〇一七年六月)に続き、国家主席の任期撤廃(二〇一八年三月)がもたらした衝撃は大きい。さらに、ウイグルや香港における市民的自由の剝奪《はくだつ》が詳細にアメリカ社会に報道されるようになると、それを理由にした経済制裁が立法化され、またマグニツキー法による制裁も行われた。

中国にかけられてきた「三つの期待」は全面的に損なわれていた。中国政府による一帯一路構想において、援助を受けた国で財務の健全性が著しく失われ、返済に困窮した結果、インフラ設備の権利が中国に渡ってしまう、いわゆる「債務の罠《わな》」が指摘されるようになった。民主主義国への政治工作の実態も広く知られるようになり、中国が戦後国際秩序を揺るがしているとの問題意識もさらに高まった。たとえば、顔認証など先端技術が中国国内で少数民族を含め市民生活の監視に利用されるなか、一部の中国企業が市民の監視に必要な技術を海外にも提供しはじめていた。さらに中国の市場化改革への厳しい評価も高まりをみせていた。

第二に、中国のパワーがアメリカに迫りつつある切迫感が明らかに高まり、中国が国際秩序や地域秩序を作り替えるほどの強制力を持ちはじめているとの気づきが広く共有されたことがスピード感のある政府や議会の対応につながった。たとえば、トランプ政権の「国家安全保障戦略」（二〇一七年一二月）は、中国をロシアと並ぶ「修正主義勢力」と位置づけただけでなく、インド太平洋におけるパワーバランスが崩れつつあり、また中国の影響力の増大が世界各地域でみられることに警鐘を鳴らした。科学技術においても、中国がアメリカに先端分野で追いつき、一部追い越しているとの現実に、アメリカの為政者は動揺した。中国の技術が高度化するなかで、軍民融合による人民解放軍の強化、情報通信における漏洩なども、米軍の戦力投射、抑止態勢、情報収集に深刻な影響を与えるとの見方を強めた。

増大した中国の実力は、「単なるパワーと影響力といった現実政治の次元だけでなく、より深い社会政治的な体制のあり方の次元にまで関わる」（クリストファー・フォード国務次官補）との議論が主流説に聞こえるようになったのが、この時期の首都ワシントンだった。中国が世界経済やアジア地域の軍事バランスを変えるだけでなく、国際秩序を支えるルールや規範に影響を与え、世界各国の権威主義化さえ促進しているとの焦りがアメリカで深まった。

そしてアメリカ政府は対立を辞さずに、中国に関わる政策を軍事、経済、科学技術など多分野にわたって見直しはじめた。関与と支援が中心だった中国政策のプレイブック（作戦指令書）は書き換えられ、中国を競争相手とみなし、その強制力を押し戻し、成長を鈍化させようという考えが支配的になった。

とはいえ、中国との関係性をどのように整理するのか、つまりそれまで相互に依存してきた経済社会関係を再編するといっても、どれほどのコストを引き受け、実行するのかは定かではなかった。デカップリング（分離、または中国経済の切りはなしを意味している）を目指すべきだという勇ましい声の一方で、産業界には中国政府への不満と中国市場への期待が入りまじっていた。トランプ政権も、中国の封じ込めや体制を変革するとまでは国内外で受け止められないように慎重に言葉を選んでいた。

本章では、トランプ政権において中国との交渉や中国を念頭に置いた政策がどのように展開したのか振り返りたい。まずは時系列に沿って話を整理していこう。そうした政策や戦略観の変化を主導した国内力学については、次章で説明を加えたい。

第1節　貿易戦争と対中強硬論の融合

動きはじめるアメリカ第一主義

それでは時計の針を二〇一七年に巻き戻してみよう。同年一月の就任演説で「アメリカ第一」主義を強調したトランプは、早々にTPPからの脱退を宣言し、北米自由貿易協定（NAFTA）再交渉へと突き進んだ。

巨額の貿易赤字を抱える対中関係も、当然に波乱含みのスタートだった。当選後、トランプは台湾の蔡英文総統と電話で言葉を交わし、貿易で取引が成立しなければ「一つの中国」政策に縛られる必要はないと早くから中国を牽制していた。しかし中国は巻き返しを図り、トランプと習近平国家主席による首脳電話会談（二月）、フロリダ別荘での首脳会談（四月）がセットされる。三月に訪中したレックス・ティラーソン国務長官も、衝突せず、相互尊重、ウィン・ウィンの米中関係を望むと中国政府の表現を借りて発言していた。首脳会談を受けて、閣僚分科会の設置など従来のパターンにいったん落ち着き、むしろ台湾問題への新しい立場表明も含むような中国との「大型取引」への懸念も囁《ささや》かれていた。さらにトランプは北朝鮮問題を重視しており、そこでの協力が得られるのであれば貿易や人民元問題でよい条件を中国に提示したいとツイートすらしていた。

ここで抑えておきたいのは、トランプ政権の方針は「アメリカ第一」であり、中国も貿易問題の範疇《はんちゅう》で主として理解されてきたということだ。安全保障や両国の政治的価値観の違いなどについて、選挙期間中、また就任演説などトランプ個人の公式見解で目立った言及はみられない。

五月からウィルバー・ロス商務長官と汪洋《おうよう》副総理による通商協議が始まる。これは首脳会談で約束された一〇〇日計画のフォローアップでもあったが、協議の顚末《てんまつ》を振り返るとロスの経験不足がたたり中国優位に進んだことがわかる。トランプの指示どおりに鉄鋼に固執したロスは、中国の構造的な問題に切り込むことはなかった。さらには牛肉市場開放やクレジットカード企業の中国市場参入に関して、中国の提案は古い約束の焼き直しで実効性が乏しいにもかかわらずロスは交渉を進めてしまおうとした。通商代表に就任したロバート・ライトハイザーの強硬な反対で共同声明は流れた。

この経験もあって対中姿勢は徐々に厳しいものに変わっていく。対中関係が中国ペースで展開していることへの危惧が政界に広がるなか、徐々に米側は押し戻しを行っていく。八月に通商法三〇一条に基づき、中国における強制的な技術移転や知財侵害についての調査を通商代表部が開始する。当時トランプは鉄鋼問題こそ批判していたが、北朝鮮に関して中国の国連安保理での協力を考慮し、調査開始の会見でも批判をつとめて抑制した。

秋に訪中したトランプは中国を批判せず、貿易赤字を作り出したのは米国の歴代政権との自説を展開している。なお、この訪中にはライトハイザーが同行した。首脳会談時に室外で待機するよう冷遇されたロスを尻目に、ライトハイザーは中国指導部の前で中国の経済慣行を存分に攻撃し、「お土産《みやげ》」程度の小さな成果では満足しないという姿勢をみせつけたようだ。かねて中国の保護主義を批判し通商法三〇一条行使を辞さない対応を訴えてきたライトハイザーの通商代表としての中国デビューだったが、彼が主導権を握るのはまだ先のことだ。

中国への警戒論

トランプ訪中に同行したハーバート・マクマスター国家安全保障担当大統領補佐官にとって、その経験は中国認識を一変させ、戦略見直しが急務と痛感させるものだった。彼の回顧録によると、体制維持への不安と国際的な野心が中国を突き動かしており、手段として他者の取り込み、強制力の行使、情報の秘匿《ひとく》を存分に活用していることに、この訪中を節目に理解を深めたという。またマクマスターは、習近平政権の軍民融合の方針を鄧小平以来の市場化改革の終わりを告げるものと位置づける。サイバー攻撃や強制的な技術移転、また留学などの手段でアメリカなど先進国から技術を得ていること、国家情報法により中国の組織や人々が協力を強いられる構造が固まったことが、中国への戦略転換を余儀なくさせたとの認識が読み取れる。

マクマスターのもとで二〇一七年末に発表された「国家安全保障戦略」は、明確にアメリカの対外戦略を見直すことを宣言するものとなった。その中心的なメッセージは、「ライバルに関与し、国際制度とグローバル経済に取り込めば信頼に足るパートナーを生み出せるという前提で二十年にわたって続いてきた政策を見直すべきだ」「大国間競争が戻ってきたのだ。中国とロシアはそれぞれの地域で、そして世界で影響力を行使しはじめている」というところにある。地域別に論じる箇所では真っ先にインド太平洋に触れた。中国に優越的な地位を渡してはならないというのがポイントだった。年が明け、一部が公開された「国家防衛戦略」も中国を

(U) U.S. STRATEGIC FRAMEWORK FOR THE INDO-PACIFIC

(U) **National Security Challenges**

- How to maintain U.S. strategic primacy in the Indo-Pacific region and promote a liberal economic order while preventing China from establishing new, illiberal spheres of influence, and cultivating areas of cooperation to promote regional peace and prosperity?
- How to ensure North Korea does not threaten the United States and its allies, accounting for both the acute present danger and the potential for future changes in the level and type of the threat posed by North Korea?
- How to advance U.S. global economic leadership while promoting fair and reciprocal trade?

(U) **Enduring Vital Interests of the United States:**

- (U) Protect the homeland;
- (U) Advance American prosperity;
- (U) Preserve peace through strength; and
- (U) Advance American influence.

(U) **Top Interests of the United States in the Indo-Pacific:**

- Defend the homeland and American citizens abroad; prevent the spread of nuclear weapons and the means to deliver them;
- Preserve U.S. economic, diplomatic, and military access to the most populous region of the world and more than one-third of the global economy;
- Enhance the credibility and effectiveness of our alliances; and
- Maintain U.S. primacy in the region while protecting American core values and liberties at home.

(U) **Assumptions:**

- U.S. security and prosperity depend on free and open access to the Indo-Pacific region, which will remain an engine of U.S., regional, and global economic growth.
- North Korea's nuclear missiles and its stated intention of subjugating South Korea pose a grave threat to the U.S. homeland and our allies.

Classified By: MPottinger, DAP and Senior Director for Asia, NSC
Derived From: NSC SCG
Declassify On: 20421231

NSC declassification review
Declassified in Part
by Assistant to the President for National Security Affairs
Robert C. O'Brien 1/5/2021

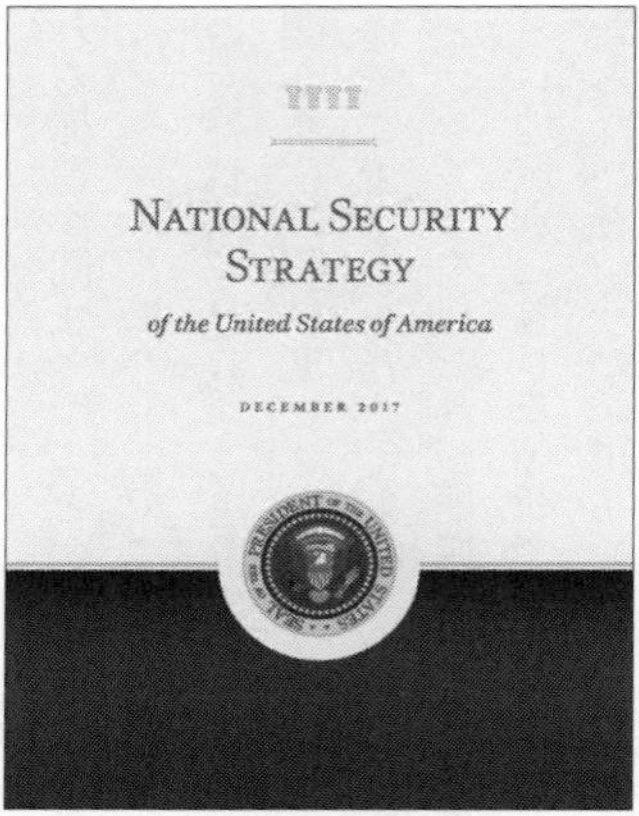

図表４－１　『インド太平洋戦略フレームワーク』（左）と「国家安全保障戦略」（2017年12月）

修正主義者と名指しし、それへの対応こそ安全保障政策の要と位置づける。文書や政府高官の発言で中国をあえて名指しはせず、暗にほのめかす表現がとられた、それまでの時代と決別したかのようだった。世界戦略を語る文書に、アメリカへの挑戦者として中国が明確に位置づけられたのである。

さらに省庁間でインド太平洋戦略の再検討作業も終結しつつあった。二〇二一年一月に機密解除されて公開された『インド太平洋戦略フレームワーク』がそれである。当時アジア担当上級部長のマット・ポッティンジャーを中心に作成された。問題意識の根幹は先の文書ともちろん重なっており、中国の軍事力だけでなく科学技術力、他国への影響力工作、台湾への圧力などに強い懸念を示している。あるべき中国像や米中関係の姿は示さなかったが、アメリカ中心の地域秩序を構想し、また技術窃取への対応など経済安全保障の強化にも触れている。「①第一列島線内での有事において中国の海上優勢、航空優勢を拒否する、②台湾を含め、第一列島線にある国を防衛する、③第一列島線外ではすべてのドメイン（領域）を支配する」という記述もみられる。いろいろと興味深い内容だが、台湾防衛が明確にされていることにここでは注意を喚起しておきたい。この文書はアメリカの覇権を守ることをインド太平洋戦略の中核に据えたもので、当時は公表されなかったとはいえ、その後のアメリカの安全保障政策の展開はこのラインに沿ったものになっていく。

政府外でも、二〇一七年秋に全米民主主義基金（NED）が公表したレポートで、中国が東欧やアフリカなど世界各地の民主主義の言論空間に「突き刺すような」政治工作を行い、影響力を振るっていることが広く知られるようになった。いわゆるシャープパワー論である。翌年の議会公聴会では、たとえばハリウッドで映画内容に介入する動きが証言され、その背景に中国における映画売り上げの大きさが絡んでいるとされた。経済力を政治的影響力に変えつつある実体が、一帯一路などと異なる形でも進展していること、それが国際秩序を揺さぶっていることに問題意識が深まっていた。

同じ頃、米中経済安全保障再検討委員会の年次報告において、最先端の科学技術分野の多くの分野ですでに中国が追いつき、また一部追い越しているとされたことも議会を震撼《しんかん》させた。アメリカに迫る中国の科学技術力への気づきは急速に広まっていく。

関税合戦へ

貿易戦争を取り巻く政権内の意見対立と権力構造も二〇一八年三月に大きく変動する。それを物語るのがピーター・ナバロの復権だ。彼は政権移行期から、ポッティンジャーやマイケル・ピルズベリー（ハドソン研究所）らと中国戦略立案に携わり、発足後には新設された通商製造業担当部長として必死に大統領に近づいた。彼の考えの根底には米中対立を避けようのない運命とみているところがあり、貿易赤字や中国による知的財産の窃取などは対中批判の理由づけにすぎないようにもみえた。政権発足後に影響力はかなり限られていたのだが、年が変わると急速に大統領の信任を再び得て、大統領補佐官の職階に昇格する。

ナバロが商務長官のロスとともにトランプを説得し、実現したのが「鉄鋼二五％、アルミニウム一〇％」の関税だ。鉄鋼への関税は自動車産業への影響が大きいとゲイリー・コーン国家経済会議委員長が色をなして反対し、ライトハイザーすら慎重論を唱えていた。だが二月二八日の夜にナバロとロスに詰め寄られたトランプは翌日に考えを発表してしまう。「貿易戦争はよいもので、簡単に勝つことができる」。トランプはそのようにツイートしたが、中国だけでなく同盟国の欧州や日本から、また国内産業界から強い反発を受ける。

グローバリストの代表格とみられてきたコーン委員長、さらにロブ・ポーター秘書官、ティラーソン国務長官が相次いで政権を去っていった。さらに、国際協調に前向きな娘婿《むすめむこ》のジャレッド・クシュナー上級顧問もスキャンダルの渦中にあり、対中強硬論が勢いを増す。

通商代表部の中国報告書はこのタイミングで発表された。二〇一五年に策定されていた「中国製造二〇二五」を一一四回にわたりやり玉に挙げ、技術移転や知的財産権の侵害など中国経済の構造的問題を攻撃した。トランプは強制的な技術移転の被害を大きくみせるように指示を出すなど、貿易赤字削減のための圧力を強めるような演出を望んだ。

中国も、王岐山国家副主席や楊潔篪《ようけつち》国務委員が米側と接触するなかで事態の根深さを把握した。二〇一八年三月頭にワシントンを訪問した劉鶴《りゅうかく》副総理は、自動車関税の引き下げ、米国製品の購入、金融市場開放、FTA交渉開始などを米政府に提案したが、知的財産権侵害と国有企業補助金の問題が入っていないと一蹴されてしまう。劉は、副官たる廖岷《りょうびん》（財政次官）とともに米英の修士課程を修了し、現在の国家発展改革委員会でキャリアを重ね、習近平の経済政策を支えるようになっていた。いずれにせよ、強硬姿勢のみをみせつける米国に対して、中国は目先の懐柔策を用意しつつ対立の長期化に備えるようになっていく。

トランプ政権は、知的財産権侵害を理由として年六〇〇億ドルの関税をかける姿勢をみせる。ウォール街（金融界）出身で、ヘンリー・ポールソン元財務長官のいわば弟子筋にあたるスティーブン・ムニューシン財務長官が交渉役となり、劉鶴、また駐米大使の崔天凱と頻繁に連絡を取り合う。政権内では当時ムニューシンとナバロの対立が激しさを増したが、「部下の競争を好む」と公言するトランプは両名とライトハイザー、ロスをまとめて北京に派遣することにした。いわば、政権の内紛がそのまま交渉に持ち込まれる。

五月からの交渉は、二年間で二〇〇〇億ドルの赤字削減、補助金の即時廃止など強硬一色の内容を米側が提示することから始まったが、団長のムニューシンとナバロが口論を続け、自らがリードできない交渉に関心を示さないライトハイザーが中国側にも沈黙を貫くというように完全に崩壊したチームで、とくに成果はなかった。

習近平は四月に海南島の博鰲《ボアオ》アジアフォーラムで、劉鶴が三月に提案した内容をなぞるように米側に提案をしてみせたが、国家の経済統制を聖域とする姿勢も示した。やはり中国の通信機器大手ZTE社（中興通訊）への輸出規制は大きな痛手であったようで、トランプに直接電話をかけている。興味深いことに、トランプはここで、あっさりとZTE社への規制を解除した。それは情報機関、議会の強い反発を招いたが、習近平との個人的な取引を尊重する姿勢はその後も継続した。

米中協議は続けられ対中協調派が合意に近づけたが、五月末、交渉期間中は関税をかけないというムニューシンの発言を保守派が問題視し、批判を嫌うトランプが心変わりをみせ、強硬なアプローチに一気に傾斜する。

中国は米農産品や石炭などの大規模購入をテコに状況の打開を図っていた。習近平は米欧の経営者との会合で「必ず報復する」と発言し産業界による米政府の説得にも期待をかけたが、産業界もこの時点では中国の長年の非開放的な経済運営や強制的な技術移転に不満をためており、大きな動きにはならなかった。そして、七月より九月にかけて米中は関税と報復を繰り返し、関係悪化の一番底となった。

制度作りにつながっていく対中強硬論

この雰囲気のなかで成立したのが、（二〇一九年度）国防授権法である。この法律には輸出管理改革法、外国投資リスク近代化法が盛り込まれ、経済安全保障に関わる具体的な法整備により、中国への機微技術の流出阻止などを念頭に置いた政策対応が本格化していくことになる。

さらに、米軍はじめ多くの国が参加するリムパック（環太平洋合同演習）に中国を参加させない、中国製の情報通信設備等を政府調達から排除する、孔子学院関連の中国語教育施設への助成を禁止する、台湾との安全保障協力を強化するなどの条文もある。さらに、「政治的影響力、情報操作、検閲、プロパガンダなど民主主義の制度と過程、そして言論と学問の自由を弱めるもの」への対応を強く求める条文もみられる。

二〇一八年夏は人権問題への関心も高まった。議会での審議本格化に加え、九月には『ニューヨーク・タイムズ』紙の一面に、新疆《しんきょう》ウイグル自治区における再教育を目的とした収容施設に関する記事が北京支局長の署名記事として写真付きで掲載される。ウイグル問題は主要紙に大々的に取り上げられていく。

さらに二〇一八年一〇月には、ハドソン研究所においてマイク・ペンス副大統領が演説を行い、貿易、技術、安全保障、政治工作など、あらゆる中国脅威論を融合させた。ペンスは政治、経済における改革への期待が失われたと断じ、中国政策を転換すべきだと訴えた。「アメリカは（中国のWTO加盟を通じ）経済、政治面で中国が自由になり、私有財産権、宗教の自由、あらゆる人権の擁護につながることを望んでいました。しかし、そのような希望がかなうことはありませんでした。中国の人々にとって自由はいまだ届かぬ夢で、鄧小平の「改革・開放」は口先の約束にすぎなかったのです」。問題の核心に「中国製造二〇二五」、そして中国政府による強制的技術移転、知的財産権の侵害、補助金支給、さらに情報窃取があることを糾弾している。さらに中国における宗教弾圧、途上国への「債務の罠」、アメリカ社会への政治工作など多岐にわたり言及している。中国を中国共産党と連呼するペンスの姿勢は強烈な印象を残した。

インド太平洋への対応も具現化しはじめた。米太平洋軍はインド太平洋軍に改称（二〇一八年五月）される。またビルド法が成立し、既存機関を統廃合し、国際開発金融公社が海外のインフラ設備への経済支援を担うことになった。同公社は翌年から日本やオーストラリアのカウンターパートとともに、ブルー・ドット・ネットワークという形で透明性の高い経済援助を認証していこうとした。これらの背景に、中国の一帯一路構想への対応があることは言を俟《ま》たない。代替的な資金をアメリカは同盟国と提供しようとしたのである。

景気の下振れにより米中は交渉に回帰

それでは、この時点でアメリカの対中姿勢は固まったのだろうか。そうではない。当時の報道ぶりとは異なり、ペンス演説は対中政策のすべてを転換させたわけではなかった。そもそも、ペンス演説は中国の政治経済システムを批判する一方で、具体策には欠けていた。タカ派が勢いを駆っていたのは事実であり、また一時期、トランプも習近平も再交渉を躊躇《ためら》った。だが九月の関税第三弾によって株式市場の下降が顕著となるなかで、トランプは交渉への回帰を模索しはじめる。経済への深刻な影響の前に中国も再開を望み、一〇月にはラリー・クドロー国家経済会議委員長がブエノスアイレスＧ－20での米中首脳会談に言及、一一月一日の米中電話首脳会談でそれが決定する。もはや事態は、閣僚協議では解決できないとの認識が広がっていた。

米通商代表部が中国報告書のアップデートを公開し、構造的問題を再三強調するなど牽制の動きを事前にみせたが、Ｇ－20にあわせた首脳会談の内容は両首脳を満足させるものになった。トランプによる「私はタリフマン（関税男）」という自身の不用意な発言が再度関税への恐れを高め、年末に株価の大暴落を誘ったのは皮肉なことだった。両者はすぐに火消しのために電話会談を行う。

安全保障を念頭に置くタカ派は、もちろん満足しない。米中首脳が交渉を再開し、追加関税に九〇日間の猶予を設けることに合意した一方で、ジョン・ボルトン国家安全保障担当大統領補佐官は年末に大企業経営者の前で輸入制限さえ辞さない、そもそも中国のＷＴＯ加盟さえ間違いだったと気勢を上げていた。中国通信大手ファーウェイ社の最高財務責任者（CFO）逮捕も米中交渉に新たな火種を持ち込んでいたし、議会ではアジア再保障推進法が成立する。しかし、貿易協議はそれとは異なるロジックで継続したのである。

米中貿易協議は決裂から合意へ

二〇一九年は、米中関係がどん底から「第一段階」の合意達成へと急展開を遂げる年にあたる。ジェットコースターのように、米中両国の経済は上下に揺さぶられた。前年に生まれた強硬論の勢いをかりて技術や情報に関する規制や取り締まりが粛々《しゅくしゅく》と根を張るように展開されたこととと実に対照的だ。

貿易協議は、前年末の首脳会談を受け、新たにライトハイザーが率いることになった。そして彼は押し一辺倒の姿勢をとる。

ライトハイザーは、中国の立場からみれば安全保障事項であるクラウド市場の開放に固執し、米国からの輸入増額も六割以上数字を積み増して、六年間で二兆ドルを要求したという。

中国はたしかに守勢に回っていた。自動車関税の引き下げ、遺伝子操作穀物の輸入緩和、また何より、ファーウェイ社最高幹部が逮捕されたなかでも交渉を頓挫させなかったことは、米国の懐柔を必死に図っているようにもみえた。外商投資法の改正にも劉鶴は尽力し、李克強《りこくきょう》国務院総理も例年と異なり全人代で「中国製造二〇二五」に言及しなかった。

トランプは弱腰とみられることを恐れ、ライトハイザーは相手の政治状況を分析する視野の広さを欠いていた。中国の配慮も弱気の表れとしか理解できなかった。構造的な問題、アメリカ第一主義の両面で高い要求をするわりには、中国の譲れない一線を理解しようとせず、中国がなによりも既存の関税解除にこだわっていることを理解できていなかった。

二〇一九年五月の通商協議の決裂は避けようのない結末だった。米側は上手《うわて》から交渉をしているつもりでいたのだろう。しかし、中国では最高指導部にあたる政治局常務委員の三名が譲歩姿勢に反対を表明するなど、習近平が妥協的な対応をする余地はなくなりつつあった。踏み込んだ約束を渋る中国を、トランプもライトハイザーも交渉戦術の一環としてしか理解できなかったことに、すれ違いがある。

交渉の破綻《はたん》を受け、トランプ政権は第三弾の関税を二五％に引き上げ、第四弾のリストも公表する。さらに安全保障タカ派は、ファーウェイ社への輸出管理強化をこのタイミングで実行する。同社および関連各社は商務省のエンティティ・リストに掲載され、アメリカの製品（技術を含む）の輸出・再輸出が原則として不許可になった。

中国からみればすべては一体の動きであり、習近平は米国との「長征」が始まったとのアピールを内外に行い、米中関係はまさに二番底へと向かっていた。

六月には国防総省がインド太平洋戦略レポートを発表したが、それは「修正主義国家」の中国が摩擦を恐れず高圧的に振る舞い、国際システムを内側から破壊しようとしている、その背

図表４－２　大阪Ｇ－20米中首脳会談（2019年６月29日）
出所：新華社／アフロ．

景には地域覇権、さらに長期的にはグローバルの覇権獲得があるときわめて強い言葉で批判するものとなった。レポートはアメリカの地域における防衛外交を総括するものであり、中国に関する記述のあたりの強さが目立ったが、当時の米中関係の雰囲気を物語るものでもあった。

改心したライトハイザーと第一段階合意

二〇一九年七月の大阪Ｇ－20で、首脳二人が顔を合わせたことが再び事態を動かしていく。たしかに、その後の展開を考えれば、中国側がファーウェイ社への部品供給などで米側の譲歩を、米側が中国の穀物購入で中国側の譲歩をここで得たと互いに誤解したことは、交渉にしこりを残す。しかし、交渉が再開したことがもっとも重要だ。多額の関税による景気の下押し圧力に、実のところ両首脳も頭を抱えていた。

ここからライトハイザーが、これまでにない役割を果たす。彼はもとより経済強硬派で、安全保障重視のタカ派と異なり、交渉を着地させることを行動原理とする。五月に協議を破綻に導いた背景を理解し、中国の国際派と手を組むことの必要を痛感したようだ。このライトハイザーの改心こそが、『ウォール・ストリート・ジャーナル』紙のボブ・デイビスと魏玲灵による『超大国の決闘』の重要な指摘だ。彼は、交渉成果がすぐに上がらないと苛立ち、関税のさらなる賦与も考えたトランプをなだめる役割を担う。

中国の為替操作国認定（八月）など状況は悪化していたが、一〇月に閣僚協議が実現すると、ライトハイザーは国際協調派のクドローやムニューシンとともに、「第一段階」とそれ以降を分ける新アプローチを推していく。構造的問題という対立点を先送りし、多額の穀物購入など大統領にわかりやすい成果を先に出すことは、中国の経済改革実現という目的に立てば望ましくはない。しかし、関税解除を部分的にすませればその後も交渉の材料を持ちつづけることも可能であり、まずは経済を取り巻く外部環境を落ち着かせることを優先したと言える。

中国と関税撤廃の比率などをめぐる衝突はあったが、第一段階として問題の多くを先送りすることに米中両政府の期待は収斂し、一二月半ば、大筋合意に達した。安全保障タカ派に近いナバロは最後まで合意への反対を貫いたが、トランプがそれに取り合うことはなかった。交渉の終盤にあたる時期に、再びペンス副大統領による中国政策演説が行われてもいたが、そのトーンは昨年と異なり、交渉への期待を滲ませるものであった。大統領の意向が中国政策に及ぼしていた影響を物語る。

なお、二〇二〇年一月の正式合意後、コロナ禍の影響もあると思われるが中国による穀物購入などの約束は完全には履行されなかった。しかし、トランプ大統領は中国批判の一方で米中合意の維持を図り、テレビで合意が「すでに終わった」と発言したナバロをすぐさま否定してみせた。なによりライトハイザーが合意維持を支持した。彼は国務省が乗り気だった台湾との自由貿易協定交渉にも、中国との合意への影響を恐れ反対した。ライトハイザーは交渉人であり、またアメリカの産業界にとって重要な中国経済を優先したといえる。トランプ政権は最後まで第一段階合意を保持した。

第2節　コロナ後に加速する強硬姿勢

米中両政府の舌戦

新型コロナウイルス（COVID-19）感染症がアメリカにおいて感染拡大すると、米中対立が悪化していく。二〇二〇年一月にはすでに武漢を中心に、中国大陸での感染が拡大しているとの報道がされていた。ホワイトハウスを中心に感染拡大への懸念が増し、一月下旬には春節での中国大陸からの旅客受け入れ制限をめぐり、政権内で対立があった（二月二日より、渡航制限が開始されている）。他方で、トランプ大統領は貿易協議第一段階の合意に満足しており、政府による中国に関する言及にもトーンダウンがみられた。

二月も、批判に敏感な中国政府によりアメリカの一部報道への反論が目立っていた。ウォルター・ラッセル・ミード教授の「中国は「アジアの病人」」（『ウォール・ストリート・ジャーナル』紙）という論考が中国経済減速論を匂わせると、中国政府は激高し、同紙の北京支局の三名の記者証を取り消す。アメリカ政府は対抗策として中国政府系メディア四社の在アメリカ中国人スタッフ数を約半数に絞る方針を打ち出し、それを受けて中国は米主要メディアをさらに追い出した。

三月以降、マイク・ポンペオ国務長官らがコロナウイルスの発生源として中国の研究開発施設からの流出説を持ち出し、また中国政府の初期対応、感染症関連データの共有の遅れ、透明性欠如などを強い口調で批判しはじめる。これに対し、中国外交部報道官は米軍によって開発されたウイルスの可能性も指摘されていると応酬し、両政府の舌戦が激しさを増す。連日記者会見をしていたトランプ大統領も「チャイニーズ・ウイルス」と表現する。アメリカ社会におけるアジア系市民への差別を助長するとの批判が上がるが、政権はさして気にも留めなかった。

トランプ政権にとってコロナウイルスへの初期対応の遅れの責任を回避することは、二〇二〇年一一月の大統領選において重要な意味を持っていた。世論調査でも、対中認識はそれまでよりもおおむね一〇ポイント以上の悪化をみせていた。共和党全国委員会は現職の連邦議員にウイルスが中国から発生したことを強調するように指導したという。トランプ陣営も新型コロナウイルスを材料にしたコマーシャルを制作したが、それはバイデン候補では中国に上手く対応できないと訴える内容だった。

中国批判の急先鋒と目されたのは国家安全保障担当のロバート・オブライエン大統領補佐官とポッティンジャー大統領副補佐官だった。アジア上級部長より国家安全保障会議のナンバー2へと出世を遂げていたポッティンジャーは中国経験が長く、共産党政権にもとより批判的だったが、コロナ禍のなかでさらに主導的な役割を果たしたとみられる。ボブ・ウッドワードによる『怒り』によれば、ポッティンジャーは中国語で独自の情報収集を行い、一月末の渡航禁止などを主導した。そして、五月四日には、五・四運動を記念したシンポジウムで中国語を用いて講演し、中国における民主の知的系譜を紹介し、また中国における感染拡大を告発したことで知られる李文亮《りぶんりょう》医師を讃えた。続けて台湾での蔡英文総統就任式(再選)にビデオメッセージを送り、著名な民主活動家、天体物理学者であり、天安門事件直後に北京のアメリカ大使館が保護し出国させた方励之《ほうれいし》の名前に触れながら、民主主義が普遍的なものだと語ってもいる。これは中国における共産党統治へのあからさまな批判を示すものだった。

人権問題、米社会への侵入が問題視

ウイグルと香港の市民的《しみん》自由に関わる問題への対応も五月に相次ぐ。ウイグルに関しては、「中国の弾圧、大量の恣意《しい》的拘束、強制労働、ウイグル人に対するハイテク監視などのキャンペーンで行われた人権侵害や虐待《ぎゃくたい》に加担している」として九団体が新たに輸出管理対象とな

るエンティティ・リストに掲載された。その前年一〇月も二八団体を指定していたが、このときは他の動きと時を同じくして行われた。政府設置の「宗教の自由委員会」のコミッショナー九名のうちの一人としてウイグル系弁護士が任命され、また六月に調査、制裁を可能にする二〇二〇年ウイグル人権法も成立することになった。七月には新疆ウイグル自治区トップの四名に対してマグニツキー法に基づく制裁も実施された。

香港に関しても、全人代において香港国家安全維持法が審議されるなか、トランプ政権は大統領、国務長官として再三実施を取りやめるように警告を行う。アメリカには香港政策法（一九九二年成立）、香港人権・民主主義法（二〇一九年成立）があり、香港の高度な自治が一国二制度下の香港を別扱いにした経済交流の条件であったが、それを盾にした警告も中国政府には届かなかった。香港への国家安全維持法適用が現実のものとなると、アメリカ政府は香港と大陸の異なる扱いを廃止する手続きを取り、そのなかには軍民両用技術に関する輸出規制も含まれていた。また議会も香港自治法を成立させ、大統領の署名により七月に成立した。これにより香港の自治を侵害する行為に関与した当局者の米資産凍結やビザ発給の停止が可能になっただけでなく、彼らと取引をした金融機関への二次制裁が可能となった。

六月下旬から七月にかけて、オブライエン大統領補佐官、クリストファー・レイ連邦捜査局（FBI）長官、ウィリアム・バー司法長官、そしてポンペオ国務長官による連続した中国政策関連演説が実施される。レイやバーは国内の治安を担当する高官であり、技術流出やハリウッドの映画制作現場への工作活動などの事例を詳細に挙げ、アメリカ社会に入り込んでくる中国の影響力について世論の関心を集めようとした。またオブライエンとポンペオは、中国政策の根本的な変更を訴える。オブライエンは「習近平はスターリンに自分を重ね合わせている」と批判してみせ、ポンペオは関与政策を終えるとはっきりと表明した。

一ヵ国との外交政策について閣僚級の高官が一定の期間に連続して演説を行うことは異例だ。もちろん、関与政策はトランプ政権が発足以来批判され、新しい政策方針に徐々に置き換えられてきたので、このポンペオ演説が転換点とは言えない。ペンス副大統領演説（二〇一八年一〇月）も同様だ。アメリカの対中政策は一つの演説というより、法や政策の中身によって徐々に変質したとみるべきだろう。とはいえ、この四つの演説は、トランプ政権による中国脅威論の完成、または到達点という言い方はできるだろう。五月にホワイトハウスが発表した「中国に対する戦略的アプローチ」という文書は、たしかに宗教の自由や台湾、アメリカ国内への中国の影響の対応を列挙したが、国内外への配慮もあり関与という言葉をあえて残していた。ここに至り、大統領選挙の結果がどちらにも転がりかねない二〇二一年以降の世界に向けて、中国への強い問題意識を国内に定着させようとする狙いがあったとも読める。そして、九月のトランプ大統領の国連総会での演説もコロナウイルスの感染拡大や環境破壊、貿易慣行にわたって中国を正面から批判するものになった。

中国の政治体制批判の強さは過去二年間にもなかったほど全面的なものとなった。それ以降も中国政府を中国共産党と呼称する、あたかも米中接近前の表現をポンペオらは繰り返す。彼は「「中国による挑戦」にアメリカは立ち上がっている」と自らの写真を添えたバナーをツイッターに掲げ、国務省員に政策対応を加速するよう檄《げき》を飛ばした。

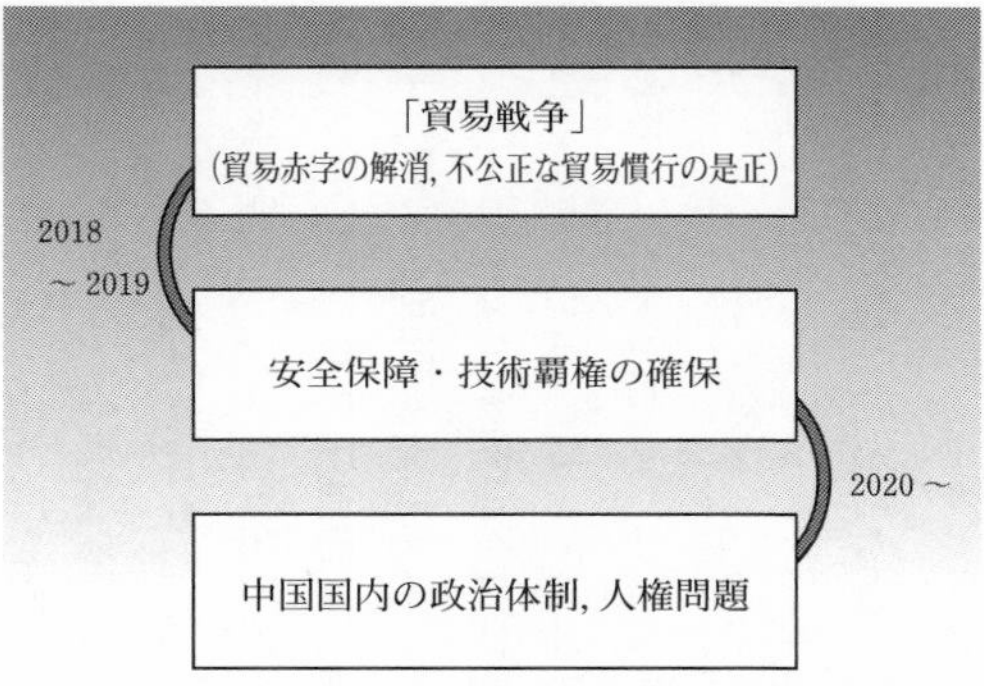

図表4－3　トランプ政権の中国への問題意識と力点

この状況は、二〇一八～一九年に貿易戦争が米中対立を深め、安全保障や技術に関するアメリカの取り組みも促進させた関係に類似する。第一段階合意に至った貿易問題に代わり、あらためて注目された中国の政治体制、人権問題が不信を招き、アメリカの対中姿勢を硬化させ、安全保障や技術に関する取り組みに必要な政治環境を作るようになった。逆に、安全保障やアメリカに望ましい国際秩序のあり方に影響すると考えられたからこそ、それまでも深刻さが伝わっていた中国の人権問題に大きく対応がとられることにもなった。

加速する政策対応

南シナ海でも米中対立は深まった。そもそも中国はコロナ禍が世界を襲うなかでも南シナ海での積極的な法執行や軍事演習を行い、二〇二〇年四月には海南《かいなん》省三沙《さんさ》市に新たに西沙区《せいさ》と南沙区《なんさ》を置くことも発表している。アメリカは押し戻すように、七月に二つの空母打撃群による演習を行ったが、それは六年ぶりであり通算でも三回目のことであった。またポンペオ国務長官も同月、南シナ海に関する中国の海洋権益に関する主張は「完全に違法」と言明し、アメリカ政府の詳細な立場を明らかにすることで中国の立場を公式に否定してみせ、二〇一六年に国連海洋法条約に基づく仲裁裁判が出したフィリピンと中国との間の海洋紛争に関する判断も支持するとした。

ファーウェイ社と関連企業に関する規制もさらに加速した。二〇一九年五月の規制の抜け穴を塞ぐように、二〇二〇年五月にはアメリカ国外でもファーウェイ社および関連企業の設計のためにアメリカの製品（技術を含む）を用いて生産・輸出する場合において商務省の許可を求めた。八月にはさらに対象を広げ、ファーウェイ社などが設計する半導体以外でも、アメリカの製品を使用している場合は許可が必要とした。これにより、ファーウェイ社は在庫が尽きた段階で、実質的に最先端の通信装置やスマートフォンを生産することができなくなった。

国務省は八月にクリーン・ネットワーク計画を発表して、事実上中国系の通信企業をネットワークから排除する国際的取り組みを進めるとした。七月、諜報活動や技術窃取活動の拠点になっているとの理由でヒューストンの中国総領事館は閉鎖を命令され、さらに査証の不正取得を理由に人民解放軍の士官らが逮捕されるが、一名はサンフランシスコの中国総領事館に逃げ込んだあとの逮捕だった。中国は前者への対応措置として四川省《しせん》成都《せいと》のアメリカ総領事館閉鎖を通告し、関係者は退去した。

大統領選敗北後の加速

大統領選後にアメリカの中国政策は、さらに強硬さを増した。通常アメリカの大統領が政権二期目の最後に行う名誉を獲得するためのレガシー（遺産）作りというよりは、「後任の手を縛る」「爪痕《つめあと》を残す」ことを意図したかのような思惑もみえる。

具体的には、輸出管理や資本市場規制、中国製品の排除命令、査証政策の厳格化などに現れる。たとえば、一二月に半導体受託生産大手のＳＭＩＣ社（中芯国際集成電路製造）は商用ドローン最大手のＤＪＩ社等とともにエンティティ・リストに加えられ、微細化の進んだ半導体製造に必要な米国製品の輸入が難しくなった。またＳＭＩＣ社は人民解放軍に所有または管理されている企業として、米株式市場からも実質的に追放されている（米株式市場ではファーウェイ社、ハイクビジョン社、中国通信や軍需企業などの取引も禁止された）。

新疆ウイグル自治区に関連した輸出管理も強化されており、たとえばＸＰＣＣと略称される新疆生産建設兵団の綿製品は強制労働との関係が指摘され、輸入が停止された。共産党員とその家族への査証発給も大幅に厳格化された。また、TikTokとウィチャットの使用制限を定めた大統領令は米裁判所により差し止められたが、二〇二一年一月にはアリババグループやテンセント社等が提供する決済アプリの禁止を定めた大統領令も出された。

外交でも、ポンペオ国務長官は爪痕を残すような動きを多々みせたが、いわゆるクアッド（日米豪印協力）の定例化の試みもその一つだ。二〇二〇年一〇月に二回目となる四ヵ国外相会談を行うため訪日した際のインタビューで、ポンペオ国務長官は枠組みが「中国共産党が投げかける問題に対抗する骨組み」になり得るとして、「制度化」を進展させると表明した。

中国（または中国共産党）の政治体制をめぐる認識を形成しようとする文書や演説の発出もあった。二〇二〇年一一月に公表された、「国務長官室・政策企画スタッフ」を執筆者として明記（個人名なし）した「中国による挑戦の本質」という文書は、中国の政治体制が権威主義であり、マルクス主義を強めているうえに、覇権主義により自由世界にとって脅威となっていると訴える。膨大な注の最初と最後のものがジョージ・ケナンの「長文電報」であることが示すように、米ソ冷戦と同じような米中対立時代の基本文書にしたいとの狙いはわかるが、明確で新奇性のある戦略を提案したわけではなかった。さらに二〇二一年一月には、アトランティック・カウンシルから「より長文の電報」と名づけられた匿名文書が公表され、共産党の内部対立を加速するような方策を採るべきだと提案されている。

他方、連邦議会も過去三年にわたる対中強硬姿勢を総括するように、二〇二一年度国防権限法、チベット人権法、台湾保証法、外国企業説明責任法などを成立させた。国防権限法では、中国を念頭においた予算措置となる太平洋抑止イニシアティブに加え、多国間枠組みによる半導体セキュリティ基金の設置が盛り込まれる。チベット人権法はダライ＝ラマ後継者選定への中国の干渉を牽制する内容を持つ。

新興技術に関して、二〇二〇年一〇月には「重要・新興技術に関する国家戦略」と題する文章が公表され、技術に関する取り組みの骨子が示されている。国家安全保障に関わるイノベーションの基盤構築に向けた行動目標は抽象度が高いものだったが、プレスリリースでは具体的取り組みとの関連性をうたっており、あえて政策の方向性のみを広く示しておこうという意図を感じさせる。

また、基幹電力システムの電気設備をめぐる動きもあった。二〇二〇年五月に国際緊急経済権限法（ＩＥＥＰＡ）および国家非常事態法に基づく大統領令が発出され、サイバー攻撃を含む外国からの攻撃が行われた際の損害の大きさに照らせば、電気設備を外国の供給に依存する脆弱性があまりに大きいと指摘し、取り組みを定めた。一二月にはエネルギー省より、中国からの特定部品を基幹システムに使用するために輸入することを禁止する方針が発表された。

資本市場において中国企業による資金調達を難しくする試みも始まった。大統領令（二〇二〇年一一月）により、アメリカ投資家は人民解放軍との結びつきを指摘された企業の株式を売買できなくなった。さらに金融市場参加者の投資判断に重要なインデックスを作成している米ＭＳＣＩ社は、二〇二〇年一二月にそれら企業を株価指数から外す決定をしている。ニューヨーク証券取引所は中国通信など三社の上場廃止も決定した。

第3節　大胆に強化された米台関係

ところで、トランプ政権期に米中対立が本格化していくなかで、アメリカの台湾への姿勢も変わった。それはアメリカ政府が中国と国交を樹立するためにあみだした「一つの中国」政策の骨格を変えるものではなかったが、「一つの中国」政策の範囲内、つまり中国、台湾に関する法的立場を変えないなかで最大限の関係強化を図ろうとするものであった。それまでの水準を超えた両政府の高官往来や、大きく取引額を増やした対台湾武器売却が行われる。そのような米台関係の強化に対して、対米関係に期待を残したい中国は蔡英文政権への圧力によって応じたが、それがむしろアメリカ政府の厳しい反応を招いたところもあった。

台湾との交流強化

当選の祝意を知らせたトランプ・蔡英文の電話での会話後、むしろ米中関係がいったんは安定する方向に修復したことはすでに触れた。それほどまでに波乱を引き起こす電話会談を行った背景は諸説あるが、有力な解釈は親台派が海外首脳からの電話リストに台湾を加えた後、国際政治の機微を理解する側近の不在でそのまま実現していたというものだ。その後、中国政府が巻き返すように自らの立場を説明し、二〇一七年二月の電話での米中首脳会談後、ホワイトハウスは従来の「一つの中国」政策を尊重すると公式に発表した。

その後、トランプ大統領にとって台湾は電子機器受託生産大手のフォックスコン（鴻海科技集団）によるアメリカ新工場建設が重要なテーマとして登場する。それは新しい雇用を生み出す政権アピールから期待された。他方、アメリカとの関係修復を重視する中国政府が台湾への圧力を強める一環で、外国航空会社に台湾の地図上の標記などをめぐって圧力をかけると、ホワイトハウスの報道官がきわめて激しい言葉でそれを批判した。ペンス副大統領演説（二〇一八年一〇月）も中国による露骨な圧力を批判する。とはいえ、米中の貿易をめぐる対立が大きな比重を占めるなかで、政権として台湾政策の強化に踏み出すには幾分か時間を要した。

政権よりも連邦議会が台湾に関する政策変更を主導した。議会は二〇一八年三月には台湾旅行法を成立させ、安全保障分野を含む米台の政府交流を増やすべきだと行政府に注文を付けた。さらに同年一二月にはアジア再保障推進法が成立する。台湾に関してアメリカの立場を確認したうえで、「大統領は、中華人民共和国からの現在、およびあり得る将来の脅威に対処できるような、防衛に要する品の恒常的な移転を行うべきである」と提起している。高官往来も武器売却も本来は行政府の権限に属するものであり、ホワイトハウスはその都度、署名時の声明でその点は確認している。しかし、議会の後押しは政権にとって心強いことは確かだ。台湾への武器売却を中国の脅威に対応させるとの考えにも政府内でも共鳴する声があった。第1章で紹介した一九八二年にレーガン大統領が政府内で残したメモなどが機密解除され公表されていくが、それも台湾への武器売却を重視する姿勢を強く示すものだった。

より大胆になる台湾関与

二〇一九年から台湾海峡における中国、およびアメリカ、台湾の軍事行動は活発化する。まず台湾関係法四〇周年を間近に控えた二〇一九年三月、人民解放軍所属のJ-11戦闘機が台湾海峡中間線を突破した。これは異例のことだったが、その後も中間線付近での活動が常態化する。

米台交流は堂々と進んだ。五月、ボルトン大統領補佐官が李大維・国家安全保障会議秘書長とワシントンで面会したかと思えば、月末には米空軍士官学校卒業式で祝辞を述べたトランプ大統領の背景に中華民国の国旗である青天白日満地紅旗が掲げられた。

政治的遠慮は吹き飛びはじめた。オバマ政権のアジア・ピボットは台湾にあまり触れなかったが、トランプ政権のインド太平洋に関する戦略文書は台湾を正面から論じた。前述のインド太平洋戦略レポートは台湾の民主主義を強調するだけでなく、安全保障パートナー国を列挙するなかでシンガポールなどに続けて台湾に触れた。これは「一つの中国」政策では異例のことだった。同年にはM1A2エイブラムス戦車、F-16V戦闘機など、巨額の武器売却も相次いで決定していく。

蔡英文による中南米訪問に際しての立ち寄り訪米も、これまでにない内容になった。ニューヨークで各国の国連大使を集めてレセプションを開き、コロンビア大学で演説する。蔡英文はほかの機会にも連邦政府機関である航空宇宙局（NASA）に立ち寄るなど、アメリカ側の接遇はそれまでにないものだった。

こういった米台関係の強化には、たしかにボルトン大統領補佐官など親台派の政府高官も関わったとみられるが、それらの退任後にあたる政権末期も勢いは維持された。議会はタイペイ法と称される法案を成立させ、台湾の国際機関への参加を推進することを提言した。また厚生長官、国務次官、インド太平洋軍の情報班長らが台湾を訪れ、計画に終わったが環境保護長官や国連大使も台北に向かう寸前であった。

トランプ政権期には合計一一回の武器売却が行われ、六回が二〇二〇年に承認された。総額でみればオバマ政権期のおおよそ二倍となる。また、政権末期にポンペオ国務長官は、「一つの中国」政策を実質的に否定するような発言として「台湾は中国の一部ではない」とラジオで話したこともある。さらにポンペオは、台湾政府とアメリカ政府の接触を自主規制していた取りきめを撤廃すると発表した。「一つの中国」政策は法的な意味では維持されたが、実質的には骨抜きになった。

背景には、対中関係への牽制や台湾のロビー活動もあるが、民主主義を定着させ、コロナ対策にも成功した台湾が、その地政学的重要性に限らず注目を集める存在となったことも大きい。

小結――トランプ政権と中国

トランプ政権の対中姿勢が頑なになった背景として、中国に対して過去四十年にわたりかけてきた三つの期待（政治改革、市場化改革、国際社会への貢献に対する期待）が政策サークルのなかで決定的に損なわれたことが大きく、その背景には習近平政権の振る舞いだけでなく、米中の「パワー」が肉薄しつつあることへの恐怖が組み合わさったことがある。国際テロリズムへの対応から大国政治に、政府や専門家の関心は完全にシフトした。

トランプ政権期に、中国のパワー成長のスピードが増し、アメリカに追いつくことがついに視野に入りはじめた。オバマ政権期にも中国のパワーへの警戒感は芽生えていたが、それが世界の仕組みにすぐに大きく影響するほどではないとの理解にとどまることが多かったことと対照的だ。

さらにいえば、コロナ禍が大統領選の年に重なったことが中国を政治争点化する要因になったことも事実だろう。世論において、それまでも中国への雇用流出、中国からの資本の流入への焦りはあったが、中国認識が全米で悪化をみせるのはコロナ禍後である。

期待の喪失による不信、そしてパワー増大への焦りのうえに、米中対立を辞さない、果敢な対中戦略への転換が生じた。アメリカの国際的地位を維持することを目標とする政策サークルが、トランプ政治の激流に乗るように四年をかけて中国政策の強硬化に成功したともいえる。

最後に、こういったトランプ政権期における中国政策の変化のなかで、大統領の役割はかなりユニークなものだったことを指摘しておきたい。たしかにトランプ大統領は、中国との取引を成功させるため中国を批判する流れを作り、政府内、軍、議会、さらにワシントンに広く存在した対中強硬論が噴出するきっかけを作り、いわば「水門を開く」役割を果たした。しかし、ブレーキを踏むことも多く、大統領再選と保身に専念するトランプは農産品の輸出と株価上昇には関心があったが、戦略的な視野はなく、習近平との個人的な関係も諦めなかった。二〇二〇年六月に刊行されたボルトンの回顧録が、トランプのウイグルにおける人権侵害、台湾への無関心を暴露したことを思い起こしてもよいだろう。そもそもトランプは就任前や就任演説などで「アメリカ第一」を唱えたが対中国強硬姿勢を前面に押し出したわけではなく、むしろ両者は論理的には矛盾するところがある。

二〇二〇年には再選のために中国への強硬路線にトランプ大統領も本腰が入ったところがあるが、対中政策の変化を一貫して主導したのは、国内状況の変化だ。次章でその点を詳しくみてみよう。

第5章

アメリカのなかの中国

——関与と強硬姿勢、それぞれの原動力

政策形成のもう一つの舞台，アメリカ連邦議事堂

これまでに確認したように、米中国交正常化（一九七九年）後にアメリカには中国の成長を支援する関与政策の大枠が立ち上がり、それは両国関係に危機的状況が繰り返し訪れても強靭さを発揮してきた。しぶとく関与の方針を支えたのは将来への期待であり、中国の成長への問題意識の欠如でもあった。それがオバマ政権末期、なによりトランプ政権（第4章）になり、突如として見直し圧力に曝される。そして実際に、多くの領域で対中政策が大きく変化した。

台頭する中国の行動を受けてアメリカにおいて「三つの期待」が失われたことが戦略の転換につながった、というのが本書の立場だ。中国認識が人権問題や貿易・為替問題を理由に悪化したことはそれまでも幾度もあったが、それでも関与政策は維持されてきた。一般的に、将来に約束を守るという相手の言葉を信じられなくなり、相手への期待が失望に変わると信頼は崩れる。

それまで関与政策をアメリカに維持させてきた、いわば安全弁のような役割を果たした信頼は壊れた。そのスピードの速さは、習近平政権の国内外における強権姿勢に加え、米中両国のパワーが接近しつつあるとの焦燥《しょうそう》感もあわさったことが大きい。アメリカは中国が地域的なパワーにすぎず、勢力均衡、すなわちアメリカ優位のパワーバランスをアジアにおいてすら脅かすことがないとの前提のうえに政策を構想してきた。そのような見通しが修正されるには長い時間を要した。地域でアメリカの存在感に肉薄し、かつ同時に、グローバルにもアメリカの指導性を脅かすという中国の成長に、一部の警戒論者だけでなくアメリカの政策関係者の多くが気づいたのは、ほんのこの数年のことにすぎない。

それでは、誰がそのような期待を持ちつづけ、中国への関与と支援を軸にした政策を支えた中心にいたのか。近年に政策が急速に変化していくなかで、誰がどのような力を働かせたのか。本章では、アメリカにおける中国政策形成のさまを、いうなれば解剖してみたい。

この作業は重要だ。米中関係を論じる場合、国家間の関係として、あたかもそれぞれの国が政府のもとに一つのアクター（主体）として動いていると想定したような議論に陥る場合がある。米中関係に関する書籍は多いが、紙幅の都合もあり、必然的に政府関係に重点を置くものが多い。しかし、中国でも、歴代の最高指導部は政治的な資源を意識しながら、党内政治やナショナリズムに配慮した対外政策を立案してきた。はるかに多元的な政治体制をもつアメリカでは、議会や産業界、専門家、メディアや世論といった多くの利害や認識が錯綜しており、大統領や行政府は中国と比べものにならないほど制約された環境のなかで対外政策を進めざるを得ない。

では、アメリカ国内においてダイナミックに形成される中国政策では、誰が、いかなる目標と利益を追求して、大きな声を上げているのか。それはどのように政策に反映されているのか。さきに断っておけば、よく言われていることと異なり、長年の関与政策は中国ビジネスに大きな利益を期待した産業界の意思だけに支えられたわけではなく、トランプ政権期の急速な対中戦略の転換も大統領やその側近が実行したとはいえない。どちらにも国内の様々な利害が錯綜した状況があり、それが政策形成において一つの力に結集していた。関与政策が全盛を誇った頃、産業界に加え、行政府や専門家、科学界なども中国が改革の方向に向かっていくと信じて同じ方向を向いていた。近年に目を転じても、様々な国内勢力が中国への問題意識をそれぞれの立場から強く持つようになり、それが結集して戦略の見直しにつながった。アメリカ内部の動きを知ることは、今後アメリカが中国にどのように向かいあっていくかを考えるためにも必要だろう。

それでは、まず関与の原動力となった国内状況からみてみよう。

第1節　関与の原動力としての国内アクター

国交正常化後、アメリカにおいて中国は多様に議論されてきた。人権状況を問題視するリベラル派、共産主義体制の中国を批判する保守派と左右からの挟撃を受けやすい米中関係を支えた存在として産業界は重要だ。さらに、中国専門家や大学・科学界も関与と支援の方針の推進者として大きな声をあげた。米中関係の発展は経済活動や人の移動といったグローバル化を推進することと同義と考えられ、中国の安価な労働力、将来性のある市場や公共調達、優れた才能にアメリカ社会は魅惑されつづけた。

この点を確認するため、まずはリベラル派の主張が説得力を持ち、それまで順調に発展していた米中関係の正統性を大きく揺さぶった天安門事件後の状況からみてみよう。

一九八九年六月四日以降、軍の投入による民主派の弾圧というあからさまな人権侵害の前に、連邦議会で中国の人権問題が争点化するのは必定《ひつじょう》だった。人権という特定の争点を行政府・立法府の決定に影響させようとする利益団体が活躍し、それと貿易における最恵国待遇（MFN）供与を結びつけた議論が展開される。リベラルな政治勢力が結集し、力を持った。「中国人学生・学者による独立連合（IFCSS）」といった在米中国人団体、「アムネスティ・インターナショナル」「ヒューマン・ライツ・ウォッチ」などの人権団体、労働組合の頂上団体である「アメリカ労働総同盟・産業別組合会議（ＡＦＬ－ＣＩＯ）」に加え、キリスト教保守派やチベット系団体もこのネットワークに入っていた。ブッシュ政権への圧力につながっただけでなく、民主党大統領候補となるクリントンにも彼らの教育は奏功した。クリントンは人権問題を争点として選挙に挑み、九三年の政権発足直後に人権問題とＭＦＮ供与を結びつける方針を表明した。

関与を支えた産業界と政治家

だが、互いの政治目標が異なるリベラル派は次第に影響力を落とし、むしろ産業界など規制に反対する勢力が行政府や連邦議会に強い影響を及ぼすようになる。経済閣僚や議会穏健派もすぐさま解決できるわけではない人権問題を貿易に関連づけるべきではないと抵抗を強める。それらが一九九四年五月の人権問題と最恵国待遇（ＭＦＮ）の切り離しにつながった。

新しい中国ロビーとして産業界の声を代表したのは、「米中貿易全国委員会」や、大企業から構成される「アメリカ貿易のための緊急委員会」（二〇一六年解散）といった組織であり、後者が音頭を取る形で、一九九一年には経済団体や大企業をメンバーにする「米中貿易のための経済団体連合会」が立ち上がる。香港ビジネスに利益を持つ勢力もここに参画した。

対中貿易は九〇年代前半にきわめて急速に拡大していた。貿易が期待できる小売業、製造業や農業だけでなく、中国におけるインフラ整備、また航空機購入も商機とみられていた。大手通信会社AT&T社の中国法人を率いたウィリアム・ウォーウィックによる「中国市場に確固たる柱を打ち立てることができなければ、グローバルプレイヤーであることを放棄したに等しい」との発言は当時の雰囲気をよく示している。また産業界の意を受けたと思われる中国専門家や元外交官なども米中関係の強化がアメリカの利益であると訴え、政府の方針を正当化するような見解を展開した。

政治家は地元の利益を代弁するように、対中貿易が雇用に直結するとの主張を重ねる。ボーイング社の膝元、ワシントン州選出のジム・マクデモット下院議員（民主党）は一〇六名の下院議員の署名を付した要望書を大統領に提出した。中小企業も全米商工会議所や米中貿易全国委員会を通じて中国ビジネスの必要を訴え、たとえばカリフォルニア州の数百に上る企業等が繰り返しクリントン大統領へ要望書を提出している。穀物輸出が期待できる農業州選出の議員としてボブ・ドール上院少数党院内総務（共和党、カンザス州）、リー・ハミルトン下院議員（民主党、インディアナ州）といった大物も対中貿易を擁護するように動いた。さらに百人近い連邦議員が九三〜九四年に訪中しており、彼らが持ち帰った印象は「中国は思っていたほど暗く陰惨とした社会ではなく、全体主義的でもなかった」（デビッド・ランプトン教授のインタビューに答えた関係者）というものであった。

これらの展開に中国政府が果たした役割は限定的だ。たしかに、天安門事件後の苦境や李登輝訪米にみられていく台湾ロビーの強さを踏まえて、九〇年代から中国の駐米大使館はロビイストを雇うようになっていたが、資金不足で行き詰まる。代わりに、中国市場の潜在性をちらつかせてアメリカ企業や元政府高官にワシントンで働いてもらうことになった。アメリカの大企業はかいがいしく働き、たとえば米中教育財団を立ち上げ、アメリカ社会における中国のイメージ向上を図る役割さえ担った。資金力が豊富な台湾がジェシー・ヘルムズ上院議員（共和党、ノースカロライナ州）の地元に助成金を拠出していたように直接的な働きかけを行っていたことに比べると、中国のアプローチは他力本願のところがあった。多国籍の保険会社ＡＩＧ社会長であったモーリス・グリーンバーグは中国政府にとって「非公式の駐米大使」と言われるほど、両国のパイプ役として活躍する。なお、インドロビーと異なり、中国系アメリカ人はこういった新しい中国ロビーの関係とあまり接点がなかったようだ。

九四年三月のクリストファー国務長官による訪中が失敗に終わると、クリントン大統領は人権問題をＭＦＮ更新の条件にした方針を撤回し、人権問題で具体的な条件が満たされることがなくともＭＦＮを更新する戦術を選んだ。そして中国のＷＴＯ加盟に道を開く、最恵国待遇の恒久化（ＰＮＴＲ）法案を審議する頃合いにもロビー活動は活発だった。大企業や農業団体に加え、情報通信サービス（いわゆるテック系）の企業も大きく資金を注入した。その背景には、中国での商機を日本はじめ他国に奪われるべきではないという考えがあった。

産業界は米中関係のいわば「伝統的な擁護者」となる。あらためてまとめれば、その活動の背景には、すでに肥大化の兆しを見せていた中国ビジネスの大きさがあり、中国政治のリベラル化への期待でそれを正当化するだけでなく、アメリカ経済にとっての実利でも関係構築を擁護していた。リベラル派は天安門事件直後こそ盛り上がりはあったが、九〇年代半ばまでに大きく力を落とした。

なお米中関係に特化した団体として現在まで残っている代表的なものは、米中貿易全国委員会に加え、政策シンクタンクとして米中関係全国委員会（ニューヨーク）、米中政策基金会（ワシントンD.C.）だ。米中政策基金会は小規模だが、前二者は多くのスタッフを抱えている。これらには、産業界に加えキッシンジャーや中国専門家、元外交官が理事やアドバイザーとして名を連ねている。

またキッシンジャーは一九八二年にゴールドマン・サックスなどから資金を借り受け、スコウクロフト、イーグルバーガーとともにキッシンジャー・アソシエイツを創設している。同社のクライアントは不明だが、キッシンジャーは米世論において米中関係を管理する重要性を訴える言論活動にも熱心に取り組んだ（なお同氏はAIG社の経営陣にも名を連ねていた）。

専門家集団

もう一つ忘れてはならない「伝統的な擁護者」は、政府内外の中国・アジア専門家であろう。彼らにとって中国との二カ国関係は他の国際問題解決に貢献することが期待できるものであり、関係の管理が非常に重要だった。関与政策の背景には、潜在的な大国との関係は重要だという素朴な、しかし合理的な判断もあったと思われる。天安門事件が示した中国政治の現実を前にして、無邪気に将来への期待を持っていたわけではない。しかし、中央情報局（CIA）での工作活動という裏舞台から表舞台の外交官に転じ、まさに天安門事件の際に中国大使として赴任したリリーが回顧録で述べているような、「私たちは中国を根本的に変えたり、へしおったりすることはできない。せいぜい少しだけ曲げようと試みるべきだ」との感覚のもと、関係管理にいそしんでいたようだ。

すでに説明してきたように、米軍も警戒心を解かない一方で、中国との協力を地域戦略のうえで必要としていたところがある。

大学やシンクタンクに籍を置く研究者も、多くは同様の立場に立って、対中関係の重要性を強調するように発信をしていた。頻繁に中国と往来し、研究活動を円滑に実現するために、研究者にとってそのような立場が有効だったという説明もあるが、彼らの多くが最初に留学を経験した八〇年代に比べれば中国の成長や社会の開放が著しく、自らの目に見えた変化から将来にわたる期待を寄せたという説明もできるだろう。

中国批判を展開しつづけたキリスト教保守派

キリスト教プロテスタントの保守派は八〇年代以降、プロテスタント主流派教会に比べ勢力を拡大しつつあったが、中国の人権問題に関心を寄せたリベラル勢力の一翼を担ってもいた。

九〇年代にラルフ・リードのもとで勢力を拡大させていた「クリスチャン・コアリション」、レーガン政権高官から転じたゲイリー・バウアーが理事長を務める「家族調査評議会」が代表的だが、それらの団体は中国の一人っ子政策批判に始まり、九七年から翌年にかけて宗教迫害、それとの関連で最恵国待遇供与問題に関しても強力なロビー活動を展開する。その大きな成果として、宗教迫害からの自由法案を成立につなげている。バウアーは九八年にハーバード大学で行った講演でも、自由貿易は美徳に導かなければ意味がなく、中国の人権問題を見過ごしていると政権を糾弾した。

普遍的価値観に関わる団体すべてが、中国の人権問題に厳しい対応をとっていたわけではない。主流派教会は保守派と異なり、中国問題で厳しい対応を求めていたわけではない。民主主義など普遍的価値の促進を目的とする全米民主主義基金（NED）や共和党国際研究所（IRI）も民主主義プロセスの普及に関連したプログラムの中国での実施に力を注いでおり、実のところ中国への関与を支持する立場を取っていた。フォード財団など民間財団も同様に、プログラムを大規模に中国で展開していた。

台湾ロビー

中国政府に批判的な立場を展開した重要な政治勢力として、台湾の中華民国政府によるものがある。日中戦争の最中から中華民国政府を支援するチャイナ・ロビーと呼ばれた勢力が、アメリカの政治家やメディア王のヘンリー・ルースにより形成されていた。冷戦期にも、そうしたチャイナ・ロビーは政治団体の「百万人委員会」などに結集し、議会に働きかけていく。米中接近開始後も中華民国政府はアメリカ国内ネットワークを強化し、そして断交後にも台湾関係法により経済社会関係は維持できるとの建前を大いに利用して政治的な工作活動を続けた。

一九九〇年代には、台湾ロビーとも呼ばれた、中華民国政府によるアメリカでの政治活動がかなりの影響力を持った。アメリカの主要貿易相手であり、日本に次ぐ外貨準備高をもつ台湾はその経済力を利用して、政治家や有識者へのアメとムチを行使していた。様々なプロジェクトへの助成を通じたアメは大学や公的機関を含め広く行き渡ったが、たとえばイベントで中国政府寄りの発言が行われるとたちまちに引き上げられた。議会関係者や有識者は台湾への視察機会が頻繁に与えられる。断交後に実質的に大使館に準じた役割を果たしていた台北経済文化代表処に加え、国民党の関連団体も有力なロビー会社と契約していた。このような台湾のロビー活動の成功例として挙げるべきは李登輝訪米だろう。

とはいえ、国務省やホワイトハウスの限られたグループを除けば台湾支持が圧倒的に強い環境のなかでも、米中関係を維持するアメリカ政府の大方針を崩すことは難しいことを台湾や関係者も結局認めざるを得なかった。漸進《ぜんしん》主義で米台関係を改善することが目的とされた。二一世紀にはいると、民進党政権による予算削減、議会関係者の訪台に関するスキャンダルなどによりロビー活動は縮減していく。

他方で、中国政府や企業は経済成長に支えられる形で今世紀になるとロビイストとの契約を増やしていく。ただし、二〇〇五年に有力なロビー会社である法律事務所アキン・ガンプと契約した中国海洋石油（CNOOC）が、ナショナリズムを巧みに利用した議会工作をしかけた競合他社の前にユノカル買収に失敗したように、底流に流れる中国への警戒心の前にそこまで成果を上げられたわけではない。

このように、中国との関与に批判的な勢力はたしかにアメリカ政界にいたのだが、それでも産業界、学界、官界に広くまたがった関与支持論に比べれば、力の劣る存在であった。議会や米軍も関与支持と警戒論で意見は割れており、結果として一体化していた関与支持勢力は、批判を政策の王道の前ではノイズ（騒音）にすぎないと一蹴していた。

科学技術交流というもう一つの推進力

関与と支援の枠組みを象徴したのは、アメリカから中国に開放された科学技術へのアクセスだった。国交正常化前にフランク・プレス大統領科学顧問がNASAや国立衛生研究所（NIH）の代表を引き連れ訪中し交流が始まり、正常化直後には一九七九年一月三一日に科学技術協力の基本合意が署名される。八三年までに政府系研究機関と二一の関連する協定書が取り交わされ、三百近くのプログラムが実施される。議会公聴会で証言したチャールズ・ホーナー国務次官補代理は、「中国はアメリカにとってもっとも活発な二ヵ国間科学技術プログラム相手」とまで述べた。研究機関間の協力だけでなく、アメリカへの留学に門戸が開かれ、瞬く間に一万人を越す学生・研究員が渡米し、八割以上が科学技術分野で学ぶ。当時は両政府の奨学制度を利用するものが多かった。

科学技術交流は関係正常化を政治的に支えるだけでなく、商業的にみても実験設備などアメリカ製品の輸出につながると説明された。当時の科学技術交流には、科学が生活を豊かにし、先進社会と途上国との差も解消すると開発援助の視点が強かったとも指摘される。また単に科学的成果を伝えるだけでなくアメリカと西洋の価値観を伝えることに期待も寄せられた。他方で、中国がアメリカの研究者や学生に十分に門戸を開いていないとの不満はあった。それでも科学界、大学は競うように中国人留学生を受け入れた。

アメリカで育った科学者の大半は、他国出身者以上にアメリカにそのまま残り、豊かで科学を大切にする米社会の土壌のなかで活躍していった。グローバル化の進展とともにアメリカへの留学生は私費、また短期や学部生を含め急速に増加していく。その若き才能は、たしかに近年をみれば帰国した場合の条件も改善しており帰国率も増えているが、博士号取得者に限れば九割がアメリカに残り、アメリカの科学界、企業にとって大きな柱となった。中国系、インド系など多様な人材とともに発展してきたテック企業などは、受け入れ政策へのロビーに多額の出資をしてきた。こういった動きも、関与政策の基盤であった。

なお、比較のために記しておけば、二〇世紀半ばまでも中国大陸からアメリカには数万人の留学生がいた。アメリカに残った子孫には、一九九七年にノーベル物理学賞を受賞し、その後オバマ政権の閣僚になるスティーブン・チュー、二〇〇八年にノーベル化学賞を受賞した銭永健(ロジャー・チェン)がいるが、ともに父はマサチューセッツ工科大学で学んでいる。崔琦(ダニエル・ツイ、一九九八年ノーベル物理学賞)、高錕(チャールズ・カオ、二〇〇九年ノーベル物理学賞)は戦後の混乱期に香港を経由し、アメリカで研究生活を送った。なお、銭永健の父と従兄弟であった銭学森は、カリフォルニア工科大学で学び、教授になったあとに赤狩りに巻き込まれてしまい、軟禁生活後に朝鮮戦争で捕虜《ほりょ》になっていた米軍パイロット一一名との交換で中国に帰国、中国宇宙開発・ミサイル開発の父となった。

第2節　変化を引き起こした国内アクター

アメリカ産業界の強力なブッシュもあって、中国への恒久的な最恵国待遇が実現し、中国はWTOに加盟する。胡錦濤・温家宝体制になり市場化改革の鈍化が目立つとアメリカでは不満がくすぶる。たとえば、トランプ政権で通商代表に就任するライトハイザーらは二〇〇五年に、中国による為替操作や知的財産権の侵害、政府による市場経済への介入を問題視し、報復措置を提言する。また中国の軍事予算拡大を懸念する専門家も増えてくる。しかし、これらの声は主流派にならず、組織的に展開された関与政策を支持する連合を突き崩すことはなかった。

そのような状況は、二〇一〇年代に変わることになる。産業界から中国の技術窃取や不公正な経済貿易政策への不満が表出する。また中国への見方を転向させる専門家が増えた。それまで政策の主流とみられていなかった中国警戒論者の声も、突如として一つの意見として扱われるようになる。一つのきっかけによって、そのような変化が起きたとは言いがたく、この時期にいくつかアメリカ社会の関心を誘うことがあったとみたほうがよさそうだ。

期待以上に不満と不安の対象になった中国経済

中国がアメリカ経済を飲み込む未来への気づきが、不安を生み出していく。いち早い事例として、二〇一〇年中間選挙に保守系の政治団体が作成したテレビコマーシャルが興味深い。これは中国語で行われている、ある近未来の架空の大講義室を舞台にしている。老教授は言う。ローマや大英帝国のように没落したアメリカだったが、その背景には政府支出の増大や課税があった。そして「アメリカは今や私たちのために働いている」。大笑いをする学生とともにコマーシャルは終わる。作成者の狙いはリーマンショック後のアメリカ政府による財政規律の緩みを気づかせることにあったが、アメリカ市民が実感として中国経済の可能性を大いに認めはじめていたからこそ、このコマーシャルが成立している。二〇一〇年には八〇〇万ドル分のコマーシャル枠のなかで放送されたが、二〇一二年の大統領候補テレビ討論会後にも二〇〇万ドルが投じられ、再放送されている。

二〇一〇年代は、米中経済が相互に依存し合っている、いわゆるチャイメリカ（ニアール・ファーガソン教授の造語）の状況にあるだけでなく、アメリカ経済への負の影響が理解されていく。中国からの輸入が増加しアメリカの雇用が顕著に減少するチャイナ・ショック論があるが、ディビッド・オーター（マサチューセッツ工科大学教授）は二〇一六年の論文で二〇〇万人超の雇用（製造業に限れば約一〇〇万人）をアメリカが喪失したと見積もった。技術変化だけでなく貿易も、雇用喪失という形で経済への負の影響を与えるという結果は衝撃的だった。

では、アメリカで雇用が生まれればよいかといえば、そう単純な話ではない。ネットフリックスで二〇一九年に放映され話題をさらった「アメリカン・ファクトリー」は、かつてジェネラル・モーターズの下請けであったオハイオ州の工場が中国企業に買収され、当初の歓迎ムードから一転して労使の対立が深まっていくさまを描いた。この取材は二〇一五～一七年に行われている。

それまでアメリカの対中関与方針を支えてきた米産業界も、中国への強い不満と不信をみせるようになった。その背景には、知的財産権の侵害が止まないことに加え、中国国内にデータを置いておくことや社会信用システムへの警戒もあった。全米商工会議所は「中国製造二〇二五」が市場化改革に逆行し、国家主導の産業政策を進めるものだと中国の姿勢を強く批判した。トランプ政権の対中関税にも、明確な反対をみせたのは農業と小売りに関連する利益団体に限定されていた。中国政府の経済政策への不満が根強く、いわば懲罰《ちょうばつ》的な姿勢を政府に求めていた。これが対中姿勢の変化の一つの原動力だった。

中国に期待しなくなった専門家集団

多くの中国専門家やジャーナリストは、中国政府の内政、外交が変化しており、徐々に国際社会に溶け込んでくると主張してきた。彼らは政府に入ったり、政府の中国政策、アジア政策に助言したりするなどして大きな影響を与えてきた。

しかし、その多くは二〇一〇年代半ば以降に、中国政治への見方を「転向」させている。背景には、なにより習近平政権による社会統制の強化にみられる強権的な内政への不満がある。中国では反スパイ法（二〇一四年）、国家安全法（二〇一五年）、反テロ法（二〇一五年）、サイバー安全法（二〇一六年）、外国NGO管理法（二〇一六年）、国家情報法（二〇一七年）が矢継ぎ早に成立していき、言論の自由が急速に狭められた。マルクス主義が強調され、欧米からの思想的な影響を防ぐための措置がとられる。反腐敗運動により権力の集中も進んだ。アメリカの専門家は、中国の国内統治への疑問を隠さなかった。ディビッド・シャンボー（ジョージ・ワシントン大学教授）は二〇一五年から共産党の統治能力低下を糾弾しはじめ、改革はむしろ逆行しはじめていると主張した。スーザン・シャーク（カリフォルニア大学教授）も、個人支配に基づく権威主義となりつつあり、制度化が後退していると論じた。カール・ミンズナー（フォーダム大学教授）によれば、習近平政権は国内の危機を利用して従来のルールを破壊しており、中国は反改革の時代に突入したということになる。

習近平による「中国の夢」「中華民族の偉大な復興」、または「一帯一路」がどのような国内外の環境を作っていこうとするものか、その点にも不安が強まった。二〇一七年一〇月に、三時間以上をかけて習近平が読み上げた党大会での活動報告は、「社会主義現代化強国」になるとの目標を掲げるものだったが、それは中国が欧米とは異なる自らの道を歩む意思を強く示すものと受けとられた。『ニューヨーク・タイムズ』紙は市場経済からの後退、大国意識の高まり、社会統制の強化などを演説から読み取っている。翌年に新著を著したエリザベス・エコノミー（外交問題評議会主任研究員）も、習近平政権が先進国のオープンな社会から利益を得つつ非市場主義的にイノベーションを進めており、独自の政治経済のモデルを世界に広めようとしていると批判した。

そして、こういった習近平政権へのアメリカの中国観察者たちの否定的な見方を決定づけたのは、二〇一八年三月に国家主席の任期が撤廃されたことだった。それがアメリカの中国専門家に与えたインパクトは、当時の分析やインタビューからみても大きい。日本の専門家よりも敏感な反応をみせたのは、やはり中国政治への期待が長年アメリカに根づいていたからだろう。

国内統治と安全に関わる制度も大きく変わった。シーナ・グライテンズ（テキサス大学准教授）は、習近平が発展の前提として安全を重視していると強調する。「総体的国家安全観」に基づいて社会統制を強めるため、中央国家安全委員会（二〇一三年）や国家監察委員会（二〇一八年）が発足し、前出の法体系とあわせそれらが習近平体制を支えており、共産党体制の安定こそが中国の大戦略に他ならないと主張している。すなわち、中国にとって政治改革から逆行し、社会統制を強めることが国家目標と同義となったというのである。中国政治への落胆は、アメリカの専門家サークルで確固たるものとなっている。

中国政府の経済運営への懐疑的な見方も専門家の間で広がりをみせた。リーマンショック後、政府金融機関から優先的に資金を調達した中国国有企業の成長が国家資本主義の高まりと懸念され、次第に国有企業が利益集団となって市場化改革を頓挫させると心配されるようになった。そして習近平体制のもとで加速した政府による市場経済への介入強化も期待を失わせた。中国経済研究を牽引してきたバリー・ノートン（カリフォルニア大学教授）は、二〇一三年の三中全会で掲げられた改革の方向性は骨抜きになっていったと習近平の一期目を総括した。

中国外交の目標も、アメリカの従来の世界戦略と矛盾すると考えられた。オリアナ・マストロ（スタンフォード大学研究員）に言わせれば、中国は経済支援や軍事力の展開によって国際秩序を主導してきたアメリカの覇権に取って代わる意思はなく、自らがフリーハンドを得るために、リーダーのアメリカを解任することを目的にする。中国は「ステルス飛行」で超大国へと成長を図っており、無用の反発を避けるために美辞麗句を並べた演説を行い、外国勢力を巧みに取り込む。その典型が一帯一路や外国での政治工作にみられる。取捨選択して国際ルールを活用し、主張が弱いとみるや、たとえばサイバー主権の議論を提起したり、航行の自由に関してアメリカの立場を押し戻したりする。彼女のような見方はアメリカの中国専門家の間ですらかなり一般的になりつつある。

このように、国内政治、経済、そして国際社会における協調に関わる、本書が示す三つの期待が損なわれていることを、専門家やメディアは明確に発信しはじめた。

中国に関する問題意識の拡大

今一つ、中国をめぐる論調に関して重要な変化は、それまで中国専門家が中国分析を独占しがちだった言論空間の状況が一変し、国際関係を専門とするかなり多様な人々が中国を議論するようになったことだ。

中国問題が世界戦略上の問題と化したとの考えから、政治任用を通じて政府高官就任を狙う中堅・若手の外交・安全保障専門家たちが厳しい対中認識を示すようになった。たとえば、イーライ・ラトナーは、バイデン副大統領の副補佐官に着任する直前から厳しい論調に転じ、トランプ政権期も民主党の対中強硬論者の代表格になった。彼はバイデン政権発足により、中国担当の長官特別補佐官として国防総省に勤務している（本書執筆時点では次の国防次官補〔インド太平洋担当〕に指名されている）。ほかにも、それまで中東や欧州を専門として政府内外で活躍してきたものが続々と中国とアジアで意見や分析を発信するようになる。政権入りを図ろうとする若手の優秀な政治任用候補者たちも、たとえば南シナ海問題などを足がかりに、活動をアピールしていく。これらの人材は中国語を話さないものも多く、また中国における統制強化で米中シンクタンク（政策研究機関）の交流も停滞気味であったため、一九八〇年代以降に中国観を提供してきた中国専門家とは基本的な前提が大きく異なっている。米軍が中国の海洋進出だけでなく、軍事能力における伸長に大きく関心を寄せるようになったこともあり、国防総省や軍需産業と関係の深い研究機関、コンサルティング会社に勤務する専門家たちも、目に見えて中国関連のプロジェクトを増やし、分析・提言活動を行っていくようになる。

世界における民主主義や市民的自由を扱う研究機関はワシントンに多い。中国の人権問題はかねてから懸念されてきたが、世界各地の民主主義社会の自由な空間に、中国が資金力などを用いて工作をかけ、影響力を突き刺すように動いているとのシャープパワー論が登場する。これは前章で紹介したように二〇一七年に全米民主主義基金（NED）が報告書を出したことに端を発する。その後、海外だけでなくアメリカ社会への政治工作も多い実態が報告書や議会公聴会で明らかにされていく。スタンフォード大学フーバー研究所の調査によると、地方政府、大学、メディア、シンクタンクへの中国政府および関連団体の資金提供、さらに圧力の行使が近年急速に増えている。台湾や中東欧をはじめ世界各地の民主主義に中国からの工作が大規模に仕掛けられていることも指摘された。

中国に関わる論調が増え、その大半は厳しい見解を持つものだった。そういった雰囲気のなかで、中国政治の抱える課題、中国の台頭がもたらす国際政治への影響に警戒の声を発してきたピルズベリーやアーロン・フリードバーグ（プリンストン大学教授）といった専門家の主張が再発見されたりもした。

専門家の多数派はそれまで、共産党の統治に関して厳しい分析を披露しても、政策としては対中関与を基調としていた。変化の可能性を推していたということになる。しかし、中国の成長と強権化、また専門家サークルの拡大もあって、中国をめぐる言説は共産党の統治を批判しつつ、同時に政策としても変化を前提にしない対応を提案することが主流になった。

メディアをみても、中国政府に批判的な論調が支配的になっていった。新疆ウイグル自治区における収容所の実態やモスクの減少など人権問題に関わる調査報道も増えたが、ホロコーストを彷彿《ほうふつ》とさせるとの指摘もみられた。中国政府による特派員の追い出しは、ジャーナリストの中国認識をさらに悪化させることにもなる。

もちろん、専門家サークルが一枚岩というわけではない。代表的な中国専門家、アジア専門家が多数署名した「中国は敵ではない」という論考は『ワシントン・ポスト』紙に掲載され、署名者はその後も増えつづけて一〇〇名を超えた。キッシンジャーや彼に近い立場の元中国大使のロイは、中国との共存維持の重要性を説きつづけた。このような人々も中国政府に問題がないと主張しているわけではなく、あくまでも方法論をめぐる慎重さをみせている。しかし、この数年に政策形成に近い専門家とこれら慎重論者はほぼ重なっていない。

パワーバランスが崩れることに警戒を深めていく米軍

米軍は国交正常化後も中国への警戒心を緩めなかったが、それと同時に、ソ連や北朝鮮といった他の重要な課題のために中国との協力関係にも関心を寄せた。さらに中国との偶発的な危機を避けるためにも軍事交流を促進する必要も理解していた。

中国への有償軍事援助は一九八〇年代に進むが、その窓口は米太平洋軍だった。人権問題とMFN供与をリンクさせることには、北朝鮮問題が緊迫化するなかで中国との協力が重要であると安全保障コミュニティは世論とともに反対姿勢をみせた。しかし九五〜九六年の台湾海峡危機では米太平洋軍から二空母戦闘群が派遣され、軍はいち早く対中抑止の必要性を強く意識することになる。

中国とアメリカの間では軍事海洋協議協定（MMCA）が九八年に締結されるが、その後も海南島事件（二〇〇一年）、米音響観測船インペッカブルへの妨害事案のように、米中両軍は時に強い緊張のもとに置かれる。そして二〇〇〇年代後半から中国の海洋進出が一層本格化すると、米軍は懸念を深めていく。

東シナ海における防空識別圏の設定（二〇一三年）、さらに南シナ海における人工島の建設と施設設置など、止むことのない中国の積極姿勢の前に米軍は明確なシグナルを送ろうとした。ハリー・ハリス太平洋軍司令官は、前任のサミュエル・ロックリア司令官の慎重姿勢と異なり、公の場で中国が南シナ海に「砂の万里の長城」を建設していると批判した。最前線で中国と対峙《たいじ》する軍は、自らが巻き込まれる衝突を回避しようとしつつ、米軍にとっての利益である現状の戦略環境を維持するという観点から、圧力を行使しようとする。それが南シナ海における航行の自由作戦に結実した。

他方で国防総省は、二〇一〇年の「四年ごとの国防計画見直し」(QDR)に早くも指摘されたように、人民解放軍がアメリカの世界各地への戦力投射を妨げるほどの通常兵器を有しつつあることに懸念を深めていた。二〇一二年の国防戦略指針も、テロとの戦いの先をみすえた方針のなかで、精密な短中距離ミサイルなどから構成される、いわゆる「接近阻止・領域拒否(A2/AD)」能力を中国やイラン、非国家主体が持つ新たな戦略環境への対応を明記する。

中国の核ミサイル戦力の開発・配備にもアメリカは一層警戒をみせている。射程が延伸された新型の大陸間弾道ミサイルや潜水艦発射弾道ミサイルに加え、近年はミサイル防衛網を突破可能な極超音速滑空兵器も抑止に深刻な影響を与えることが危惧されている。なにより、米中は軍備管理につながる対話を行っておらず、核戦略論でいうところの「戦略的安定性」を確保するための制度的基盤をいまだ欠いたままだ。この点にアメリカの不満は大きいものがある。

さらに人民解放軍が最先端の科学技術を活用した軍民融合で米軍の軍事優位を脅かしつつあるとの、より全般的な中国への懸念が生まれてくる。換言すれば、米中のパワーバランスが揺らいでいることへの気づきということだ。それに対応した国防総省の取り組みとして、二〇一四年にヘーゲル国防長官は国防革新イニシアティブを発表する。そこで追求されたのが「第三次オフセット戦略」だ。ビッグデータを活用したディープ・ラーニング、人間と機械の意志決定における相互補完、人間の活動をアシストする技術、人間と無人システムの協力、電子戦下においても準自律的な兵器などが例示された。アメリカも民間の技術イノベーションを軍事優位の獲得に結びつける試みを加速しようとした。

国防総省は、中国への技術流出阻止にも本腰を入れた。二〇一八年に公表された国防総省国防イノベーション実験的ユニット（DIUx）の報告書は、中国による技術窃取がアメリカの安全保障に深刻な影響を及ぼすことを訴えるものだった。ただし、国防総省はオープン・イノベーションを推進してきた経緯があり、また米産業界と連携するように半導体に関して過度な規制を牽制する動きをみせたこともある。

もちろんそれは、技術開発に関するアプローチの問題であり、中国からの軍事的脅威をきわめて強く認識し、それを標榜《ひょうぼう》する点はオバマ政権後期からトランプ政権、そしてバイデン政権へと一貫している。中国を念頭に置くと装備体系や兵力配置に今後も大きな修正が必要であり、それを実現できるかは、対中認識よりも予算をめぐる政治の影響を受けてくるのだろう。それでも、米軍が旧態依然とした装備や思考に囚《とら》われてしまえば、中国が先端技術を応用してアメリカを一気に追い越しかねないという恐怖感は、徐々に広まっているようにみえる。

不満をため込んでいた官僚機構

国務省をはじめとした官庁には、長年にわたって対中関係を管理しようとする動きが根強く存在した。官僚たちにとって重要なことは、米中関係を安定させることで得られる国益の大きさであったのだろう。オバマ政権発足後にホワイトハウスでアジア担当上級部長に就任するジェフリー・ベイダーは、通商代表部で中国WTO加盟に携わった経験があったが、二〇〇八年に彼が発表した論文は中国への経済関与、全般的な関係管理を強調するものであった。中国との貿易戦争は東アジア経済の成長を止めてしまい、アメリカにとっても悪影響が大きいというのが理由だ。

しかし、トランプ政権期になると、政治主導で米中関係が悪化したことによって動きやすくなったことも背景にあるが、官庁それぞれによる中国を念頭に置いた取り組みが急速に行われるようになる。産業界の対中ビジネスへの不満を受けた経済官庁の動きだけでなく、たとえば司法省による中国イニシアティブや、国務省の一部によるクリーン・ネットワーク政策の推進などは官僚機構に支えられたものだった。官の世界にも、中国政府の従来の政策方針への不満は存在したのであり、それが噴出したとみるべきだろう。

対中強硬論の舞台となる連邦議会

前節で触れたように、冷戦期、中国政策には「チャイナ・ロビー」と呼ばれる勢力がいた。

それはウィリアム・ノーランドやウォルター・ジャッドらの連邦議員とともに、中華民国を支援するような政策を声高に主張していた。冷戦後期にも、上院外交委員長を務めたヘルムズ上院議員に代表されるように、反共を主張する議員が反中国政府の立場を鮮明にしていた。天安門事件後には人権派の議員がそれに加わり、貿易における最恵国待遇供与をめぐる圧力に加え、一九九八年三月には中国の人権状況を国連決議で取り上げるよう政権に求める法案を上下両院の圧倒多数で可決するなどの動きもみせた。

中国がWTOに加盟した後も、連邦議会では中国を支持しない議員が一定の存在感を持った。二〇〇三年には人民元が過小評価されており、為替操作が行われているとの批判が議会で高まり、二〇〇五年には中国の不公正な貿易慣行など、経済争点をめぐり対中強硬論の大きなうねりが生まれる。チャールズ・シューマー（民主党、ニューヨーク州）、リンゼイ・グラム（共和党、サウスカロライナ州）の両上院議員が提出した対中報復関税法案は、最終的にはホワイトハウスの説得で採決が延期されていくが、実のところ上院の三分の二の支持を固めていたとみられる。第一〇九議会（二〇〇五〜〇六年）には二〇を超える対中法案が上程された。グラムの言葉を借りれば、懸念は「中国のビジネス慣行」であり、「関税は望まないが、指をくわえて黙ってみていることはできない」ための動きであった。

対中ビジネスを重要視する下院議員たちはマーク・カーク（共和党、イリノイ州）、リック・ラーセン（民主党、ワシントン州）を部会長に「米中作業部会」を設置する（上院にも翌〇六年に設置され、部会長はノーム・コールマンとオバマ上院議員であった)。ワシントンの中国大使館は議員との面会に熱心に取り組み、議会関係者への働きかけは強化されていく。

中国をめぐる立法者たちの焦点はビジネスだったが、軍事的タカ派の議員たちも中国議員連盟を発足させ、ランディ・フォーブス(共和党、バージニア州)はその輪の中心にいた。彼らの活動の代表格となったのが既出の中国海洋石油によるユノカル買収計画への反対活動だった。

その後も連邦議会では人民元問題がたびたび取り上げられることになる。二〇一〇年代後半になると、議会の対中強硬姿勢は再び大きな原動力を得る。とくに行政府の中国政策に大きな影響を与えたのは、輸出管理改革法や外国投資リスク近代化法などを一本化し、二〇一八年夏に成立した二〇一九年度国防授権法だ。孔子学院の見直しや行政府への体系的な戦略立案も求めた。

ウイグル、香港、台湾といった争点をめぐる立法活動にも従来以上に取り組む。米戦略国際問題研究所の調査によれば、一一六議会(二〇一九~二〇年)では二〇二〇年夏までの段階でも三六〇を超える法案が議員より提出されている。米連邦議会では成立する法案は少ないのが一般的だが、半導体や人工知能(AI)への大規模な予算拠出を求めた法案は二〇二一年度国防授権法に吸収された。

議員が対中関与論を支持するのは選挙区における投資や貿易と関係するが、他方で最近、中国への強硬姿勢に関心を持つ議員の背景には何があるのだろうか。そこには、中国問題での明確な立場表明が自身の政治的な存在感向上に資する、という考えが見え隠れする。コロナ禍は厳しい対中認識を全米に拡大させ、それを後押しした。これは外国や特定国内団体からのロビー活動の影響以上に、政治的な計算のうえに成り立っている。マルコ・ルビオ（フロリダ州）、トム・コットン（アーカンソー州）、ジョシュ・ホーリー（ミズーリ州）といった共和党の上院議員にはその特徴がよくみえる。二二年北京オリンピックを別の場所で開催するように求めたリック・スコット（フロリダ州）も共和党所属の上院議員だ。なお民主党もコロナ禍後は医薬品のサプライチェーンをアメリカに回帰すべきだとの動きを強く推したが、全般的にみると共和党が強硬論の土台となっている。

なお、台湾ロビーは近年復調している。外国代理人登録法（FARA）に基づく調査では、アジア再保障推進法や台湾のWHOオブザーバー参加に関連した面会や国防総省高官との面談など、近年も活発なロビー活動がみられる。民主党の議会関係者への働きかけに強みがあったようだが、最近は共和党政治家にも影響を与えているようだ。台湾人公共事務会（FAPA）も台湾旅行法の成立に大きく寄与し、現在もロビー活動で存在感を示している。

技術流出対策に乗り出す政府と科学界

アメリカは、世界の科学者、技術者が自由に国境を越え、生産も利用もいかなる場所で気兼ねなく行えるグローバリズムを信奉し、それを主導してきた。先端科学技術の研究開発においては、その進歩だけを考えれば、いまだにオープンな環境が望ましいことも理解されている。しかし、アメリカが科学技術のフロントランナーとして「技術覇権」を維持できるか、自信が大いに揺らいでいる。だからこそ、自国の競争力の足下を揺さぶる、技術流出を阻止することに注力するようになった。中国製品への依存が国家安全保障に与える影響も懸念されるようになる。

技術流出に関して、政府や議会に加え、大学や高等研究機関、さらに産業界の対応が近年つとに進んでいる。技術を、世界に卓越した軍事力の維持と表裏一体の関係にあると考え、自らも膨大な額の研究予算を拠出する国防総省が強い懸念を示すのは当然として、全米科学財団（NSF）、国立衛生研究所（NIH）、エネルギー省など研究費を拠出する他の政府機関や大学本部も技術流出への対応を加速化させている。

FBIが技術流出に関連した捜査を加速した一つの節目は二〇〇五年頃だった。FBIはそれまでも核技術流出などに関連して、中国情報機関協力者を捜査していた。『ウォール・ストリート・ジャーナル』紙の当時の報道によれば、FBI各支局の防諜体制が数百名規模で拡充され、シリコンバレーでは、サン・マイクロシステム社等から機密技術を盗み出そうと試みた中国国籍者二名が空港からの出国間際に逮捕される。FBIは軍需産業とも定期的に会合の場を持ち、捜査協力を依頼する。議会で中国海洋石油によるユノカル買収への懸念が持ち上がっていた時期と重なるのは偶然ではなく、当時は一九九〇年代末に盛り上がりをみせた対中警戒論が政府内で再び持ち上がっていたからだ。

サイバー攻撃による産業スパイ行為への警戒も次第に高まったことは、たとえば中国からのサイバー攻撃に触れた国防総省による「中国軍事力報告」（二〇〇八年）、「米中経済安全保障再検討委員会年次報告」（二〇〇九年）からもうかがえる。二〇一二年には、国家安全保障局（NSA）長官（兼サイバー軍司令官）が、そのようなスパイ行為によって、年一〇〇〇億ドルを超える「歴史上、最大の規模で富の移転が起きている」と警鐘を鳴らした。

オバマ政権は二〇一三年にサイバー・セキュリティを強化する方針を打ち出し、さらに二〇一四年にサイバー攻撃に関わったとして人民解放軍61398部隊に所属する五名を起訴し、その引き渡しを中国政府に求めた。大統領令13694号（二〇一五年）はサイバー攻撃に対して金融制裁措置を可能にしたものだ。北朝鮮によるソニー・ピクチャーズへのサイバー攻撃が理由とホワイトハウスは説明したが、中国とロシアが意識されていたことは公然の秘密だった。

トランプ政権期には、流出した技術が軍民融合により人民解放軍に活用されていることへの懸念が一層高まる。アメリカ政府には、国家情報法を二〇一七年に施行した中国が、国籍保有者や企業に対する働きかけを強め、技術の流出が加速するとの恐れもあった。アメリカおよびオーストラリアの研究機関は、人民解放軍と関係の深い大学（一部は国防七子と呼ばれる）や研究機関を公表する。

従来のように政府が直接に訓練した工作員ではない科学者など「非伝統的収集者」と呼ばれる新たな技術流出の担い手にも対応が図られるようになる。千人計画など中国による高度人材リクルートのスキームは数十に上るとされるが、帰国時の技術の持ち出しだけでなく、研究費を重複して受給し中国に「影の研究室」を開き、その成果を不正に利用する利益相反の事例が多く指摘された。五十カ国以上の大使館や総領事館に駐在する中国の「科学技術外交官」も政府各部局と協力し、各国の先端技術を特定し、中国企業に資本参加や人材獲得等を通じた技術移転を実現させている。その中心的拠点が閉鎖された米ヒューストン総領事館に置かれていた。ほかにも、投資活動や論文の審査を通じた技術流出も調査の対象となった。

司法省は二〇一八年から中国イニシアティブを開始し、スパイ行為に目を光らせている。国務省も先端技術を専攻する中国人留学生のビザ有効期限を大幅に短縮し一年更新に改めた。「研究室の安全保障」とさえ呼べるほどの警戒感は、アメリカ政府だけでなく、科学界全体に広まったといえる。かつてはFBIが先導するなかで科学界は受け身の対応だったが、現在は大学や研究機関が率先する形に変わっており、ハーバード大学をはじめとする研究大学には技術流出阻止に関連したネットワーキングが形成されているといわれる。全米科学財団もジェイソン（JASON）と呼ばれる研究者グループに調査を委託し、中国への懸念を裏づけただけでなく、科学界として研究公正を確保するため、利益相反情報の開示などを提言している。科学界や産業界も、技術流出への対応として中国との科学交流や留学などでの受け入れを完全に遮断するところまでは想定していない。三〇万人を超える中国からの留学生は、私費留学生であれば学費の重要な負担者であり、理系研究室では貴重な戦力だ。アジア系アメリカ市民を中心に、中国系を狙い撃ちにした捜査は差別を助長するとの主張もみられる。

とはいえ、グローバリズムの純粋な信奉者に戻れるとは科学界も信じていないだろう。政府による行きすぎたテクノ・ナショナリズムへの回帰に警戒しつつ、科学成果と技術を守りながら研究を続けられるために、外国政府の影響を排除するように研究公正を大幅に強化していく方向に進みつつある。

キリスト教保守派は中国における宗教迫害に強い関心

アメリカはいまだ人口の七割近くがキリスト教徒に分類される。とくにプロテスタントの福音主義者は、天安門事件後に典型的にみられるように、中国における一人っ子政策、キリスト教徒の迫害に強い関心を寄せてきた。統計の値にはばらつきがあるが、中国でのキリスト教信者は政府に公認されている教会だけではなく家庭教会でも増加が著しく、ピュー・リサーチ・センターの調査（二〇一〇年）で六七〇〇万を超しており大半がプロテスタントからなる。現在は約一億人との推計もある。

中国において宗教は党の規制のもとにあったが、習近平体制下で規制が強まり、また宗教の中国化と呼ばれる政策が進展している。二〇一四年頃より温州《うんしゅう》市を皮切りに、政府によるキリスト教会の十字架撤去などの動きが広まり、アメリカの厳しい反応を引き起こす。

しかし、中国における締め付けは強まるばかりであった。全国宗教工作会議（二〇一六年）において演説した習近平は中国の特色ある社会主義宗教理論を提起した。二〇一八年には新しい宗教事務条例が制定され、また国務院の国家宗教事務局は党の統一戦線工作部に組み入れられた。公認教会には、音楽や装飾だけでなく教義の面でも伝統文化や民族主義との接点などを強めさせるような宗教の中国化が求められた。非公認教会への弾圧はあからさまに増加する。イスラム教と同様にキリスト教も海外との接点が多く、党や政府の警戒が強いといわれる。

アメリカの保守的なキリスト教系団体は、フリーダムハウスのような人権団体と同様に、中国における信仰の自由、さらに市民的自由の問題一般に高い関心を示している。たとえば「家族問題評議会」は最近の広報活動でウイグルにおける人権侵害についても幅広く取り上げている。「自由を守るための同盟」は、中国における家族計画を批判することに加え、宗教迫害を理由にした亡命申請を助けることはアメリカの植民地期からの伝統につながることだと論じる。またテレビ局の「クリスチャン・ブロードキャスティング・ネットワーク（CBN）」は、キリスト教徒の迫害、ウイグル問題などを取り上げ、番組を制作している。もちろん中国におけるキリスト教会の現状に、同じキリスト者として強い関心を示すが、他教会の信者を対象に先端技術を活用した監視の強化が図られていることも頻繁に取り上げている。

キリスト教保守派はトランプ政権を支持する傾向が高かったが、その意味でも中国への問題関心は相性がよかったともいえる。政府に設置されている国際的な宗教の自由委員会も報告書を多数出している。キリスト教だけでなく、イスラム教、仏教とまんべんなく取り上げており、監視技術が新疆ウイグル自治区で応用されていることに関して詳細な報告も公表されている。敬虔《けいけん》なキリスト者のペンス副大統領やポンペオ国務長官も、それぞれ演説で宗教の自由に関わる問題を取り上げた。キリスト教保守派団体の影響力を考えれば、今後も宗教は米中関係の重要な争点の一つとして残っていくだろう。

世論調査では中国の好感度は低下傾向

アメリカ市民は、たしかに天安門事件後には中国の人権問題に強く反応した。しかし、中国をアメリカの安全や経済にとって脅威とみる見方は長年、それほど強かったわけではない。

海南島事件後の二〇〇一年にピュー・リサーチ・センターと外交問題評議会が行った調査でも、中国は問題を起こす相手であっても敵と考えるほどではないという結果だった。ただ、三年前の調査と比べても、中国が民主化する（三五→二一％）、市場経済化する（四一→三四％）といったことを期待する声は小さくなっており、また貿易やアメリカの対中政策が中国に与える影響も少ないと約半数が答えている。中国のWTO加盟の年としては、アメリカ市民の冷めた見方が興味深い。

近年は、雇用喪失や貿易赤字、さらに中国における人権侵害や環境問題により対中認識は悪

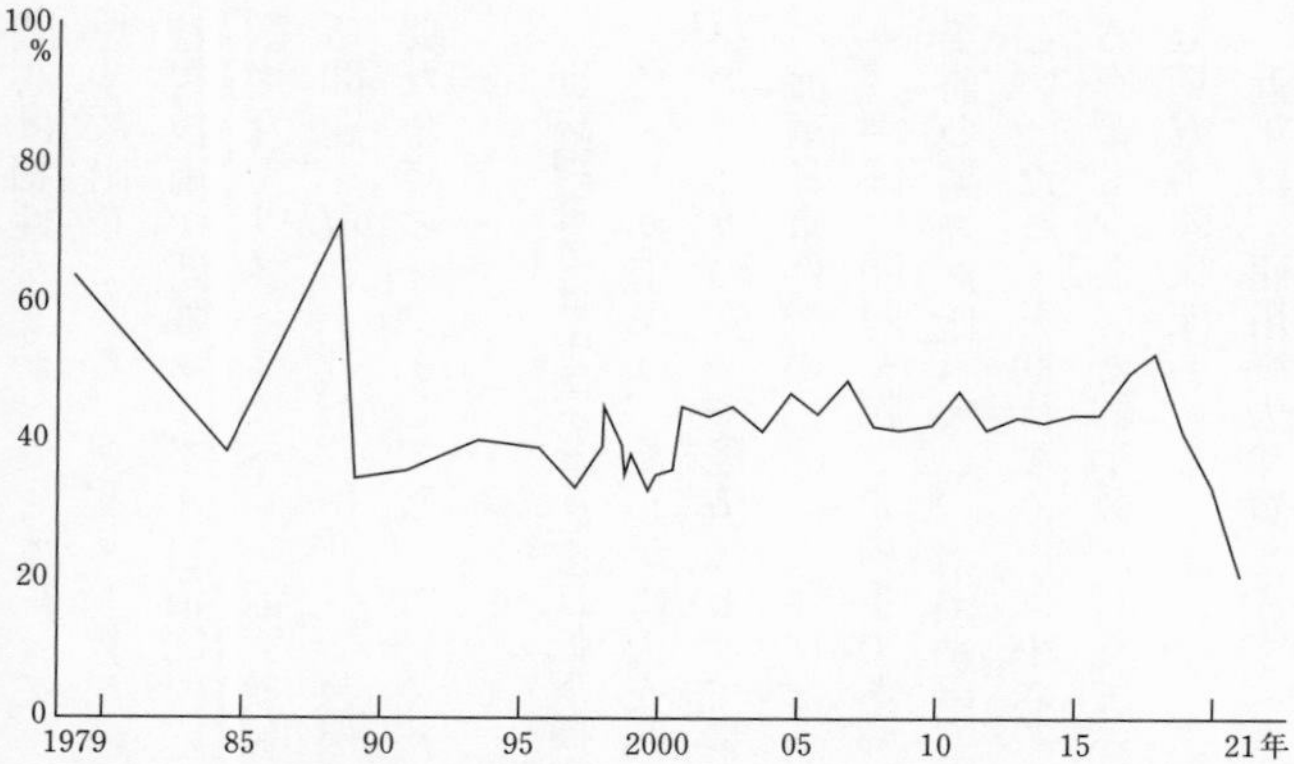

図表５－１　全米世論調査における対中好感度の推移（ギャラップ社）

化傾向をみせている。とくに二〇一八年以降、貿易戦争の影響もみられる。コロナ禍が全米に拡大するなかで、中国の好感度はさらに悪化している。きわめて対中イメージが悪化した二〇二〇年は大統領選に重なり、それが選挙キャンペーンで中国が頻繁に取り上げられることにつながった背景だろう。

過去一五年の傾向では、共和党支持層、および五〇代以上の市民のほうが中国に否定的な意見を有する。アメリカの安全保障課題としては、テロや北朝鮮問題、また民主党支持層はロシアをより重要な課題とする傾向があり、中国への懸念事項に限定した調査でも、深刻な問題として挙げられるものは、世界の環境問題への影響、サイバー攻撃、貿易赤字の順であり、軍事力は雇用流出に続く五番目となる。ほかにも、習近平主席個人には中国という国家よりも厳しい目が向けられていることや、アメリカ市民にとって中国が世界をリードすることへの拒否反応が強いことも読み取れる（本段落はピュー・リサーチ・センターの結果による）。

中国をみつめるアメリカの視線は政権の認識と重なりあうように変化してきた。ブッシュ政権からオバマ政権前期まで維持された好感度が、オバマ政権後期からトランプ政権にかけて下がってきたことは興味深い。ただし、社会にとって、中国が示す問題は覇権への挑戦だけではなく、人権、環境など多岐にわたる。中国は世界におけるアメリカのリーダーシップや軍事力に対する課題としてだけではなく、環境問題という協働が必要な課題でも問題視されていることには注意が必要だろう。

天安門事件後、中国における人権侵害を糾弾してきた多くのNGOは近年、ウイグルや香港などにおける市民的自由の急速な縮小に関して、調査と提言活動を欠かさない。加えて、アメリカの大手メディアが独自調査を含め、問題を報じるようになった。これらがアメリカ社会における対中認識をさらに厳しくしている。

中国ビジネスを諦めない産業界

こういった米中関係の現状への不満と不安は、アメリカ企業が中国市場を断念したことを意味しない。調査によれば、中国進出企業の九割は利益を上げており、すでに中国ビジネスに投じた費用もあり、企業の多くは二〇二〇年初夏の調査でも中国から移動する予定がないと答えている。それは中国の対米投資の減少と対照的だ。ロバート・ライトハイザー通商代表は、二

Trump's Subpoena Smackdown
Newsweek
HOW AMERICA'S BIGGEST COMPANIES MADE CHINA GREAT AGAIN
図表５－２　アメリカ大企業と中国市場の関係を特集した『NEWSWEEK』2019年７月５日号

〇一九年より米中貿易協議の陣頭指揮を執ったが、全米商工会議所や全米製造業協会、ビジネス・ラウンドテーブルなど代表的な産業界の頂上組織と定期的に連絡を取り合ったと報道されている。中国政府と太いパイプを持つブラックストーン社のスティーブン・シュワルツマン会長などは訪中を重ねると同時に、トランプ大統領にも接近したとみられる。ＡＩＧ社のグリーンバーグも健在ぶりを示すように米中貿易協議第一段階の合意式典（二〇二〇年一月）に出席し、トランプ大統領に直接名前を呼ばれている。

製造拠点として中国を自社のサプライチェーンに組み込んでいる企業にとって、新疆ウイグル自治区からの調達が困難になることはビジネスリスクになった。二〇二〇年秋に、ウイグル強制労働阻止法案が下院で通過したが、上院での審議を前に法案がビジネス環境を悪化させないように、アメリカを代表するような大企業のロビー活動が強まった。『ニューヨーク・タイムズ』紙の報道によれば、強制労働が介在していないことを証明するために生じる手間を過度にせず、サプライチェーンに関する情報の世間からの秘匿などを実現するために、企業が働きかけていた（なお、同法案は現在も未成立）。ほかにも、ウィチャットに対する規制にも大企業が懸念をホワイトハウスに伝えたという。半導体の対中売却継続にもロビー活動がみられた。

シリコンバレーなど西海岸に多く本拠地を置くアメリカのIT企業にとって、中国やインド出身の技術者たちは中核を担う重要な戦力だ。グーグルやフェイスブックではアジア系は四割を超える。トランプ政権によるビザ発給制限に加え、国家情報法を受けて中国の社会統制を批判するようになった企業幹部の動き、さらに中国出身者による技術流出疑惑への捜査拡大などは、地域に動揺をもたらしている。これまで移民政策で強力なロビー活動を行ってきたIT企業だが、現在は政府による対中政策に理解を寄せつつも、インターネットが分断される世界（スプリンターネットとも言われる）の出現を恐れている。

アメリカの産業界には依然として中国ビジネスへの根強い期待が存在しているが、その象徴的な存在はウォール街（金融界）だ。証券業務は二〇一八年から外資の五一％出資が可能になったが、貿易協議の第一段階合意を受けて、二〇二〇年から全額出資による完全子会社化も可能になった。金融大手はこぞって完全子会社化を申請し、認められはじめている。彼らは富裕層の資産運用などに大きな商機を見出している。中国政府には自国の金融部門を強化する狙いに加え、対米関係のパイプとして金融界を引き続きつなぎ止めておく期待もあるのだろう。

中国とのデカップリングに批判も展開している。全米商工会議所は二〇二一年二月にも新たに報告書を公表し、対中関税や投資や人の移動の制限が中長期的に数千億ドルの損失を積み上げることになり、とくに航空機、半導体、化学、医薬品での損失の大きさに注意を喚起した。

小結

中国への関与と支援を支えたアメリカ国内の政治力学は、中国への期待、将来利益を反映したものだった。産業界の活発なロビー、それと表裏の関係にあった政治家の動きは明らかであり、それに加えて目の前で急速に中国社会が変化していることに官僚や専門家も期待を高めた。そのような政治力学は、過去十年ですっかりと失われてしまった。政治に携わるあらゆるアクターがトランプ政権の一時期に中国政府への不満をもとにまとまり、それが激流のように中国政策を塗り替えた。

今後を占うためには、いくつかの点に注意をしておくべきではある。第一に、産業界や科学界は中国への技術流出、産業補助金などに強い不満を持ち対応を進めているが、同時に中国と完全に切り離された関係を求めているわけではない。それゆえ、党派を問わず、デカップリング（分離）には選択的とか部分的といった形容詞を付ける政府内外の専門家が多い。

純粋にイデオロギー的立場から米中対決論を持ち出す論者には、いわゆる「パンダハガー」（対中宥和《ゆうわ》論者）を選び出して批判するようなアプローチが過去二十年以上にわたってみられた。しかし、アメリカ国内の利害関係者はそれぞれが複雑で簡単に割り切れない対中観を持っていることが多い。

第二に、世論は移り気なものであり、現在ほどの中国イメージの悪さが続くかは不透明なところがある。またアメリカ政府も常に人権問題や政治体制の観点を外交・安全保障政策で重要視するわけではない。時にきわめて現実主義的な視点が優位に立つことは、アメリカの外交史で繰り返されてきた。

第三に、政治的な力は自然にまとまることはあっても、時の政権がそれを集約させることはいつも難しい。トランプ政権は二〇一九年までは明確な司令塔があったわけでもなく強硬論で自然にまとまっていた。二〇二〇年はホワイトハウスの国家安全保障会議や国務省という、かつて関与政策の牙城であった組織が強硬論の司令塔たろうと動いたが、実際には足並みのずれも散見された。以前と比べても中国政策に関わるアクターは格段に増えており、政府による調整は容易ならざるところにきている。今後もアメリカ国内における政策形成は、それぞれのアクターの動きをみながら分析していくべきだろう。

第6章

米中対立をみつめる世界

米中が分断する世界. *FINANCIAL TIMES*, March 11, 2019.

ここまで本書ではアメリカが中国と関係を構築し中国の近代化を支えたこと、そして近年戦略の大きな見直しを行って中国との対立を深めているさまを論じてきた。それでは、世界は米中対立をどうみているのだろうか。そもそも欧州や日本といった先進国、また中国の周辺にあるアジア諸国は、これまでの米中関係をどのように考えてきたのか。現在の対立を好意的にみているのだろうか、それとも苦々しくみつめているのだろうか。

中国を取り囲むアジアにおいて、一九七〇年代以来、米中関係の安定は国際政治環境を安定させた。それはアジアにおいて生産分業が進展し経済発展が実現すること、また地域協力が東南アジアだけでなく、アジア全域を包含していくように重層的に発展していくことにも大きく裨益《ひえき》した。さらに世界をみまわしても、成長した中国が国際社会に協調し、貢献しようという意思を示してきたことは歓迎されてきた。

先進国の多くは「将来の中国」に期待を寄せて中国に関与し、支援してきたが、対外政策にはそれぞれアメリカと異なった特徴がある。欧州諸国はロシアに関心を集中させるあまり対中警戒論が弱く、また対中貿易など経済関係を重要視するという特徴がある。もとより、欧州各国は中国が自国の安全を直接に脅かすとはなかなか考えない。他方で人権問題には、アメリカ同様に、またはそれ以上に反応するところがある。そのような違いはあれども、先進国は過去四十年にわたって中国との関係を発展させてきた。

近年、米中対立が加速するなかで、ファーウェイ社製の次世代通信網(5G)関連設備を採用しないよう求めるアメリカの強い姿勢に、トランプ政権への不信と反発から米欧関係は軋んだ。しかし、人権問題を媒介に最近では米欧の立場は接近しつつあり、中国への対応が国際秩序の将来を左右し、また米欧関係の一つの柱をなすと考える向きも強まっている。欧州主要国はインド太平洋政策を強化しはじめている。

長い歴史のなかで中国と向かいあってきたアジアでは、中国の将来に過度な期待が持たれていたとはいえない。それでも、現実として中国抜きの地域経済は考えられなかった。台頭した中国がアジアのパワーバランスで突出することを回避するため、東南アジア諸国などはアメリカを地域に招き入れようとしたが、それでもその目的は自らの自律的な立場を確保するためであって、「米中いずれか一方に与《くみ》しない」と言いつづけた。言うなれば、大国を角逐《かくちく》させることで、自らの行動余地を広め、可能なときには主導権を握ろうとしたのである。しかし、米中対立はそのような戦略を岐路に立たせることになる。米中両国から「踏み絵」を迫られることに、アジア各国は怯《おび》えはじめている。

本章では、欧州、アジア各国が「米中関係」という国際環境の変数をどのように位置づけ外交を展開してきたのか、それが米中対立の顕在化によってどのように捉え直されているのか、考えてみたい。

第1節　ヨーロッパ

相乗りする中国への期待と警戒

欧州は、中国の台頭が自らの安全や国際秩序に与える影響についてアメリカや日本などと見方が異なると言われてきた。ロシアを実存的な脅威とみることが多い一方で、アジアの巨竜・中国はその尾がみえる程度の存在にすぎないからと、距離の遠さが理由と言われてきた。そのような批判に対し、欧州の有識者は日本こそロシアが投げかける脅威に鈍感で、それに対する国際協調により真剣に取り組むべきだと訴えてきた。

二〇一九年頃より欧州の対中姿勢に変化が生じてきた。たとえば、その年三月の欧州連合・公式文書に中国は「異なる統治体制を促進するシステムにおけるライバル」と記載された。さらに新疆ウイグル自治区における人権侵害への懸念が深まるなか、市民的自由や民主主義のあり方に敏感な欧州では、アメリカのマグニツキー法に類する立法が行われ、人権侵害への制裁を強化すべきだとの議論も日々強まっていく。ドイツやフランス、イギリスといった主要国はインド太平洋に関する新しい戦略文書を出すようになった。

欧州・中国関係の専門家であるアンドリュー・スモールが解説するように、関係構築の大前提にあった、中国が将来において市場経済の慣行と国際規範に従い、国内政治も変革するとの期待は消失しつつある。そして開放的な欧米社会を利用する形で、中国が先端技術を企業買収や留学を通じて吸い取ったり、政治工作によって各国の民主政治に干渉したりすることへの問題意識は広く共有されるようになった。欧州改革センターが二〇二〇年夏に公表した報告書は上記問題に加え、北極海への中国の関心や非民主主義モデルの第三世界への輸出を例に挙げながら、中国がもたらす安全保障リスクを正面から捉え直すべきときが到来したと訴えた。

さらに、新型コロナウイルス感染症が欧州で感染拡大するなか、当初欧州の一部には中国の援助に期待する声もあったが、二〇二〇年半ば以降の調査で欧州の多くの国で中国認識は悪化している。

それでは、欧州は中国政策をすっかり改めたのだろうか。実はそうとも言い切れない。ジャーナリストのノア・バーキンが主張するように、欧州の対中姿勢は固まっておらず、「戦略的ライバル」と呼んだかと思えば、(主として経済)パートナーとしての対応を行うといったように、地域全体としても、各国のなかでもいまだ一貫性が薄い。

完全に舵を切れない理由はいくつかある。第一に、中国との経済関係の重要性が変わらないということだ。国ごとに差があるとはいえ中国との貿易関係が重要性を増した。イタリアはG－7メンバーとしてはじめて中国政府と一帯一路に関する覚え書きを締結したが、中国からの直接投資、イタリア産品の輸出先としての中国の重要性を当時のコンテ連立政権は理解していた。コロナ禍後もイタリアでの対中認識はむしろ例外的に改善をみせた。欧州全体でみても、中国の貿易における存在感は高く、欧州委員会の統計（二〇一九年）によればアメリカに次ぐ第二の貿易相手国であり、投資も欧州連合（EU）から中国に一四〇〇億ユーロ、中国からEUに一二〇〇億ユーロに達していた。二〇二〇年末にはEU・中国包括的投資協定（CAI）が突然に大筋合意をみることになる。

第二の理由としては、ドイツの動向だ。言うまでもなくドイツは欧州政治における存在感を近年増しており、二〇二〇年後半はEU議長国でもあった。メルケル首相は対中経済関与の熱心な推進者でありつづけ、中国との投資協定妥結を主導した。二〇二一年一月の世界経済フォーラムでも投資協定交渉に触れ、結果に「とても満足」していると答えてみせた。ドイツの産業構造は多くの雇用が貿易と深い関係にあり、対中輸出額はフランスとイタリアを足し合わせた額の三倍にも上る。ドイツ企業幹部は、中国の人権問題に沈黙を決め込んできた。政府もそのような構図を理解しており、米メディアのアクシオスによれば、中国政府とドイツ企業の癒《ゆ》着《ちゃく》関係を報告した情報機関の報告書が政府上層部に握りつぶされたこともあったという。

ドイツは他方で、インド太平洋ガイドラインを二〇二〇年秋に決定し、この地域に海軍艦船を派遣する構えであり、さらに二〇二一年秋の総選挙で躍進の可能性が高い緑の党も対中政策の転換を求めている。そもそも、中国における国家資本主義の強まりや国内統治の強権化をみて、西側社会に収斂していくとの期待はドイツでも失われている。産業用ロボット大手クーカ社の中国企業による買収をきっかけに、中国に一方的に先端技術が取られることに警戒も強い。しかし、経済的な結びつき、また対米関係への疑念などが左右し、中国政策を急転回させることは容易ではない。

なお、人権問題を重視するフランスも、マクロン大統領と習近平の電話会談（二〇二一年二月）が戦略的パートナーシップをうたったことにもみられるように、経済関係への配慮をみせることがある。

欧州における中国政策の転回を妨げる第三の要素は、まさにアメリカの信頼性がトランプ政権下で大きく傷ついたことにある。国際秩序や同盟を軽視するその姿勢に欧州諸国が距離を取りはじめ、大西洋関係の今後に真剣な議論を交わしはじめた。

トランプ政権の対中政策が、アメリカの輸出管理政策に欧州企業を従わせる、いわゆる域外適用を伴っており、オランダ・ASML社の事例にみられたように個別企業の対中輸出に時に明確な圧力を行使したことは経済活動への介入と警戒された。ファーウェイ社の通信設備を導入しないように働きかけたアメリカ政府の姿勢は一種の恫喝にみえるときさえもあった。そのような「外交不在」が自然と欧米の離間を招いたといえる。

先の欧州改革センター報告書も、軍民融合を考慮すれば、経済安全保障は重要であり人民解放軍の近代化を鈍化させるべきだとしつつ、米中対立がルールに基づいた国際秩序を劣化させており、欧州は究極的にはアメリカ側に立ちながらも誤った政策を押し戻せるような自律性を維持すべきだ、と提言している。

なお中国は、過去数年にわたりアメリカよりも中国こそが国際秩序を擁護し、価値を共有するというメッセージを欧州で発信しつづけ、米欧の離間を図るかのような動きをみせたが、このメッセージが対中認識を変えることはなかった。二〇二〇年夏に欧州を歴訪した王毅《おうき》外交部長は、微笑外交の影で、チェコ国会議長による台湾訪問を批判したが、それに対して欧州各国やメディアは抵抗し、むしろ欧州の団結を示そうとした。シャープパワーとも称される中国の政治工作活動が欧州でも増加しているのはたしかだが、各国の対中政策を決めているのは経済関係など構造的な要因が大きい。

揺れながらも警戒論に軸足を替えつつある欧州

それでは、欧州は対中強硬論と経済関与論の間で柳のように揺れつづけるのだろうか。端的に言えば、揺れながらも徐々にその中軸が強硬論に向かっているのが実情だ。過度な米中対立によって経済利益が損なわれないように配慮しつつ、それでも欧州各国の政策は徐々に強硬なものとなった。欧州に存在する中国の人権問題への深い懸念は、流れを一変させたもっとも重要な背景だろう。欧州では各国政府だけでなく市民社会も新疆ウイグル自治区における人権侵害に加え、香港問題にも大きな関心を寄せており、近年の状況悪化が逐一伝えられるようになると、敏感に反応した。

EUは、二〇二一年三月に、ウイグルでの人権侵害に関連して米、英、カナダとともに中国政府関係者への制裁を公表した。中国はEUの組織、さらに政治家や研究機関への制裁を科すなど、EU各国の想定を超える厳しい反応を見せた。欧州議会は五月、制裁解除までのあいだEU・中国包括的投資協定に関する議論を凍結することを圧倒的多数で可決した。ファーウェイ社が製造した次世代通信網5Gの通信設備に関しても、イギリス、フランス、さらにドイツも規格・規制を厳格に適応するなど、それぞれのやり方で排除の方向で調整が進んでいる。サプライチェーン構築に関する注意義務を明確にしたり、中国への機微技術の輸出を制限したりするような動きも準備されている。二一年二月に発足したイタリアのドラギ政権も、中国資本による国内半導体メーカーの買収を阻止するなど、前政権までの中国寄りの姿勢を見直しはじめている。

EUから離脱したとはいえ、イギリス・ジョンソン政権の対中政策が二〇二〇年から急速に強硬なものへと変貌したことも大きい。香港国家安全維持法の成立はイギリスに大きな衝撃を与えた。下院外交委員会のトム・トゥーゲントハット委員長がこれまでの対中接近は「お粗末な戦略だった」と厳しく批判したが、ファーウェイ社製品への方針変更だけでなく、中国からの英国企業への投資も問題視された。中央環球電子網（CGTN）の免許を廃止する決定もされている。二〇二一年にG－7をホストしたジョンソン政権は、首脳会談にインド、オーストラリア、韓国、南アフリカをゲストとして招き、主要な民主主義国の連携をアピールしようともした。また、外交・安全保障政策の統合レビューは、中国をシステム上の競争相手と認めたうえで、インド太平洋に政策を傾斜させていく方針を明確にしている。

さらに、アメリカは欧州に中国戦略の一致を求めており、欧州にもそれに期待する向きがある。二〇二四年まで任期を残すフォン・デア・ライエン欧州委員長は中国への警戒心を解いていない。ドイツ国防相も経験した同委員長は、コロナ禍のさなかに欧州の病院に行われたサイバー攻撃に関連して中国を非難し、バイデン政権発足後は米欧関係の再強化に期待を隠さない。

トランプ政権期にマクロン大統領はNATOが「脳死を経験している」と米欧関係の軋みを批判し、戦略的自律性の議論を推進した。しかし現在は、英仏独のそれぞれがインド太平洋に軍事的なプレゼンスを示すように動いている。二〇二一年春には、日米仏、日米仏豪での共同演習も実施されている。インド太平洋への関与がアメリカのNATO関与を全般的に強めるとの考えもみえ隠れする。ただし、たとえば台湾有事が生じた際にどう反応すべきかなど、欧州諸国が考えるべき課題はいまだ多い。

中東欧諸国も中国への不満と失望を隠さなくなった。中国との関係は期待を満たすほど実利をもたらしたわけではなく、二〇二一年二月の「17＋1」（中国と中東欧、西バルカン諸国の経済協力枠組み）オンライン首脳会談には姿をみせない首脳も多かった。五月にはリトアニアが同枠組みからの脱退を表明した。ハンガリー、ギリシャ、セルビアなど例外的に中国寄りの国は残るとみられるが、これまでほど中国の政治的影響力が欧州全体に働く状況ではない。

欧州諸国は、米中対立のコストには敏感だが、中国が投げかける人権問題、経済問題、そして安全保障課題への理解をこれまでにないほど持つようになっている。産業構造を考えれば各国の取り得る選択肢には限界があるにせよ、軸足はたしかに警戒論に移っており、一歩引いてみたときに政策対応の変化に私たちは気づくことになる。人権侵害に関連した制裁への中国の報復にみられたように、今後中国の経済力を使った強要行為が増すなかで各国がどこまで変化を維持できるか、見極めていく必要がある。

第2節　インド太平洋

対中不信のなかでも対中経済依存との調整に苦しむ豪州

オーストラリアは二〇世紀以来、アメリカの海外作戦の大半に軍を派遣しており、近年中国との摩擦が絶えないことから、米中対立における立ち位置が明確と思われがちだ。実際、保守連合のスコット・モリソン政権はコロナ禍後も中国に対して歯に衣着《きぬ》せない発言を行い、中国外交当局と激しい対立もあった。しかし、オーストラリアも中国経済への依存や、トランプ前政権とのアプローチの違いもあり、米中両国との関係調整には苦慮してきた。

そもそも、中国との経済関係でオーストラリアは欧米や日本と異なる特徴を持つ。オーストラリアは鉄鉱石や石炭といった一次産品を輸出する一方で、中国国内で経済活動を広く展開しているわけではない。それゆえ、オーストラリアにとっては中国の知的財産権侵害や市場アクセスよりも一次産品の安定した納入が重要となる。オーストラリア経済界、また政治家にとって対中輸出はきわめて重要とみなされてきた。

オーストラリアはこれまで、米中との距離感に苦心し、対米協調を明確にしつつ慎重な対応をみせてきた。ラッド、ジュリア・ギラードを首班とした労働党政権はアメリカのアジア旋回を象徴するアメリカ海兵隊のローテーションを受け入れつつ、中国との戦略的パートナーシップに合意した。

二〇一三年から保守連合が政権を握ると、アメリカや日本寄りの姿勢が目立つようになる。たとえば、中国が一方的に東シナ海に防空識別圏を設定すると、ジュリー・ビショップ外相は厳しく中国を批判した。二〇一五年に北部準州のダーウィンの港湾を中国企業が九九年間リースする契約を行うと、中国からの投資受け入れにアメリカ、また国内から強く警戒の声が上がり、オーストラリア政府は外国投資への規制を強める措置をとっていく。また二〇一八年にはファーウェイ社の通信設備を国内企業が調達しないよう法改正によって規制している。

さらに野党・労働党で頭角を現しつつあった政治家が中国系の人物から金銭授受を受け、南シナ海問題で所属政党の立場と異なり中国政府の立場に従うかのような発言を行うと、中国からの政治工作に警戒が高まる。なお、ニュージーランドでも、中国から政界への影響力が強く懸念されるようになった。

経済界出身のマルコム・ターンブル首相はそもそも親中的とみなされていたが、首都キャンベラで急速に対中脅威論が高まると、二〇一八年には外国からのロビー活動規制、外国政府の代理人登録の義務づけなどに関して新法を成立させ、さらに外国からの献金を禁じるために選挙法も改正させた。こういった動きの最中に就任したモリソン首相は、もとより中国からの投資審査を厳格化し、通信設備に中国製品を導入することに否定的な姿勢をとっていたが、中国への警戒論をさらに前面に出していく。

とくにコロナ禍後、モリソン首相は中国政府の初期対応を検証する独立した国際的調査を求め、中国から激しい反発を招いた。中国による圧力は牛肉の輸入停止や大麦への追加関税から始まる農産品の貿易だけでなく、オーストラリア国籍の中国系ニュースアンカーの中国での拘束（その後逮捕）など裾野が広がった。その後も中国外交部はオーストラリアへの外交批判を続け、むしろモリソン首相が中国に関係再構築を含意する「リセット」を呼びかけるほどであった。

とはいえ、政策対応は進んでいる。二〇二〇年一二月には、外資買収法が改正され、安全保障の観点から重要インフラや国防に関連する事業や土地への投資が額の大小にかかわらず政府による審査対象になった。また同時期に、州政府など自治体や大学が外国政府と個別に結んだ協定を政府の外交方針に照らして破棄できる法案が成立したが、これは中国がビクトリア州と結んだ一帯一路に関する協定が引き金であった。

長年にわたって、オーストラリアでは中国の台頭を踏まえた新しい国際秩序の行方をめぐって議論が絶えなかった。アジア太平洋において中国が台頭したとき、それがアメリカを中心とした戦後秩序にどのような影響を与えるのか。覇権に固執したアメリカが中国と対立を深めたときそれに付き従うのか、中国の地域覇権を受け入れるのか、それとも第三の道はあるのか。オーストラリアの役割に関する自問自答を含めた学術的な議論は、ヒュー・ホワイトによる『アメリカが中国を選ぶ日』（二〇一二年）を嚆矢《こうし》として続いてきた。ホワイトは米中を含めた地域大国間の協調を進めたが、保守的な立場からは米豪同盟を重視してパワーバランスの維持を図る考えが対案として提示されてきた。

政府から出される戦略文書や実際の政策も、論争と映し鏡のような関係にあり、ジレンマを感じさせる。ラッド政権のアジア太平洋共同体構想は地域におけるバランスを維持するためにアメリカの役割を強調するものだったが、同じ労働党のギラード政権は国防白書で中国に関する表現を従来より弱めただけでなく、「アジアの世紀白書」（二〇一二年）によって、米中を含めた互恵的な秩序を前提にしたアジアの成長を描こうとした。保守連合政権に代わり、ターンブル政権が発表した「外交政策白書」（二〇一七年）はアメリカとの同盟を最上段に置いたが、多国間主義を強調し、トランプ政権への不満を反映する形となった。大規模な軍事予算拡大を打ち出した戦略防衛アップデート（二〇二〇年）は、本土および周辺地域の安全確保に向けた軍拡案といえるが、自らの国防力強化を打ち出したことはアメリカ依存の選択というよりは自律的な立ち位置を求めているとの解釈もある。直後の米豪外務防衛閣僚協議の記者会見では、トランプ政権の対中強硬論と距離を取るような説明をオーストラリア側は行っている。

オーストラリアにとっての利益という観点からみれば、理想的な着地点は、政府がよく主張する「ルール主導の国際秩序」であって、中国もそこに包摂されている。たしかに、南シナ海仲裁裁判を支持するように、オーストラリアはルール、規範にこだわり、また日米豪印のいわゆるクアッド協力の一角をなすが、米中対立が国際秩序の基調になることを望んでいるわけではない。新疆ウイグル自治区における人権問題に関しても、米欧と肩を並べるような制裁と圧力の輪には加わっていない。

オーストラリアは経済社会構造を考慮すれば政界・産業界が完全に舵を切れる状況ではないが、政権・行政府を中心に対中強硬論がこれまでになく強まっている。米豪同盟と対中関係の調整を図るための知恵を求めつづけている。

インド

インドは、オーストラリアとともにクアッドの一角であり、近年対米関係の強化を進めてもきた。しかし、インド外交における米中それぞれとの間合いは単純なものではない。

たしかにインドは、クリントン大統領訪印（二〇〇〇年）を節目に、過去二十年にわたり対米関係を改善してきた。米印原子力協定（二〇〇七年）、オバマ大統領訪印の成功（二〇一〇年）とインドが望んでいた関係強化の実現をみた。そしてナレンドラ・モディ首相もさらなる強化を目指して、兵站《へいたん》や軍事コミュニケーションに関して新たな協定を締結してきた。二〇二〇年秋にはポンペオ国務長官の訪印に併せて、衛星画像などの情報を相互に提供する協定も結んだ。

しかし、インド外交にとってみれば、アメリカとの関係強化は一つの手段であっても、それ以上の存在ではない。もとより「戦略的自律性」の保持を重要と考えるインドは、インドなりの大国外交を目指してもいる。また、経済関係を考慮すれば、対中関係の安定も重要な目標であることに変わりはない。保守的なインド人民党のモディが首相に就任することにアメリカなどでは安全保障協力の進展などに期待もあったが、モディによる二〇一八年のシャングリラ・ダイアローグでの演説は、「戦略的自律性」を持ちだし、またインド太平洋における「包摂性」を強調して、中国やロシアへの配慮を滲ませるものとなった。伊《い》藤融《とうとおる》がまとめるように、モディのインドも「アメリカの戦略に乗って対中バランサーの役を演じさせられたり、さらには封じ込めの同盟を形成することには否定的」だ。たしかにアメリカや日本とのパートナーシップの強化に前向きになったが、それは自らの国際的地位を高める目的のためでもある。

もちろん、インドにとって中国はまったく気を許せない隣国である。国境では二〇二〇年にも、銃火を交えなかったとはいえ両軍のなぐり合いの衝突により死者が出ている。中国の長年にわたるパキスタンとの関係に加え、インド洋での港湾等の開発参画が中国の軍事的・政治的なプレゼンスにつながること（いわゆる「真珠の首飾り」）への警戒もある。それとの関係で中国の一帯一路構想を強く批判している。それでも、モディ政権は、上海協力機構に正式に加盟（二〇一七年）し、習近平との会談を重ねる。そもそも中国とは国境問題による関係悪化を避けるため、努力を続けていた。「国際関係の民主化」と表現する、欧米の既存の大国に権力が集中する国際秩序再編にも、中国とは利害が一致している。国境問題の緊張にもかかわらず、それが外交の基本構図を変えるほどにはなっていない。

今後もインドは中国からの脅威に対応するためにアメリカとの関係を必要とするだろう。アメリカではなく中国との関係がインドにとって重要にみえる局面も、経済や国際関係をめぐって多くあることも事実だ。

クアッドは、二〇二一年三月には初の首脳会談をオンライン形式で実施した。中国を念頭に置いた安全保障協力を対外発表の中心には置かず、新型コロナウイルス感染症対策をはじめ、広い議題を扱ったとしたが、その意味するところは明らかだった。インドにとってクアッドは数ある枠組みの一つにすぎない。国際政治学者のラジャ・モハンのように、それを安全保障協力の強化につなげ、さらに中国中心に進んできたグローバル経済を再編する好機と活かすべきだと訴える積極論はあるが、政府の考えはより微妙なものだ。

インド外交は国際秩序の形成よりも自らの国際的地位を優先するところがある。米中対立のなかを上手く泳ぐことでその目的を達成するように動くことを基本ラインとみたうえで、変化を見極めていくべきだろう。

韓国

韓国の対外政策をめぐっては、南北関係、アメリカとの軍事同盟関係、中国経済への依存、複雑な日韓関係という連立方程式をどう解くべきか、その点に関して保守と進歩という政治勢力の間でまったく異なったバランス感覚がある。中国には北朝鮮問題に関しても役割を期待するところもある。それゆえ、望ましい米中関係の姿について国内に明確なコンセンサスがあるとはいえないが、米中対立の進展が韓国に厳しい立ち位置を強いるという理解は広がっている。

韓国経済において貿易が占める割合はきわめて高く、需要項目でみたときGDPの四割以上を輸出が占めている。付加価値の高い半導体など電子部品が輸出を牽引しており、輸出入ともに中国がトップの貿易相手国だ。

対中関係の重要性は広く理解されている。保守政権を率いた朴槿恵《パククネ》大統領も、中国の抗日戦争勝利七〇周年記念行事（二〇一五年）に参列してみせた。だが在韓米軍基地への終末段階高《こう》高度《こうど》地域ミサイル防衛システム（THAAD）配備決定後、それに反発した中国は国内の韓国企業への圧力など経済的つながりを利用した強制外交を行い、中韓関係を緊張させただけでなく、韓国に中国への警戒感、また中国による経済的な報復への恐怖をともに植えつける結果となった。中国に信頼をおかずとも、南北関係や経済を考慮すれば隣国中国と関係を維持せざるを得ないところに韓国の悩みがある。中国もそれを理解して、南北対話を支持するとの姿勢を明確にしたり、高官を訪韓させたりしている。

韓国の視点に立てば、米中のどちらかに与する決断をしたとしても、それによって失う相手から従来得ていた利益をもう一方との関係で穴埋めすることはできない。亜州《あしゅう》大学の金興圭が解説するように、トランプ政権期にはアメリカからの安全保障の約束にも確信を持てないなかで中国経済からの分離が求められ、悩みは深かった。

米中対立の深まりとともに、両者との関係を保つ立ち位置は難しくなっている。たとえば、日米豪印協力への参画、先端技術をめぐる先進国協調への参加などは韓国外交にとって米中の間での大きな踏み絵になる可能性があり、韓国の政府関係者や有識者の反応は割れている。韓国がG-7など先進国協調の輪に加わることを前向きに捉えつつ、どこかの局面で韓国が選択を迫られれば、その都度にどちらからの懲罰的な動きが大きいかを判断して動かざるを得ないと、ソウル国立大学の鄭在浩は論じている。

韓国にとって、アメリカとの同盟を維持しながら、それの対中関係への波及を避けることが今後も重要な外交手法になるだろう。レイフ・エリック・イースレイと朴珪利がまとめるように、「中国との仲介者を演じて米韓同盟を裏切っているという認識を作らず、日米と結託して中国に対抗しているという認識も作らないこと」は、韓国外交にとって一つの現実的な姿だろう。サムスンなど先端技術を持つ韓国企業には中国への技術流出や、ビジネスの難しさの理解も深まっており、将来を見渡せば、対中関係をめぐる国内文脈が変化する可能性はある。他方で対米関係はトランプ政権期には駐留経費負担問題で軋んだ。たしかに、文在寅《ムンジェイン》大統領とバイデン大統領は二〇二一年五月の首脳会談で同盟をアピールし、台湾海峡の平和と安定にも触れてみせたが、米韓同盟が中国をどこまで正面から議論できるのか、いまだ不確実だ。

東南アジア

アジア各国は中国認識を改め、新しい外交、安全保障政策に転換しつつあるのだろうか。本来であれば、巨竜となった中国に近接するアジアのほうが中国からの脅威により敏感であってもおかしくはない。南シナ海における領有権問題では、中国と周辺国は近年関係を緊張させてきた。しかし、ASEAN各国は中国の影響力増加に備えつつも、米中対立が地域の安定と成長を妨げ、またグローバル化のもと統合が進んできた世界のあり方に変容を迫るのではないかと怯えているようにみえる。

二〇二〇年春、シンガポール首相のリー・シェンロンは『フォーリン・アフェアーズ』誌に論文を発表した。そこに透けてみえるのは、米中対立の前線がアジアになることへの警戒であり、中国の行動に問題を認めつつも、過度な対決姿勢は地域秩序を不安定にするとの考えだ。シンガポールの元外務次官であるビラハリ・カウシカンがアジアに相応《ふさわ》しいと提案するのは、「独立した存在として行動する能力を失う」ことになる二者択一の世界観ではなく各国が異なったビジョンを提示する多元的な秩序だ。

そもそも、ASEAN諸国の外交姿勢は「ヘッジ」と言われてきた。オーストラリア国立大学のイブリン・ゴーによれば、ASEAN諸国は同盟や服従、中立化といった明確な選択を迫られることがないような立場を維持するために、どちら側にも与しない中間的な場所を作ろうとする。マレーシア国立大学のチェンツィー・クイックはさらに進めて、競合する大国のどちらにも曖昧な姿勢を保つことで、利益を最大化しようとするのがヘッジとする。

過去数十年にわたり米中関係や日中関係といった東南アジアを取り巻く大国政治は、時に激しい緊張を経験し、その都度ASEANのヘッジは試されてきた。とはいえ、現在生じている米中対立は短期的なものでなく、また両国が政治的批判を繰り返すだけでなく、各国にサプライチェーンの分断や安全保障協力を要請するものとなり、どちらか一方に寄らないという立場が取りづらい。それでも、ASEAN各国はヘッジに込められてきた、中間的な立ち位置の模索を続けているようにみえる。

たとえばインドネシアは、一方では国防相が訪米（二〇二〇年一〇月）し、安全保障協力を進める構えを示した。この人物には、人権侵害が厳しく糾弾されてきた特殊部隊との関係で米政界が長らく問題視してきた経緯があり、その訪米は関係強化に両政府が一致していることを示した。しかし同時期にジョコ・ウィドド大統領は、かねて申し入れがあった米軍哨戒機《しょうかい》P-8ポセイドンのインドネシアでの補給を拒否すると公言した。それに先だって同国外相は米中対立に巻き込まれたくないと明言している。

フィリピンも、ロドリコ・ドゥテルテ大統領は米中いずれか一方に与することはないと言明している。アメリカは二〇二〇年に南シナ海問題や米比相互防衛条約に関してフィリピン寄りの姿勢を明確にしており、フィリピンはそうした変化を歓迎している。他方で、中国にガス田の共同開発を後押しする動きをみせ、新型コロナウイルス感染症の感染拡大後にはワクチンの優先配分を求めている。中国の南シナ海での行動は活発化しており、国内の声に押される形で、ドゥテルテが破棄を言明していたアメリカとの訪問軍協定は延長されているが、外交姿勢は曖昧なままだ。

ASEANとしての取り組みをみても、米中対立に巻き込まれることを避け、経済協力を重視する国際関係を維持しようとする狙いが一貫している。ASEANは「インド太平洋ASEANアウトルック」を二〇一九年に公表したが、これは庄司智孝《しょうじともたか》によれば「アメリカのインド太平洋戦略を間接的に否定した」ものだった。中国との経済協力は一帯一路を含めてASEANに前向きに捉えられており、安全保障を問題意識の中核に据えるアメリカのアプローチへの共感は弱い。さらに、トランプ政権のアメリカ第一の方針と国際秩序への無関心などでアメリカのパワーに翳《かげ》りがみえるとの認識もASEANの有識者には広がった。ポンペオ国務長官が国連海洋法条約に基づく中比仲裁裁判の結果を明確に支持し、南シナ海における中国の領有権をめぐる立場を具体的かつ詳細に否定してみせたこともこうした国際関係の構図を変えるものとはならなかった。

そもそも、トランプ政権はASEAN外交に熱心に取り組んでいたわけでもなかった。二〇二〇年一〇月のポンペオ国務長官のASEAN歴訪は遅すぎただけでなく、ASEAN外交にある大国政治に巻き込まれる警戒感を軽視し、また各国の政治体制が多様であることも踏まえない、一方的なものと受けとめられ、ASEANの反応は冷めていた。トランプ政権はクアッドの制度化を唱えたが、これもASEANからみれば、地域秩序を支えるアーキテクチャを安全保障重視に変え、なによりASEANの中心的役割を否定するものとの認識が強い。もとより、アメリカの同盟国はフィリピンとタイだけであり、後方支援に携わる米軍基地が置かれているシンガポールも、アメリカと同盟にないことを強調する。

ASEAN諸国には、クイックが主張するように、米中対立の状況下でもそれを好機として活用し、たとえばサプライチェーン多角化の一翼を担うことに期待する向きはある。短期的にみればASEANにはアメリカ寄りの姿勢を強める国も、中国の影響力がさらに強まる国もある。だが、中間的立場を失わないような動きを全体として維持しようとするだろう。しかし、EUでもみられたが、地域組織加盟国の結びつきを崩すような形で中国はアメとムチを使いわけてくるだろう。長期的には、そうした中国にASEANが一体感を高め、牽制の動きを積み重ねれば、米中等距離の姿勢が崩れることはあり得る。

大国間対立と第三国の対応

ここまでの事例でも明らかなように、米中対立をみつめる主要国の対応には、似たような特徴がみられる。まず中国との関係では、いわば引力と遠心力があり、中国の人権状況や領有権問題など国ごとに対象の違いはあるが、中国の強権的な姿勢への警戒心という遠心力を、対中貿易の魅力という引力が多少なりとも打ち消す関係にある。

アメリカと同盟やパートナーシップの強化を図っているにせよ、アメリカが安全保障上の約束をどこまで守るのか、また国際秩序にどれほど熱心に関与するのか、トランプ政権期に多くの国が少なからず疑問を持った。そして、米中対立の進展に対して、自国の利益の観点からテーマごとに是々非々の対応をすべきだと考えている国が多く、どちらか一方に傾斜する外交姿勢にリスクを感じている場合がほとんどだ。

著名な国際政治学者の一人、シカゴ大学のジョン・ミアシャイマーは、その主著『大国政治の悲劇』の締めくくりで中国の台頭を取り上げている。彼の理論的な予測によれば、中国の成長が進めばアメリカは「冷戦期にソ連に対して行動したような形で中国に対抗する可能性が高い」。アメリカは中国による地域覇権の確立を妨げるために、他国との同盟を形成・強化することで「封じ込め」を行うが、「予防戦争」や「巻き返し」（中国やその周辺国の政治に干渉すること）の可能性は低い。そして第三国は、中国に接近することでは安全を確保しづらく、傍観者としての立場を貫くことも難しいことから、アメリカとの同盟形成に本腰を入れると予測する。

欧州やアジアの各国はこの理論的な予測どおりに動くか、注目される。アメリカと欧州はそもそもNATOの同盟国であり、日本、オーストラリアや韓国、フィリピン、タイとも同盟関係にある。トランプ政権は同盟国が対中戦略で共同歩調を取るように期待し、またそれを求めた。アジアの大半の国は同盟国ではないものの、オバマ政権期に特徴的にみられたように、安全保障面を含んでパートナーシップを深めてきた。

しかし、現在までの各国の対応をみていると、ミアシャイマーの予測がすぐさま実現している状況でもない。たしかに、人権問題や中国政治体制への違和感、また中国外交への不信により、徐々に雰囲気が変わってきたのは事実だ。中国中心の国際秩序、またはこれまで国際秩序を支えてきた価値規範が強く相対化される状況に前向きな国もまずない。中国企業の成長や技術内製化により中国との経済関係が想定どおりの利益を上げていないと、各国政府や産業界も気づきはじめている。

中国をめぐる議論の軸が徐々に警戒論に動いているが、重要な気づきはそのスピードはアメリカに比べれば緩く、まちまちということだ。中国への対抗のためにアメリカと各国の同盟形成と強化が本格化するためには、アメリカのリーダーシップが信頼されること、また各国にグローバル経済のあり方が再編されることに伴うコストや機会損失を引き受けるほどの強い危機意識が芽生えることが必要になってくる。さらに、利害関係者が多いことから、対中政策の転換は各国の国内政治で重要な争点となる可能性が高く、それも乗り越えなくてはならない。

欧州各国は人権問題もあり当面は強硬に動く国が多くなるだろうが、アジアはそれに比べれば動きが鈍い。過去四十年にわたり、米中関係が安定していたことがアジアの地域秩序を安定させ、少なくとも社会経済面で脱国境化を促進していたところがある。しかし、今や米中対立は秩序変容の引き金を引きつつある。各国はその展開に気づきつつ、可能な限りグローバル化を維持し、自国の経済的利益を追求しようとしている。

グローバル化に託された、複雑に絡まった利害関係に鑑みれば、地域覇権国の登場を阻止するための同盟形成は容易ではない。もちろん、戦争の発生のような旗幟《きし》を鮮明にすべき出来事が生じて、どちらか一方に傾斜する動きが雪崩《なだれ》を打つことも将来あり得るが、平和的な状況においては、各国は自らの国内政治を踏まえ、緩やかに立場を変化させていくだろう。

第3節　台　湾

本章の最後に、台湾が米中対立をどのようにみているかについて触れておきたい。アメリカの台湾政策は長らく、米中台関係の安定を優先させるもので、民主化した台湾にもアメリカは現状維持を強く求めるような対応をしてきた。

アメリカの姿勢は、習近平政権の中国をはっきりと認識するとともに変化し、とくにトランプ政権期には米台関係は「一つの中国」政策の枠内ではあるが、かつてないほどに発展したと評価される。

民進党の蔡英文政権は、かつての陳水扁政権と異なり中国を挑発しないまでも、中国による一方的な統一促進政策を受け入れることはなかった。そのような文脈において、米台関係の強化は基本的に歓迎されるものであった。台湾は同時に、対日関係強化や新南向政策によってアジア諸国との関係構築も図ろうとしたが、それらが十分に成果を上げたとは言いがたく、対米関係の強化が際立つ結果となった。

トランプ当選直後に祝意の電話をかけることに成功したとはいえ、政権発足後も台湾が米中関係の取引のためのカードに使われているだけではないか、という疑念が当初強かった。米中対立の進展のなかで台湾旅行法をはじめ台湾に関係する立法や行政府の戦略文書での台湾への注目がはっきりとしてくるなかで、徐々にそうした疑念は解けていくが、米台の関係強化が本格化するのは二〇一九年からだ。

二〇一八年末の統一地方選で敗北し、再選の見込みがないとまで言われた蔡英文政権に、一九年一月の「台湾同胞に告げる書　発表四〇周年記念大会での重要講話」で習近平が統一促進政策にさらに力を込めて発言し、武力の使用も放棄しないと言い切ったが、蔡英文は提案された一国二制度をきっぱりと拒否した。そして香港情勢の悪化も、蔡英文に対する民意の支持を強めるだけでなく、アメリカにも中国をともに押し戻すことの必要性を感じさせることになった。二〇二〇年総統選は、「米中の代理人による選挙」とまで言われたが、それは蔡英文がアメリカの支持を得た候補というイメージを固めたことの裏返しでもあった。

その後も台湾海峡両岸の角逐が激しさを増すなかで、アメリカの台湾政策が強化されていった。総統選で蔡英文が勝利し、再び就任式を執り行ったとき、アメリカはポンペオ国務長官による祝意のメッセージ、さらにポッティンジャー国家安全保障担当大統領副補佐官によるビデオメッセージ（中国語）を用意し、全面的な支持を演出してみせた。二〇一九年前後より台湾海峡付近の海域、空域では人民解放軍、中国海警局の活動が著しく増大しており、台湾当局の対応に加えて、米海軍も艦船の通過を公表するなどして牽制を強めている。

台湾アイデンティティの高まりを踏まえれば、中国が思い描くような関係構築に台湾が乗るような状況は遠ざかる一方だ。しかし同時に、台湾経済が中国に大きく関係していることも事実である。松田康博はこれを「繁栄と自立のジレンマ」と呼び、中国への依存による繁栄だけでも、台湾独立に近づこうとする自立を目指した政策だけでも民意の支持を得づらい状況を説明した。中国もその状況を利用して、三一項目の恵台優遇措置（二〇一八年）などを通じて、台湾企業や若者を大陸に引きつけようと動いてきた。

米中対立の進展とともに、アメリカは先端技術が中国に渡らないように多くの手段を駆使しているが、台湾にとって厳しいのは、半導体という台湾が強い市場支配力を持ちつつある分野が中国の成長を鈍化させるために規制すべき、重要な基盤技術とみなされていることだ。世界最大のファウンドリー（半導体受託生産企業）であるTSMC社（台湾積体電路製造）にとってファーウェイ社向けの売り上げは全体の一四％（二〇一九年）を占めるほどであったといわれるが、アメリカによる二〇二〇年の輸出管理強化によりそれを断念せざるを得なかった。半導体の設計、製造に関わる重要な技術はアメリカに由来し、また発注元も依然としてアメリカ企業が多数を占めることが背景にある。

二〇一九年に台北で講演したアメリカを代表する台湾専門家のリチャード・ブッシュは台湾の聴衆に対して、アメリカの取引カードになることよりも「友軍の放火」を浴びること、すなわちアメリカの対中強硬策のコストをともに引き受けざるを得ないことに注意すべきだと論じた。これはまさに、台湾が陥っている状況を適切に警告するものだった。しかし、台湾企業は現在も中国企業との連携を深めており、半導体の供給や電気自動車の量産体制、資本関係の提携などは米中対立や台湾周辺の安全保障環境の悪化の最中でも継続している。

旧来のパターンと異なり、アメリカの台湾への積極姿勢が米中台関係のなかで際立つようになった。これまでは現状を変えようとする中国や台湾の動きに対して、アメリカが現状維持を強く求める形で両者の抑制や抑止を図ってきた。今や、アメリカが関係性を変えようと動くことが多く、それは台湾ですらも時に躊躇《ちゅうちょ》する動きをみせるほどのものだ。

それでも、台湾はアメリカとの関係強化に踏み切っている。トランプ政権期には対中関係に及ぶリスクよりも対米関係強化を推し進めることを選択しつづけた。バイデン政権が発足した後に公表された台湾に関する国務省の声明等も、台湾との関係強化を前政権から引き継いで続ける意思を示すものとなった。

台湾にとっての代替策は少なく、アメリカとの関係強化の機会を逃さないという発想が強くなるのは自然だ。民主主義と半導体製造能力が台湾の安全を支えるとの考えも強まっている。

第7章

今後の展望

——米中対立はどこに向かうのか

核ミサイルのボタンに手をかけながら力比べをする米ソ首脳

歴史は繰り返さない。だが、しばしば韻を踏む。

――マーク・トウェインの作と言われる

米中対立は果たして、これからどのように展開するのか。アメリカは、中国に従来のような信頼を置いていないとはいえ、トランプ政権、とりわけ二〇二〇年にみせたような中国との対決姿勢を維持し、またグローバル化した経済社会構造の見直しを中国とのデカップリング（分離）を念頭に実現しようと動いていくのだろうか。他方で中国は、すでにアメリカとの関係に経済だけでなく政治外交面でも依存しないような政策方針をみせているとはいえ、独自の政治体制と国際空間の構築に迷いなく邁進《まいしん》するのだろうか。そして、米中が対立を深め分断されていく世界は、果たしてかつての冷戦の再来となっていくのか。より具体的な問いを立てれば、台湾や南シナ海など特定の争点をめぐって、米中の軍事的緊張はエスカレートしていくのだろうか。

将来を見通せば、さらに考えるべき点がある。たとえば、コロナ禍後にトランプ大統領やポンペオ国務長官らが中国政府に感染症蔓延の責任を帰するかのような発言を繰り返したあと、アメリカ社会の一部ではアジア系市民や留学生に対する差別的行動の増加が報告された。それを諫《いさ》めるような動きも同時にみられたが、開放的なアメリカ社会は国際関係の緊張によって変質してしまうのだろうか。

また、国際秩序はどうなるのだろう。冷戦終結後の「リベラル国際秩序」は、それがどこまでリベラルであったかに議論があるとしても、アメリカがそれに利益を見出し牽引してきたことは事実だ。中国が強権的で「非リベラル」な政治体制での経済成長のモデルを示し、さらに監視技術など権威主義体制を支えるような仕組みを世界に提供していることに警戒する声は多い。中国がアメリカにパワーで追いつくだけでなく、価値規範の意味でも「リベラル国際秩序」に対する挑戦者であることに疑いはない。果たして先進国はじめ世界は、中国に対して一枚岩の包囲網を構築し、中国に国際秩序にとどまるように圧力をかけていくのだろうか。それとも、異なるシナリオがあるのだろうか。何より、私たちが直面している世界は、新しい冷戦なのだろうか。

展望を描くことほど難しいことはないが、本章では多くの研究者たちの論考をもとに、米中関係と世界の行く末を考えてみたい。本章の目的は、読者の思考を揺さぶることにある。そのため、ここまでのように事実関係を詳述するのではなく、過去の事例や様々な切り口を提示しながら論を進めたい。

第1節　米中はなぜ、どこまで対立を深めるのか

予見されていた米中対立

米中対立が近年深まっているのは本書で確認してきたとおりだが、研究者たちはそれに先だって米中対立の可能性を指摘してきた。たとえば、前章でも紹介したミアシャイマーは、国際政治学における攻撃的現実主義というアプローチを代表する研究者だ。その主著『大国政治の悲劇』は、二〇〇一年の初版でも、関与政策は前提が誤っていると批判し、豊かになった中国は現状の国際秩序に満足せず、地域覇権を目指すのであって、「中国の台頭を遅らせる」戦略への転換が必要だと論じた。二〇一四年の改訂版では、終章を「中国は平和的に台頭できるか？」と銘うって議論を展開する。議論はよりクリアになっており、「中国がもし経済面で発展を続ければ、アメリカが西半球を支配したのと同じような形でアジアを支配しようとする……そしてアメリカは、中国の地域覇権を阻止しようと多大な努力をするはずだ」と述べる。

もちろん、ミアシャイマーが断っているとおり、これは米中のパワーが接近した未来における展開を予測したものだ。彼の理論的立場に立てば、生存を追求するため地域覇権を追求することが合理的であり、中国は自らの地域を越えた地域まで戦力投射できる能力を、アメリカと

同じように追い求めていくのが必定だ。そしてアメリカが中国を封じ込めようと動き、中国からの脅威に怯える周辺国とともに対抗するための同盟を強めていくと予測される。この議論に従えば、パワーが接近すれば対立は不可避ということになる。

冷戦終結直後から中国の台頭がアジアと世界にもたらす意味について議論を進めてきたアーロン・フリードバーグは、それに加えて、米中の政治体制の違いが両者の不和を拡大するという。『支配への競争』（二〇一一年）は、「出現しつつある米中対立は、単なる誤解や、変更が容易な誤った政策によるものではなく、変化する国際システムの構造と、米中両国の政治体制の違いに深く根付いたものだ」とする。つまり、米中のパワーが接近していることに加えて、政治イデオロギーの違いが対立を招くと主張していた。経済社会における相互依存や、中国との共通の利害、また核兵器によって大規模戦争が難しいとしても、それらには対立を押しとどめるほどの効果はないとされた。そのうえで彼は、アメリカが中国の支配的な地位を許してしまうようにアジアで影響力を減退させていけば、中国に地域を明け渡すだけにとどまらず、アメリカの世界における指導的地位をも喪失することになると警鐘を鳴らしたのである。

対立は全面的かつ長期化という見方

米中のパワー格差は現在縮小する一方であり、机上の計算では今後一〇年程度で名目GDPだけでなく国防予算でも中国がアメリカに追いつく。核戦力に加え、ミサイル戦力やサイバー戦能力、先端的な科学技術を応用した兵器体系を中国はいっそう整えていくだろう。しかしそれに加えて、中国との政治体制や世界観の違いも、アメリカや世界各国に深刻な恐れを作り出すと世界の多くの論者が主張するようになった。

たとえば、オックスフォード大学のラナ・ミッターは、中国は権威主義、商業主義、世界的野心、そして技術という四つの側面から国際秩序を塗り替えようとしており、問題は複合的に絡み合っていると読み解く。戦略研究者のハル・ブランズらも、中国が周辺国を圧倒するアジアだけでなく、同時に世界における地位を追求していることを強調する。中国はアメリカのパワーを地域レベルで排除できない段階でも、アメリカと先進国が尊重してきた価値を体現する国際秩序に挑戦しており、アメリカの世界戦略上の課題となったという意識は今やアメリカで広くみられる。

最終的に中国とどのような関係に行き着くことを目標にするのか、出口をめぐって論争は続いているが、対立の長期化を前提にした議論が多い。

たしかに、米中の国家目標は深刻なほどすれ違っている。「中国製造二〇二五」やサイバー主権をめぐる議論でも明らかだったが、中国は成長の確保に加えて国家による統制に意識を高めている。一方で、アメリカは相対的な意味で国力が落ちているなかでも、依然として覇権戦略から脱しておらず、科学技術への投資を一段と増やしている。すなわち、米中はボタンの掛け違いで対立に陥っているのではなく、根底から異なる世界観の実現、そのために求められる、少しでも相手より優位に立ったパワーの獲得を目指している。そして中国がアメリカの世界的なパワー低下を前提に動いているとの指摘も多くなった。

対立が深まるなか、経済、技術が自由に行き交ってきたグローバル化、米中関係は、安全保障政策の影響を受けて変質しはじめている。トランプ政権は、輸出管理や投資規制、資本市場からの締め出しといった経済手段を通じて、アメリカなど先進国の技術と資本に依存する中国の成長を鈍化させ、また関係でも有利に立とうとした。いわゆる「相互依存の武器化」である。中国政府も外国企業に同様の手段を用いて、自国寄りの立場を取らせようと圧力をかけはじめた。

相互依存論の草分けであるハーバード大学のジョセフ・ナイによれば、相互依存の状況を武器化できるのは相手との間に非対称性が存在するときだ。中国が成長し、またアメリカ以外にも代替的な市場や取引相手がいれば、非対称性は縮小する。また中国が技術の内製化、つまり自前の科学技術力によって他国の技術に依存せずとも開発や生産を行うことができるようになれば、やはり非対称性は少なくなる。

トランプ政権による中国への輸出管理等による規制は、短期的には効果を上げたところはあるが、中長期的にみたときにそれが効果を上げつづけるかは疑問だ。中国政府のイノベーション政策を刺激し、内製化の必要をさらに自覚させ、いわゆる国内循環論も生起させた。

それでも、現状では相互依存が進展したグローバル化の状況を手段として活用するように米中対立は進展している。米中だけでなく第三国も経済相互依存の武器化に巻きこまれつつある。

対立のコストに注目する議論も

これらの議論に欠けているものは対立のコストという視点だとする議論もある。そして、経済や技術における相互関係の見直しは当然に巨大なコストを求めるが、それよりもはるかに大きな被害をもたらしかねないのは軍事的な衝突だ。

ハーバード大学のグレアム・アリソンは「トゥキディデスの罠《わな》」を提示し、古代ギリシャにおいてアテナイの成長にスパルタが抱いた不安がペロポネソス戦争につながったように、大国のパワーが接近すれば衝突は不可避であり、米中戦争も例外でなく、数十年内で不可避になると主張した。彼の歴史的事例の検証には問題が多く、また戦争を避けるための手立てとして提案されたものが南シナ海や朝鮮半島をめぐって中国と大胆な妥協をすべきだとするものであったため宥和《ゆうわ》的にすぎるとの評価が多い。同盟国に巻き込まれれば命取りになるとの主張すらアリソンはしている。

トゥキディデスの罠のレトリックが米中政府当局の論理構成に影響を与えたことは事実であり、「衝突せず」大国関係を管理することの重要性がとりわけ中国政府から強調されている。また、競争意識の強さが国際政治の常としても、権力移行で米中がさらに競争心がかき立てられ、相手に報復するような政策の応酬に陥っていることはたしかだ。

テキサスA&M大学のクリストファー・レインも、地域覇権の確立、台湾の平和統一を断念しない中国とアメリカが戦争に進むこともあり得るため、東アジアにおける支配的地位をアメリカが中国に平和的に明け渡すべきだと論じて注目を集めた。これらの人物は代表的な国際政治学者だが、もとよりアメリカの世界戦略に否定的であり、額面どおりに分析を受け入れるべきではない。

とはいえ、米中対立がグローバル化に悪影響を与えるだけでなく、軍事的な衝突に発展する可能性は様々に提起されており、国際論壇でもオーストラリア首相を務めたケビン・ラッドが有名だ。管理された競争関係が米中には求められるとして、ラッドはサイバー攻撃の相互抑制やアメリカの「一つの中国」政策の維持、南シナ海における軍事行動の相互減少などを行うべきだと提案する。アリソンに重なるアイディアだが、ラッドはそうした積み重ねの先に、彼の言う戦略的信頼関係が構築できるとしている。

さらに、ジョセフ・ナイは「キンドルバーガーの罠」という問題も提起する。これは、米中が対立を深めていった結果、中国が超大国としてのパワーを獲得していても国際協調に乗る気をもたず、世界において様々な問題を解決するための国際公共財が十分に提供されなくなる状況を示すものだ。世界を覆う金融危機や環境破壊、貧困撲滅といった問題に、米中という二つの超大国が互いへの協力を行わず、グローバルガバナンスが機能不全に陥ることへの懸念だ。

別の角度から、アメリカの戦略上の困難を指摘する向きもある。まず中国を最重要の戦略課題とするのであれば、そのために他の課題解決を後回しにしたり、妥協で終わらせたりすることが求められる。だが、アメリカ国内政治上軽視できない中東や、ロシアからの脅威に敏感な欧州の安全保障への関与をどれほど縮小できるのか、疑問が残る。また、かつて米中接近でソ連を牽制したことを逆転させるように、ロシアに接近することで中国を牽制するという発想もトランプ政権期に語られた。これは当時の大統領補佐官の名前をもじって「逆キッシンジャー」とも呼ばれる。しかし、近年における中露関係の蜜月ぶりや一筋縄ではいかないロシアとの交渉を踏まえれば当面困難という見立ても多い。

生じかねない危機——台湾の例

二〇一九年頃より台湾海峡周辺の海空域、さらに東沙《とうさ》諸島では人民解放軍や海警の活動が活発化しており、対応するように米軍、台湾側の活動も増えている。レインが米中の軍事衝突の引き金として着目したのは台湾だった。理論上の現実主義者に分類される国際政治学者には、台湾に関わるリスクの大きさから、アメリカは手を引くべきだとの意見は多い。

そもそも、アメリカと台湾との同盟の基礎にあった米華相互防衛条約は一九七九年に終了しており、台湾関係法は台湾の安全へのアメリカの懸念と関心を示すにすぎない。それでも当時から、アメリカは台湾問題の平和的解決を一貫して求めており、またクリントン政権以来、台湾に住む人々の合意が重要としてきた。近年はより一層、台湾との関係強化に踏み出している。

なぜアメリカは台湾に関わるのか。まずその背景を整理しておこう。第一に、台湾島が中国の手中に収まることがあれば、それを足がかりに日本や東南アジアに積極的な軍事行動が波及していくことになるため、人民解放軍の行動を閉じ込めておく「コルク」のような役割を台湾に見出す議論がある。第二に、これも冷戦期からなされている議論だが、台湾をアメリカが防衛しなければ、日本をはじめとした同盟国がアメリカからの安全保障上の約束を信じなくなるという「信頼性」の問題がある。最近ではこれらに加え、中国が周辺の政治に干渉し、経済力も利用して圧力をかけているショーケースとしても台湾に注目する議論、また民主主義のモデルケースとして台湾に強く期待する議論が増えてきた。さらに、最先端の半導体受託生産拠点として台湾経済は飛躍したが、半導体の供給が寸断されればアメリカを含めた世界経済のチョークポイントになるとの主張も目にみえて増えた。バイデン政権の「国家安全保障戦略指針」(暫定版)も、台湾を死活的な経済パートナーと表現している。

このようにアメリカが台湾をみつめる視線は、冷戦期よりもはるかに複合的なものとなった。国防総省に限定されていたかのような台湾重視論は、今や政府内外に広く支持されている。これは、台湾当局や親台派の政治団体によるロビー活動や、中国への対抗心から意趣返しとして立ち上がったこともあるが、台湾に民主主義が定着し、先端的な経済を持つに至ったことからみても自然な流れだったところもある。

トランプ政権期には、台湾重視論が強まるなかで、アメリカが長年維持してきた戦略的曖昧性の立場を解消し、台湾防衛に関わる意思をはっきりと示すべきだとの議論が増えた。トランプ政権の『インド太平洋戦略フレームワーク』（二〇一八年。二〇二一年一月に機密解除のうえ公表）は明確に台湾防衛を掲げていた。バイデン政権も発足直後に声明を発出しており、従来の「一つの中国」政策を堅持する方針と述べた一方で、台湾への武器売却継続を意味する「六つの保証」に触れてみせた。行政府が後者に触れるのは異例だ。

米中首脳による電話会談（二〇二一年二月）でも、台湾を対象にした中国の行動が強圧的にすぎるとバイデンが批判したとホワイトハウスは発表する。インド太平洋軍のフィリップ・デイビッドソン司令官も、六年以内に人民解放軍が台湾に対して行動を起こす可能性が高いと証言した。こういった発言の背景には、たしかにインド太平洋への予算重点配分を求める思惑もみえ隠れするものの、中国が台湾侵攻能力に自信を持ち、対中抑止が破綻する可能性が高まっているという焦りもあるようだ。

戦略的曖昧性を見直すことが対中抑止につながるという議論は今後も提起されつづけるだろう。しかしそれは中国からみれば許しがたい政策の変更となる。曖昧性を見直さずとも台湾へのさらなる軍事的関与が進展することもありうる。アメリカが抑止を強める狙いから、すなわち防御的な意図からそういった変更を行ったとしても、中国がそのように受け取るとは限らない。習近平政権は過去数年にわたり台湾の平和的な統一に向けた可能性が遠のいているとの焦りを深めてきたのであり、アメリカの出方に敏感な反応をみせている。

それでは、米中は台湾、さらには東シナ海、南シナ海などにおいて、一触即発の危機を経験することになるのだろうか。可能性を議論するよりも、多くのシナリオがあることにまず着目すべきだろう。台湾側が実効支配している離島に対して中国が軍事的な選択肢を取ることも、米台関係や国際世論を不可逆なほど強硬化させるリスクがあり可能性が低いとはいえ、否定はできない。艦艇や戦闘機等の偶発的な衝突などを引き金に緊張が高まることも想定できる。そして台湾本島を対象にした侵攻を想定すれば、日本の南西諸島を巻き込んだ大規模な戦争に発展するとの想定が多い。

何より重要なのは、そのような危機が生じた際に、本格的衝突にエスカレートしないように米中および台湾の当局者が管理できるかだ。実のところ、それはかなり疑わしい。台湾海峡をめぐりこれまで三回にわたる危機があったが、米中両政府は互いの意図の誤認が多く、また収束に有効なメカニズムはいまだに形成されていない。政治面で対立を深めていけば、当局間のコミュニケーションはさらに難しくなる。経済・技術をめぐり米中が互いへの依存を解消していけば、危機を回避しようとするインセンティブも下がっていくことにもなる。台湾は米中対立にとって、もっとも危険な発火点になるだろう。

米中対立に引き裂かれる多国間メカニズム

国際協調の形も、米中対立を受けて、新たな展開をみせていくことだろう。アメリカと同盟国が台頭する中国を念頭に置いた協力を深め、そこにさらに多くの国の参画を求めることはすでに始まっている。冷戦期にはNATOや日米安全保障体制だけでなく、非公式の輸出管理レジームであるココムや、先進国の協調と結束を目指したG－7をはじめとして多層的な制度があった。米中対立下の世界にはG－7に加え、それにオーストラリア、インド、韓国を足した民主主義連合のD－10、先端技術を有する国からなるT－12（リチャード・フォンテーンらの論考による）、さらに地域的な日米豪印協力（クアッド）の枠組みが多層性を構築するというアイディアなどが提案されている。具現化する過程でメンバーは替わっていくだろうが、価値観と先端技術の保護が焦点になるだろう。たしかに、二〇二一年のG－7議長国イギリスはD－10のアイディアに関心を示したし、バイデン政権はクアッドの制度化に向けた意思を前政権から引き継ぎ、首脳会談を開くに至った。

それでは、中国に対抗する国々が同じ意志のもとで政策協調を深めていくのか。実はそうとも言い切れない。もし先進国が中国戦略で対話を重ねても、アメリカほどに対中強硬姿勢を持つ国は少なく、自然と協調できる範囲は狭まってくる。自由主義、民主主義への問題関心や自由貿易への取り組みなどを考えれば、重層的な協調枠組みが仕上がってくることは自然だが、その実態をみればまとまりを欠くという展開も大いにあり得る。

すでに構築されている同盟に加えて、たとえばインドやシンガポールなどアメリカと近年安全保障関係を強化している国が公式の同盟関係を持つことを希望するかといえば、おそらくそれはあり得ないだろう。そもそも当面のところ、もっとも問題となるのは領域防衛よりは技術をめぐる経済安全保障であり、そのための枠組みは分野ごとのものが積み重なるように形成されていくのではないか。また、情報に関する高度な協力体であるファイブアイズは日本との連携を一層強めていくだろう。

アメリカが中国を意識した枠組みを重層的に組み立てていくとき、中国はどのように動くのだろうか。中国には鄧小平以来の非同盟の方針を改め、パートナーシップを強化していくべきだとの議論はある。EUやASEANの一部加盟国との強い関係をもとに、それぞれの地域における立場を強めようとも動いている。また中国は既存の国際秩序のなかでも途上国を中心に行動をともにする国も多い。しかし、中国は現時点で国際秩序の全面的な置き換えを考えているとは言いがたく、むしろ既存の国際組織の事務局長等の指導的地位の獲得に注力し、政策協調にも応じることが多い。新興技術も含め標準化戦略の策定を中国政府は進めているが、それも国際組織や地域協力での主導権確保とリンクしている。アメリカと比べれば、排他的な制度を作るよりは既存の枠組みを利用し、また二カ国関係も重視しているようにもみえる。

世界に存在する多国間メカニズムが米中対立に深く影響を受けた場所になり、対立の最前線になることは避けられない。もちろん、世界には米中以外にも対立軸が残されており、たとえばアメリカと欧州、日本、中国は環境問題では異なった構図で意見を交わすこともあるだろう。それでも、米中の政治的緊張が多国間協調に深刻な影響を及ぼす将来は、かなりあり得そうだ。

第2節　米中対立と冷戦の教訓

新しい冷戦なのか

世界を二つに引き裂くような政治対立が続き、経済構造も分断が進み、危機も生じかねない。こうした米中対立の状況は「米中冷戦」や「新しい冷戦」と呼ぶべきものなのだろうか。

田中明彦《たなかあきひこ》は、やはり政治体制の違いに注目し、「中国共産党が現在の政治体制を維持しようとする以上、潜在的には「新しい冷戦」は常に存在し続ける」として、とくに習近平が第一九回全国代表大会（二〇一七年）で中国が自由民主主義体制と異なる発展モデルを世界に示したことに注目する。

つまり、各国の国内政治において欧米や日本のような自由民主主義体制を目指す勢力と、中国のような権威主義体制と資本主義を混在させた体制を目指す勢力が生まれることを超大国が後押しするような状況は冷戦期に似たイデオロギー対立ではないか、ということだ。田中も議論するように、中国が国内だけでなく世界各地において市民的自由や民主化の後退につながっていることは多々指摘されており、アメリカにおける対中不信を強める結果となっている。

だが、米ソ冷戦のアナロジー（比喩）を米中対立に用いることに慎重論もある。それから得られる教訓や視点もあるが、ソ連と中国の差異にも十分に注意すべきだと、駐ロシア大使もつとめたスタンフォード大学のマイケル・マクフォールは言う。ソ連と異なり、中国と他国の同盟、パートナーシップ協力は浅く、中国はソ連に似た政治体制を持つとはいえソ連ほどには外国に政治体制を押しつけようとしていない。さらに資本主義を擁護していることを見逃すべきではないという。これもまた一面の真理を突いている。

市民的自由が世界で急速に悪化しており、コロナ禍でも加速していること、また中国が諸外国の抑圧的な政治体制を支えるかのように支援を与えてきわめて深刻な歪《ゆが》みを世界にもたらしていることは否定しがたく、それはアメリカや先進国が標榜する理念とは相容《あいい》れないものである。しかし、中国はソ連ではない。政治経済体制だけからみれば、実に中国は中途半端な存在である。グローバル経済のなかで米中の利益は複雑に絡みあってもいる。

米中対立を新しい「冷戦」というべきか、否か。それは定義によるが、ここで米中対立を、両国が互いへの不信とパワーバランスの変化を受けて、相手の行動に対して対話や協調よりも、相手への反論や関係縮小のための政策対応を優先させる政治的不和を継続している状態、とシンプルに定義すればどうだろうか。

まさに今起きていることは、国内外における中国の動きをやめさせようとアメリカと同盟・パートナー国が協調して圧力をかけ、それに中国が反発し、他国の囲い込みを強めるという事態だ。アメリカが輸出管理を強化すると、中国もそれに応酬するかのように輸出管理を強化した。

まったく異なった世界観を持つ米中を結びつけてきた、アメリカが中国にかけた期待や自らの力への慢心は崩れ、アメリカは世界の中心という立場を失い、自らが作りあげてきた秩序が置きかえられる恐怖にさいなまれている。中国もアメリカへの不信だけでなく、パワーバランスが自らに有利になったとの自信を深めた。こういった互いの認識に基づいた不和は当面解消されそうになく、それは世界を不可避に巻き込む。

これこそ冷戦的な状況ではないだろうか。たしかに、米中のイデオロギー対立はまだ本格化しておらず、中国にはかつてのソ連のようなグローバルな同盟ネットワークはない。世界大の経済社会の結びつきも、一九四〇年代とは比べものにならないほど強い。しかし、米中の政治的不和は明らかに通常の二つの大国の関係とは異なる。

米中対立を避けられた、失われた機会はあったのだろうか。パワーの接近、また両国の政治体制、世界観の違いを踏まえれば、対立を避けることはもとより難しかった。ただし過去数年において、国内からの支持を調達しようと、両国の指導者や当局が互いを非難する政治的動きを続けたことも競争意識を高め、また対抗措置を早めたとはいえる。

米ソ冷戦との違いを強調して、つかの間の安心感を得るよりも、米中対立の持つ潜在性、米中両国の不和の大きさ、両国における競争意識の高まりを捉えることが必要ではないか。そのために、米ソ冷戦からの教訓を得ることが重要ではないか。本書はそのように考える。

もちろん、世界各国は米ソ冷戦期ほど明確には、一方とだけの関係構築に専念する判断をしていない。グローバル経済への期待はいまだに高く、米中両国がともに成長しつづけるかぎり、両国を二つの焦点にした楕円のような世界が形成されていくだろう。その先にルールに基づいた国際秩序のもとで中国との共存を図ろうという意思を隠さない国が多い。それでも、対中認識を悪化させながらアメリカとの政策調整を進める国、または中国との関係を強化するように動く国が徐々に増えてきている事実はみすえておくべきだ。

なお、冷戦と似たような言葉として「大国間競争」という言葉も、アメリカ政府・軍関係者を中心によく使われている。たしかに、アメリカのパワーが相対的に減退し、中国はじめ新興国の成長により大国が競い合う構図がよくみられるようにはなった。競争意識の高まりは否定できない。しかし、ジョージタウン大学のダニエル・ネクソンが諌めるように、競争という一見中立的な表現で軍事予算の増額をはじめとした諸政策を覆い隠すことがこの言葉を用いる狙いにある。また競争という言葉は、冷戦以上にゼロ・サム的な世界観を前面に出し、対立する状況の負の側面を軽視することにつながる。そうした政治的な意図で選択された競争という言葉を、分析概念として用いることは相応しいと思えない。

アメリカ社会はどう動いていくか?

かつて米ソ冷戦が世界を覆ったとき、各国の国内は政治も社会も分断された。それを国内冷戦という。そして経済や高等研究機関にも冷戦を意識した規制がかかり、他方で膨大な政府予算が配分されたりもした。

米中の新しい冷戦では、米ソ冷戦以上に科学技術が対立の焦点になると予想される。冷戦型科学技術研究システムのもとでは、アメリカは基礎科学から技術までを直線的に捉え、とにかく資金をばらまいた。現在は軍事用と民生用のどちらにも応用可能な両用技術の重要性をみすえ、アメリカの科学技術予算がトランプ政権以降、大幅な増加傾向にある。イノベーション戦略を重要視する点でバイデン政権も変わらない。さらに、二一世紀の産業にとってエンジンとも言われる半導体に関連してアメリカ政府の関与を増やすように議会も動いている。国内の半導体産業育成に補助金を惜しまないというアメリカ等の姿勢を英『エコノミスト』誌は「半導体社会主義」とさえ呼んでいる。

アメリカ社会ではほかにも注目しておくべき点がいくつかある。まず、冷戦期におけるアメリカ社会がまず経験したのは国内の共産主義者や協力者を探そうとした「赤狩り」だった。それに先立ち、黄禍《こうか》論も存在した。コロナ禍後にとくに強まった中国批判は憎悪犯罪を急速に増やす結果となったし、白人ナショナリズムが高まっていることも事実だ。トランプ政権期に推し進められた、司法省の中国イニシアティブのような特定の背景を持つものを狙い撃ちにしたような捜査プログラムには批判も多い。中国を念頭に置いたアジア政策とアジア系市民に向けた政策をどのように両立させるか、アメリカ社会の寛容さが試されていくだろう。

また世界との関わりをめぐるアメリカ国内の論争にも目を向けるべきだろう。アメリカ社会は、若い世代にいくほど、大国間の政治よりも環境や貧困、公正をめぐるグローバルな課題に関心を寄せる。肥大化した軍事力を行使して世界に関わっていくべきだとの考えに対しては、オバマ大統領による「世界の警察官」の否定や、オバマ、ヒラリー・クリントンをともに介入主義者と批判したトランプ大統領のように、連綿と続く反論がある。

たしかにアメリカは歴史的にも国際主義や介入主義とそれらの修正というパターンを繰り返してきたが、最近の国内論議ではこれまでにないほど覇権戦略を否定する言説が多い。それらの考えに基づけば、同盟国に負担をシフトさせるだけでなく、中国との関係安定化のための方策が重視される。他方で、外交政策をこれまで牛耳ってきたエリートたちはアメリカ中心の世界という前提から脱することはなく、軍産複合体との結びつきも変わらない。

果たしてこれらの二つのまったく異なる世界観の対立は、いかなる方向に議論を展開させていくのだろうか。トランプ政権期にはそれは従来どおりの外交エリートが勝利する構図に終わったが、長期的にみれば有権者の志向性や新しい議論の登場を観察していく必要がある。バイデン政権に入った者たちも、エリート中心の外交政策では国内から十分に支持を調達できないため、中間層など有権者の考えに寄りそおうと議論していた。対中戦略が国防・情報関係予算の膨張を招いたり、グローバル課題への取り組みや国内移民社会の融和といった課題を阻害したりするようなことになれば、国内論争は深まるだろう。

デタント（緊張緩和）はあり得るか？

もう少し、冷戦の教訓を汲《く》み取る議論を続けよう。米ソ冷戦はデタントを経験した。ニクソン大統領とブレジネフ書記長は、一九七二年に米ソ関係基本原則に達し、平和共存を具現化する道筋をつけ、軍備管理でも戦略兵器制限交渉（SALT）に合意、弾道弾迎撃ミサイル制限（ABM）条約も締結した。核戦争の回避に加え、アメリカはベトナム戦争終結につなげることも期していた。その後も数年の間、米ソは前向きに外交交渉を続けた。米中では同様の緊張緩和のための外交取引は起きるのだろうか。

まず、デタントは両者の間に信頼が形成されずとも起きるという理解が必要だ。どちらか一方、または両者の国内事情によって、軍備拡張や他国支援のコスト（地域紛争に巻き込まれる可能性を含む）を背負い込むことが難しくなったときに、その場しのぎのデタントへの衝動が生まれる。現実主義者と呼ばれる国際政治学者はデタント的な共存を好む。ニクソン、フォード政権の大統領補佐官、国務長官としてデタントを演出したキッシンジャーは、まさにそのような道を今後の米中関係にも提案しているが、先に紹介したアリソンや政治家のラッドの議論も類似している。

デタントが生じたとしてもそれは米中対立にまつわるリスクや相手への不信を完全に払拭するものにはならないが、それでも、つかの間の安定を得ることにはなる。もし将来、「米中デタント」が起きるとすれば、それは両国の「不同意の同意」を整理し、危機管理などにつながるメカニズムを整備し、さらに両者にとって優先的な地域や対象を少しでもはっきりさせることで、対立を制御しようとするものとなるだろう。核戦略や軍備管理をめぐる調整、台湾をめぐる新たな合意、サイバー攻撃の相互自重、先端技術の軍事利用の制限、北朝鮮をめぐる協調などが、その際に米中デタントの象徴的な取り決めになるのかもしれない。

対立を緩和せざるをえないと最高指導者が将来、決断することはありうるとの理論的想定は必要だ。ただしそれは、中国が変わるという期待に基づいてアメリカが関与方針を復活させるということではない。中国に脅威を感じなくなったからということでもない。それでも共存を選択しなければならないという冷めた自己認識のうえにデタントは行われ得る。たとえば、財政的制約や国内における対外路線への支持低下などが引き金になろう。米中における一触即発の軍事危機もコミュニケーションの必要を互いの指導者に痛感させるかもしれない。ソ連との本格的なデタントは共和党のニクソン政権下で始まったが、今後に関しては党派性というよりは国内事情によるものとなろう。グローバル経済で絡みあった米中の事情を考えれば、デタント的動きは小ぶりな形でより頻発しても不思議ではない。

なお、冷戦史を振り返ると、そういったデタントの動きは宥和主義を批判する国内勢力の集結や、相手方の合意からの離脱によって破綻していく。政治的不和を招いた構造的要因が解消されないかぎり、すべてはつかの間の小休止に終わる。

デタントは、超大国の勝手な事情による相手との結託と同盟国にはみえることもある。ニクソン政権がそうであったように、デタントは同盟国への軍事的な自助努力を求め、地域問題の解決の責任を転嫁するものでもある。それが同盟国に与える衝撃は大きなものだ。とはいえ、米ソ冷戦期と比べれば、米中両国が世界経済のエンジンである限り一方とだけ関係を深めることは難しく、デタントはかつてよりは歓迎されるかもしれない。

なお最近、アメリカでは中国との「競争的共存」を目指すべきだとの論説もみられるが、それはデタント的な意味で共存を想定するものではなく、中国との対立緩和を目標にしていないことに注意が必要だ。競争を名目にした技術規制や軍事力の整備を実現するなかで、国内経済や国際関係を不安定にしかねないとの懸念を払拭する意味で共存を言葉として用いているにすぎない。アメリカが本書の言う意味でのデタントを中国に求めるのは、かなり国内政治状況が変わってからとなるだろう。

米中対立はどうすれば終わるのか？

対立はデタントでは完全には終結しない。合意の幅は限定的かもしれないし、そもそも対立を引き起こした相手への不信は払拭されない。では、米中対立が本当に止むことがあるとすれば、それはいつ、どのような形で訪れるのか。

対人関係を対象にした信頼研究でも示唆されるのは、低信頼の状況を反転させることの難しさだ。そもそも、米中における政治経済体制の違いは当面解消する見込みがなく、少なくとも四十年前に生じたような将来への期待を再び両者が持ち合わせることは想像しづらい。何らかの制度を作ったとしても、それは緊張をいくばくか緩和するものにしかならない。

それをデタントにとどまらせず、米中対立を終結させるものにするためには、さらなる一歩が必要だろう。冷戦終結ではミハイル・ゴルバチョフの役割がきわめて重要だった。腐敗したソ連共産党、「手を広げすぎた」世界各地への支援と介入を再整理しなければ国家の未来がないと考えたゴルバチョフは、グラスノスチなど国内の大改革だけでなく、西側指導者と対話を重ね、中距離核戦力（ＩＮＦ）全廃条約、アフガニスタン撤退、兵力削減など大胆な手法で肥大化した世界戦略を終わらせた。それにレーガンが応じていき、両国の不和は解消に向かった。ともに新しい世界を構築しようという目標をみすえ、期待をかけあったともいえる。

そう考えると、中国、またはアメリカの指導者が将来、国内事情から根底から戦略を見直し、相手との和解に向けた大胆な行動に出ることが転機になる。たとえば、中国の市場化改革の後退や積極的な対外政策を正当化し、国内からの支持を得るためには経済成長が必要だが、低成長でそうした戦略は根底から揺らぐかもしれない。まだ現実味は薄いが、アメリカが世界からの撤退を実現しようとするような大統領を選び、市民の支持の前に政府・米軍も方針を転換することがあれば、やはり対立の終わりが始まる。

アメリカには、米中対立が終結するためには中国の民主化が前提だと、現体制の転覆を求める立場がある。しかしそれは冷戦の教訓からみれば、必要条件ではない。たとえば将来において、中国の国内政策、対外政策方針を劇的に変えざるを得ないと共産党体制の指導者が認識したことが明らかなときでも、単なるデタントに終わらない対立からの出口がみえてくるかもしれない。一方の変化によって生まれたチャンスを見逃さず、向かいあう逆側の指導者がいれば対立は収束していく。米ソ冷戦では、国内政治体制の変革が起きるのはその後だった。

指導者を動かすためにも、両国の市民が科学的知識に基づいて、関係の構築に取り組む意思を捨てないことも重要だろう。米ソ冷戦でも東西交流に始まる、長い交流の積み重ねがソ連内部における議論に影響したという解釈もある。相手の政治エリートや社会を一枚岩と考えない、柔軟な思考と交流の継続が道を開くきっかけを作る。

さらに巨視的にみれば、世界の経済関係や社会的価値観の変化が米ソ冷戦の終結につながった。米中の経済力が世界で相対化されていけば、またたとえば国家間対立よりもグローバル課題に取り組むことを優先させる新しい価値観が世代交代のなかで進んでいけば、それらも米中対立に大きく影響するだろう。

米中以外の国家が超大国をともに包摂するような国際社会の構築に努力することも対立の収束に寄与する。協力の習慣を定着させ、競争意識を緩和するためには、超大国だけの枠組みではなく、より広い多国間枠組みのなかで立場が調整されていくことが望ましい。また協調から抜け出ようとする超大国を監視したり、協調に引き戻したりする役割も中小国は果たせるかもしれない。超大国以外が対立終結に向けた動きを最初から作ることは難しくとも、社会の変化を促進させたり、国際協調を定着させたりすることに重要な役割を果たすことは大いにあり得る。日本やアジア、世界の国々、なによりそれを動かせる市民社会の役割はここにある。

国際政治の将来を見通すような「水晶玉」はない。自然科学と異なり、人間社会が複雑に絡み合った国際政治は、そもそも予測が困難だ。本章で紹介した議論は抽象的で物足りないと思われるかもしれない。しかし、こういった議論を道しるべにすれば、米中対立と国際秩序の展望を考える手がかりは得られるのではないだろうか。

おわりに──バイデンと習近平、そして日本の立ち位置

二〇二一年、アメリカには前大統領の政治姿勢を明確に否定するジョー・バイデン氏が第四六代大統領として誕生した。果たして今後の米中対立はどのようなものになるのだろうか。トランプ政権が末期まで、その爪痕を残そうと努力した中国政策は変わるのだろうか。中国の対応も変わり、両国の関係性は元に戻っていくのだろうか。

強硬な対中姿勢からスタートしたバイデン政権

バイデン外交の立ち上がりは、トランプ政権よりも強い対中強硬政策となりつつある。

バイデン政権は、前政権の「アメリカ第一」の外交方針や、前大統領の取引主義や一貫しない政治姿勢を否定し、国際組織や法を基盤とした国際秩序の立て直し、同盟国との関係修復を掲げていた。「中間層のための外交」を訴えるが、新型コロナウイルス感染症の感染拡大で苦

しむアメリカ経済の立て直しや医薬品を含めたサプライチェーンの海外依存への反省と併せて考えれば、政府支援による製造業の国内回帰に積極的といわれる。人権問題と世界における民主主義の後退に強い懸念を示し、中国やロシアなど権威主義と民主主義が対立を深めるという世界観を演説にも色濃く反映させている。気候変動が安全保障に直結すると捉える考えも民主党には根強い。

こういった世界観を余すところなく反映させた文書が、二〇二一年三月に公表された「国家安全保障戦略指針」（暫定版）であった。中国は「経済力、外交力、軍事力、技術力を組み合わせて、安定的で開かれた国際システムに持続的に挑戦することができる唯一の競争相手」と表現された。中国を抑止するだけでなく「打ち負かす」という強い表現もみられたが、その背景には、本書で指摘してきたように、国際システムを強制的に書き換えてしまうほどになった中国の力への気づきがある。

たしかに、気候変動などグローバル課題での協力もあり得るとの姿勢は残されているが、戦略文書に加え、クアッド（日米豪印）首脳会談や日本、韓国への国務長官、国防長官の派遣、そして中国外交トップを極寒のアラスカに呼びつけての会談という外交日程をみても、中国への強硬な姿勢を内外にみせつける方針は二〇二〇年春から一貫していた。

また、中国の台湾周辺での行動抑止が十分に効果を挙げていないとの懸念が増大している。台湾へのアメリカの姿勢は「岩のように堅い」と早々に表明されたが、国務省は武器売却の継続を含意する「六つの保証」にあえて言及したり、台湾周辺での中国の行動を牽制する発言を繰り返した。旧正月を前にしたバイデン大統領と習近平国家主席との二時間にわたる電話会談後にも、台湾周辺での中国の動きに「深い懸念」を示した。こういった流れを締めくくるように、四月に訪米した菅総理との日米首脳会談は共同声明で、三月の2＋2（日米安全保障協議委員会）に引き続き、台湾問題に言及した。

バイデン政権は新疆ウイグル自治区や香港に関する厳しい情勢認識も早々に示した。二月下旬に署名された大統領令は、サプライチェーンの見直しを半導体やバッテリー、医薬品、希少資源と四分野での政策再検討から始めると定めた。情報通信網の整備から中国製品を排除する方針も維持される見込みだ。ロイド・オースティン国防長官のもと、中国との「競争」を前提にした戦力体制や研究開発を推し進める方針も示された。

バイデン政権では、軍事、外交、科学技術、情報通信などをめぐり、対中政策の充実を図る方針が主流となるとみられる。気候変動や米中経済関係のための協議はそれと併行しても、中国への懸念を反映した基本戦略には影響しづらい。象徴的な対中強硬政策を好んだトランプ政権と異なり中国の政治体制を直接に批判しないまでも、実質的には前政権からの継続性が強い。そこには国内外からの弱腰批判を恐れているだけではなく、国際秩序の先行きへの不安感が反映されているとみるべきだろう。「追いつきつつある挑戦者」が追いつくことを阻止するために長い「競争」を続けていくべきだとの意志の表明は一貫している。トランプ政権との違いは、戦争を回避するという意味で、安定を維持するための抑止への配慮が強いということだろう。

連邦議会をみても、全般的には対立が続く民主党、共和党も対中政策では超党派的な協力が目立っている。サプライチェーン再編のための政策方針に関して、共和党も目立った反対をみせていない。

短期的には関係修復を、長期的には依存の解消を目指す中国

他方で、中国をみてみると当初はバイデン政権での関係修復への期待を滲ませたが、過去数十年続けてきたアメリカへの経済、技術面等での依存を長期的に解消するような動きも加速している。

たしかに、バイデンとの電話首脳会談（二〇二一年二月）で習近平は両国が「衝突せず、対抗しない、相互尊重し、ウィン・ウィンの関係」を構築することを目指すべきだと、米中対立前から繰り返されてきた表現を用いながら、幅広い協力を訴え、新たな市場開放がみられる金融分野にも触れてみせた。アメリカの新閣僚たちが一月から議会の指名公聴会で厳しい対中認識を相次いで示したが、中国政府は関係修復への期待を前面に出し、異例の長さの発表文を公表し、対話メカニズムの創設まで提案した。

しかし、アラスカでの外交トップ会談で中国当局者がみせた強硬な姿勢にも現れているように、バイデン政権に当初期待した関係改善にかける思いは早い段階で消えさった。

もちろん今後も、短期的な関係改善を探る動きを続け、グローバル課題や北朝鮮問題での協力も考えられる。

けれども大局的にみれば、危機感をもとにした新しい政策対応は一層加速していくだろう。新型コロナウイルス感染症発生後、習近平は百年に一度の危機との意識から対応を進めている。「底線思考」とも言われるが、きわめて悪い事態を想定した政策対応を求める号令がかかっており、アメリカに依存することへのリスクも踏まえ、経済の国内循環論が提唱されている。さらに、「国際標準2035」が準備されていると言われる。二〇〇六年頃より中国では「国家中長期科学と技術発展計画綱要」等で国内イノベーションを重視する姿勢を示してきたが、その方針が強化されるだけでなく、半導体はじめ技術の内製化に向けた取り組みは不断に続けられている。二〇二一年三月の全国人民代表大会（全人代）で承認された第一四次五ヵ年計画も、科学技術を、中国の内外における問題を克服する鍵と捉え、イノベーションと基礎研究をともに重視するよう予算を増やす方針を示した。外国に依存しない自力更生が今後も追求されていくだろう。

中国の軍事力増強も止むところがない。西太平洋における米中の軍事バランスは崩れつつある。また、中国海警局も急速に規模を拡大させているが、組織改編によって中央軍事委員会のもとにある武装警察部隊に編入され、二〇二一年の海警法の施行により準軍事組織としての性格を一層強めている。さらに、中国による台湾の防空識別圏への侵入は繰り返され、台湾海峡の緊張は高まる一方だ。

さらにアジア、欧州各国には、コロナ・ワクチンの供給も加えて、経済外交を依然として推進させている。たしかに戦狼《せんろう》外交とも言われる、ナショナリズム色の強い宣伝外交が各国と関係を悪化させているところもある。それは国内事情を反映したものだが、全般的にみれば、経済支援やマーケットの大きさから中国経済が持つ引力は依然として強く、中国政府もそれを影響力に転化させるように動いている。中国版エンティティ・リストや輸出管理法、また独占禁止法などを活用して、西側諸国に経済的圧力をかける姿勢は続くだろう。

緩やかに分断されていく世界

トランプ前政権のほうが政権内での意見の分裂が大きく、それが中国政府に外交交渉への期待を持たせていた。トランプ大統領は再選のための対中交渉を重視しており、また人権感覚の欠如から、香港や台湾といった課題を避けつづけた。バイデン政権内での認識に齟齬《そご》は少なく、粛々と政策対応が進むだろう。気候変動をはじめとしたグローバル課題での米中協力や経済関係の見直しに慎重な姿勢を強めている米産業界の動きも、全体として米中対立の構えを崩すほどのインパクトは持ち得ないだろう。

現在の世界は、米中の不和と政策の応酬による負のスパイラルに入っているかのようだ。もちろん、これまでもインターネットの世界では中国が世界的サービスの利用を許さないなど分断がみられたが、情報漏洩への懸念から最近ではサービスやデータの往来を防ぐ措置を米中が互いに強めている。さらに、製品レベルでの分断した関係がグローバル化した経済に深刻な影響を与えはじめている。中国に輸出を続けるため、アメリカ産の技術や物品を含んでいない「アメリカフリー」の製品が作られたり、逆に「中国フリー」の製品が作られたりする現象はすでにみられる。自国中心の技術やサービス、サプライチェーンを強化して、戦略的見地から重要で脆弱とみなされる先端領域から、相手への依存を減らすように、米中の分離は深まっていくだろう。

人の往来は、コロナ禍の影響も加わり、激変した。アメリカが受け入れた中国人留学生は二〇二〇年には前年比九九％減と発表されている。健康上の懸念がなくなれば、一般的な留学やビジネス往来が多少戻ってくるだろうが、中国の若い世代にとって米欧社会の魅力が急速に色あせてみえているのも事実だ。またアメリカ人にとっても中国が遠い存在に見えはじめてしまえば、両国を支える人的な基盤が一層薄くなっていくことになる。

米中両国はそれぞれ多くの国とのパートナーシップ強化を図ろうと駆け引きをしている。いまだ世界の多くの国はどちらか一方に傾斜することを好まない姿勢をみせるが、長期化する米中対立によって経済構造や科学技術を取り巻く環境が変わってくれば、外交的な傾斜は自然と強まるだろう。

世界が分断されていくことは望ましくない。しかし、米中対立が前提となる世界はたしかに到来しつつある。脱国境的な動きへの障害を取り払うかのように進んできたグローバル化は、変質を余儀なくされている。

日本に必要な連立方程式の発想

アメリカは中国に、まったく新しい姿勢で臨もうとしている。それは過去四十年続いてきた、関与と支援、そして対中関係における安定重視とはまったく異なるものだ。

アメリカは日本が米中対立の時代に名実ともに要石になるという認識を示す。地政学的にも、日本は米中対立の最前線に位置することは明らかだ。また東南アジアや欧州などは日本の立ち位置、振る舞いを注視している。中国もそういった日本への視線を十分に理解しながら、日本を牽制しつつもひきつけるべく対日政策を模索しているようだ。

日本外交がこれほどに注目を集めるなか、私たちは米中関係を冷静に分析し、自らの手で戦略を立てる必要がある。日本は、米ソ冷戦黎明《れいめい》期と比べものにならないほどの実力を持ち、そして政治的価値を理解するようになった。今ほど、日本の戦略的対応が国際秩序の命運に作用するときはない。

日本外交には、いわば連立方程式の思考が必要だ。それはパワー（力）と価値観の二つをともに成り立たせたところに外交を構想するということだ。

パワーの観点からみれば、アメリカの経済力、また世界での指導力は日本にとって同盟を組むに十分な理由を与えている。日米安全保障体制が日本の防衛にとって不可欠であることも言うまでもない。他方で、年三〇兆円を超す第一の貿易相手である中国の経済力の潜在性はいまだ高く、中国市場や中国との科学技術協力の必要性は広く理解されている。もちろん、中国の軍事力や、経済社会にも広がる影響力の高まりが日本に及ぼす影響も懸念されるところだ。このようなところに米中対立が進展している。たしかに、安全保障を考えればアメリカとの同盟が重要な手段と考えるのは自然だが、問題のない領域では中国のパワーを正しく活用すべきだとの考えを安易に退けることもできない。アメリカ一強ではなく、米中がともに成長するパワーである限り、日本がジレンマを深めることは必定だ。

そこで、もう一つの観点として価値観を忘れてはならない。日本社会は、長い時間をかけて自由で民主的な社会を築き上げようと努力してきた。そして、欧米社会と問題解決に向けたアプローチが異なることがあっても、アジアはじめ世界の各国・地域が豊かになるだけでなく、市民的自由が拡大することを望んできたはずだ。「人間の安全保障」を世界的に推進し、また政府開発援助はじめ諸々の外交努力を続けてきた日本は、けっして価値観抜きの外交をしてこなかった。そして、民主的な統治を否定する権威主義が蔓延し、凄惨な人権侵害が進展するなかで、そういった状況をよしとする無関心の世界を望まないとの思いを多くの市民が表明し、連帯を示すようにもなった。

この二つの観点を両立させることができるように、日本外交は歩みを進めるべきだろう。パワーの観点だけでは、たとえば今後、アメリカが国内事情で国防予算や対外姿勢を縮減したり、経済力で中国に見劣りしたりすることがあれば、中国への傾斜を深めるとの結論になってしまう。だが、価値観の観点を加えれば、社会統制を国内で強めるだけでなく、世界秩序の有り様を変えようとする中国に迎合するという単純な結論にはならない。逆に、価値観の観点だけから外交を構想してしまえば、そのような理想を実現するために国際社会が力を結集させる必要も、国内でそういった政策への支持を固める重要性も見落としてしまう。

求められる新しい政策対応

それでは、日本は具体的にどう動くべきか。

日本は、まず自らのパワーの基盤を守り、また安全保障を確保するために足下を固める必要がある。中国の軍事力伸長は明らかであり、領土に関わる自らの主張をもとにした現状変革のための行動は、今後も強まる。日米安全保障体制に加え、日本自らの手で安全を維持できるための努力が一層求められる。

アメリカも中国も、輸出管理や金融市場への介入などが諸刃《もろは》の剣となることは十分に自覚しつつ、しかし今後も緩急をつけながら相手への依存を減らすように動き、日本に自らの側に与するように、踏み絵を迫ってくるだろう。自国ルールの「域外適用」や協力要請を前提にするかのような両国の政策には不透明・不確実なところも多く、ビジネスリスクを高めている。そもそも狭義の安全保障ではなく、自国企業の利益を含めた国家利益、産業政策の観点もみえ隠れする。それでも、こういった状況を他国が反転させることはかなり難しい。

それゆえ、経済安全保障には新たな対応が求められる。つまり、守るべき技術や資産（不動産を含む）を特定し、日本に欠けている法基盤をアメリカなど先進国並みに整備することだ。そこには人権規範や科学技術の流出防止のための制度が含まれる。大学や民間企業も態勢を整え、まずは所有する技術や人員、サプライチェーンの状況を詳細に把握し、新しいルールや規範を独自に情報収集することから始めるべきだろう。オープンサイエンスを推進し、研究者を萎縮させないことに十分な配慮が与えられたうえで、同時に外国政府からの影響排除が十分に意識されるように研究活動における不正行為を防ぐ体制の拡充も求められる。

軍事利用や人権侵害と関連する可能性を考えれば、科学技術や経済活動が冷戦期を思い起こさせるように徐々に安全保障の視点と一体化していくことは避けようがない。それでも、私たちの社会は科学技術によって豊かになることを求めている。この問題が産業界や科学界にも影響が大きいという社会的性質を考え、広く基本的アプローチを公開し、合意形成が求められる。また、広く世界が前進できるために、懸念なく人の往来や貿易ができる範囲の確保を目指していくべきだ。

そして、なによりも価値観の観点を組み込むことが日本にとって大切だ。世界では、民主主義社会への外部からの政治工作が増えているだけでなく、人権侵害や市民的自由の縮小も広がっている。

こうした状況を認識したうえで、日本外交はより自由で民主的な社会を実現していこうという世界の団結に加わり、中国における人権状況の改善を強く求めるだけでなく、貿易差し止めや人の移動の遮断によって圧力をかけようとする経済強要行為にも他国とともに立ち向かうことが求められよう。この文脈でも、民主主義が定着し、市民的自由を謳歌している台湾を取り巻いている厳しい状況を直視すべきだ。

日本にとって、パワーと価値観のどちらの観点も必要だ。そういった外交姿勢はたしかに容易ではなく、常に慎重な舵取りが求められる航海になるだろう。しかし、外交の力、国際秩序の働きを諦めるべきではない。多くの国がルールを作り、超大国をそこに包含しようという努力をすれば、分断が進む事態に緩和を実現できるかもしれない。また中国政府に政策を見直したほうが有利と思わせる状況を作れるかもしれない。

私たちに必要なことは、ジレンマのなかで悩みを深め事態を傍観することではなく、受け身の対応でもない。ましてや瞬間的な喝采を求めるような姿勢はあり得ない。状況を正しく認識したうえで、長期的な視野にたった構想力が今求められている。

あとがき

ヘンリー・キッシンジャー博士（ニクソン政権の国家安全保障担当大統領補佐官）による秘密訪中（一九七一年七月）からちょうど五〇年のタイミングで本書を世に問うことになった。その訪中がニクソン大統領の訪中、そして米中国交正常化へと続く米中接近のはじまりだった。

冷戦期における米中対立が米中国交正常化に至る過程を分析した博士論文を『共存の模索』（勁草書房）として二〇一五年に世に出したあと、私は現代に再び生まれはじめていた米中対立へと至る続編を学術書としてまとめることを目標と決めていた。その出版はかなり先のことになるはずだった。しかし、あまりにも急速に米中対立が進展するなかで、学生や市民から何が起きているのか知りたいという声を聞くたびに、自らの研究者としての社会的な責任を考えるようになった。

台頭する中国の実力《パワー》と内外で示す強権姿勢が問題の背景だが、米中関係のあり方そのものを見直しはじめたのはアメリカだ。そしてアメリカにおける政策形成は他国以上にその国内をみなければわからない。しかし、言語を問わず、米中関係の書籍は中国を軸に分析したものや、対中関係見直しを迫る規範的なものが多かった。日本の外務省でも米中関係は長く中国担当課の所管だったという。アメリカがなぜ中国と関係を持ち、それを今になり変えはじめたのか、たび重なる戦略転換の背景、その世界へのインパクトを体系的に読める文献を、アメリカと国際政治を軸に研究を続けてきた私も世に問うべきではないか。

とはいえ、同時代を描くことは、外交史料を存分に使うことができた最初の著書とはわけが違う。米中関係の厚みも広がりも近年は桁違いだ。一人で書くことは果たして可能なのか。自らの非力さを知るために、自問自答した。

そして私は、勇気を振り絞って、月刊誌で何度もお世話になった中央公論編集部の工藤尚彦氏に連絡を取り、新書編集部の小野一雄氏を紹介いただいた。それが二〇二〇年初夏のことだ。多くの読者に米中関係に関する学問的知見を届けたいという私の気持ちを理解してくださったお二人に、心からお礼を申しあげたい。

本書の議論は、歴史史料の不足を補うようにその時々にアメリカで作成された新聞記事や論考、書籍を読み込むことで作られた。そこで意識したのは、当時の政策議論の雰囲気をかたちにすること、また事実の解釈ではアメリカ学界における通説を重視することだ。日本や中国の視点からアメリカの中国政策をみた分析には、日米関係や米中経済関係をつい重要視してしまうもの、または政府文書を重視しすぎるものが多い。本書はそれらと一線を画そうと試みている。

もちろん、インド太平洋の平和と繁栄に日米関係が果たしてきた役割を軽視するものではない。だが、それが安定しているからこそ、「変数」としてこの地域、そして世界を何度も揺さぶってきた米中関係をみつめることの必要性を私は提起したいのだ。

本書を読むと、中国への期待を持つにせよ、失うにせよ、アメリカを自らの尺度や世界観からしか外交政策を考えられない存在と描きすぎている、と感じる方もいるだろう。丁寧に各論を描いたつもりだが、全体としてみれば議論を単純化させた点は否めない。とはいえ、アメリカが中国に長年根拠の薄い期待を持ちつづけたこと、近年急に不信や追いつかれる恐怖に支配された議論を強めたことは確かで、その背景はかなり独りよがりだ。相手の状況認識や政策目的、たとえば中国政府の安全観や原油以上に半導体を輸入している経済構造への問題意識を理解したうえで対応を求める人々の声は、ますます届きづらくなっている。

ところで私は、米中対立が衝突までエスカレートすることが運命づけられているとか、アメリカの戦略に盲目的に従うべきだとか考えているわけではない。これも詳しくは本文をお読みいただきたいが、日本はじめ第三国が外交の力を働かせていくことが国際秩序をより安定させる。また政府の動きによって分断されていく世界を修復していくうえで、市民も重要なプレイヤーだ。アメリカ、中国、そして世界で、排外主義や軍事主義に陥らない市民社会の強靭さが発揮されれば、国際協調と普遍的価値を求める声が大きくなれば、それはかつての米ソ冷戦と異なる状況を生んでいくことだろう。

米中関係の現在地を知るために、立場を越えて本書が読まれることを願っている。

本書からいくらかのアメリカの息吹を、国際政治の妙を感じられたら、それは筆者として心から嬉しいことだ。おそらく、これまでに出会った米中台の人々の識見を少なからず吸収できているのだろう。

私の研究者としての人生はつねに、太平洋に隔てられたアジアとアメリカの関係のなかにある。私が、米中関係の設計者とさえ言えるキッシンジャー博士に初めて対面したのは、今から一五年ほど前になる。食えない博士課程の学生を拾ってくれた、山本正・日本国際交流センター理事長（故人）のアシスタントをしていた頃だ。来日する博士の予定を整え、私は面会や食事ごとに、背後に用意された小さな椅子で必死にメモを取りながらほぼ全日程に同行した。そのときに唯一撮影を許された記念写真は、今も研究室の棚に飾ってある。

その後も多くの専門家や政府関係者とプロジェクトや国際会議をともに過ごすことになったが、それは私にとって絶好の「参与観察」の機会にもなった。キッシンジャー博士の立場に近い方、それを真っ向から批判する方、まったく異なる思考様式を取る方と、実に多様だった。政治家、軍人、企業幹部、亡命知識人や活動家などから、それぞれの米中関係論をうかがう幸運にも恵まれてきた。ジェラルド・カーティス先生が、よい政治学者は人類学者のような観察眼を持つべきだと話されているが、まさにその心持ちでもあった（もちろん、観察だけでなく真面目に交流し意見を述べてきたので、今後も誘ってほしいと切に願う）。

本書の草稿は、玉置敦彦先生、村上政俊先生に丁寧に読んでいただいた。また、青野利彦先生、伊藤亜聖先生、佐竹知彦先生、鶴岡路人先生、森聡先生、李昊先生から資料と解釈に関して貴重な助言を頂いた。本書の枠組みを日本政治学会にて報告し、石田淳先生、遠藤誠治先生から重要な示唆を頂いた。また日本国際政治学会でも事例について二度報告の機会を頂き、高木誠一郎先生、毛里和子先生はじめ多くの先生に問いを与えていただいた。皆さまに深謝したい。

また川島真先生、北岡伸一先生、久保文明先生、高原明生先生、田中明彦先生、藤原帰一先生、松田康博先生には、大学院生の頃から変わらぬご指導を頂いている。日米中関係、そして国際政治に造詣の深い諸先生に今も折に触れて分析の勘所を教えていただいており、蒙った大きな学恩に拝謝したい。近年も、藤原先生には科学技術を中心に展開する米中対立を調査するプロジェクトをまとめる機会を頂き、久保先生には東京財団政策研究所の現代アメリカプロジェクトの機会に米中関係の論考を連載することをお許しいただいた。これらが本書執筆にもつながった。

勤務先の東京大学東洋文化研究所は、本当に素晴らしい研究環境を提供してくれている。本書の構想は最初、数百枚のスライドにまとめられたが、生煮えの考えを聞かされたにもかかわらず、法学部、教養学部の学生たちは熱心に質問をしてくれた。論文を一緒に読んだことでも多くの気づきがあった。ありがとう。また市民講座をはじめ、あらゆる講演の機会も自分の考えを磨くための格好の鍛錬の場になった。

私の米中関係分析にみるべきところがあれば、それはすべて先行研究やご指導いただいている先生方、学生、聴衆の皆さんのおかげだ。もちろん、本書にある誤りはすべて筆者一人が責を負うことは言うまでもない。

本書は、妻・芙美に捧げたい。最初の緊急事態宣言下、メール一つで仕事が相次いでキャンセルされ、自分が必要とされていることを感じづらい状況に押し潰され、すっかりふさぎ込んだあとに、私は本書を書こうと立ち直れた。私が毎日を明るく生きていられるのも、研究に打ち込む気力を保てているのも、すべて彼女のおかげである。

二〇二一年初夏

佐橋　亮

主要参考文献

「不信深めるアメリカの対中姿勢」『外交』62号，2020年７・８月
「トランプ政権内部から読み解く米中貿易戦争」『中央公論』2020年10月号
「米中対立に揺さぶられる欧州とアジア——対中認識に地殻変動が起きつつある欧州に対し、アジアでは過度な対決姿勢が地域秩序を不安定にするという構え」『公明』180号，2020年12月
「米中対立と国際秩序の今後」『月刊経団連』2021年１月号
「アメリカの台湾政策」日本国際問題研究所・外務省補助金令和２年度研究報告書，2021年３月
「バイデン外交の基本方針と中国」『月刊経団連』2021年４月号
「継続する米中対立で問われる日本の覚悟——より一体化に向かう経済・技術政策と安全保障を見据えよ」nippon.com，2021年５月19日
「米国の対台湾政策と総統選挙」『日本台湾学会報』23号，2021年６月

書，2019年
田中明彦『ポストモダンの「近代」――米中「新冷戦」を読み解く』中公選書，2020年.
廣部泉『黄禍論――百年の系譜』講談社選書メチエ，2020年
山口信治「中国の戦う外交官の台頭？」防衛研究所ウェブサイト「NIDS コメンタリー」116号，2020年５月26日

【おわりに】

Kurt Campbell and Jake Sullivan, "Competition without Catastrophe: How America can both challenge and coexist with China", *Foreign Affairs,* September/ October, 2019.
"U. S. Foreign Policy for the Middle Class", Carnegie Endowment for International Peace, 2020.
Fu Ying, "Cooperative Competition is possible between China and the U. S.", *New York Times,* November 24, 2020.
The White House, "Interim National Security Strategic Guidance", March 2021.
加茂具樹「全人代にみる習近平指導部の自信と警戒――国内バランスの変化が対外行動に反映」『外交』66号，2021年３・４月
李智慧『チャイナ・イノベーション２――中国のデジタル強国戦略』日経BP 社，2021年
楊潔篪「積極営造良好外部環境」『人民網』2020年11月30日

【本書に特に関連する著者の論文・論考】

「日本外交の隘路――外交政策運営の混乱を超えて」東京大学政策ビジョン研究センターウェブサイト，2010年６月15日
「垣間見えたアメリカ対中政策――「関与」と「備え」慎重にバランス」時事通信社会員制 Web ニュースサービス「Janet」2013年７月１日
「アメリカの大戦略を解析する」『外交』23号，2014年１月
「ミシェル・オバマは中国で何を語ったのか」『東亜』563号，2014年５月
佐橋前掲『共存の模索』2015年
「アメリカと中国（１）～（11）」東京財団政策研究所ウェブサイト，2018年８月１日～2021年３月15日
「冷戦後の国際秩序とアメリカ」『神奈川大学評論』93号，2019年
「米中対立と日本――関与から戦略的競争に移行するアメリカを中心に」『国際問題』688号，2020年１・２月
「アメリカの対中国政策――関与・支援から競争・分離へ」宮本ほか前掲『技術覇権　米中激突の深層』2020年３月
佐橋前掲『冷戦後の東アジア秩序』2020年３月
「米中関係と危機――政治的意思による安定とその脆弱性」東大社研・保城広至編『国境を越える危機・外交と制度による対応――アジア太平洋と中東』東京大学出版会，2020年６月

Michael McFaul, "Cold War Lessons and Fallacies for US-China Relations Today", *Washington Quarterly,* 43:4, 2020.
Robert J. McMahon, *The Cold War: A very short introduction,* Oxford University Press, 2003.（ロバート・マクマン〔青野利彦監訳〕『冷戦史』勁草書房，2018年）
*H. R. McMaster et.al., *China and the West,* House of Anansi Press, 2019.（H・R・マクマスターほか〔舩山むつみ訳〕『中国はリベラルな国際秩序に対する脅威か？』楽工社，2020年）
*John J. Mearsheimer, *The tragedy of great power politics, updated edition,* W. W. Norton, 2014.（ジョン・J・ミアシャイマー〔奥山真司訳〕『大国政治の悲劇　新装完全版』五月書房新社，2019年）
Rana Mitter, "The World China Wants: How Power Will –and Won't– Reshape Chinese Ambition", *Foreign Affairs,* January/ February, 2021.
Daniel H. Nexon, "Against Great Power Competition", foreignaffairs.com, February 15, 2021.
Joseph S. Nye Jr., "The Kindleberger Trap", *Project Syndicate,* January 9, 2017.
Joseph S. Nye Jr., "Power and Interdependence with China", *Washington Quarterly,* 43:1, 2020.
Kevin Rudd, "Short of War: How to Keep U.S.-Chinese Confrontation From Ending in Calamity", *Foreign Affairs,* March/ April, 2021.
Michael D. Swaine, Jessica J. Lee and Rachel Esplin Odell, "Toward an Inclusive & Balanced Regional Order: A New U. S. Strategy in East Asia", Quincy Institute for Responsible Statecraft, January 11, 2021.
Odd Arne Westad, *The Cold War: A World History,* Basic Books, 2017.（O・A・ウェスタッド〔益田実監訳〕『冷戦――ワールド・ヒストリー』岩波書店，2020年）
Fareed Zakaria, "The New China Scare", *Foreign Affairs,* January/ February, 2020.
小原凡司・桒原響子『米中新冷戦の幕開け――アフター・シャープパワー』東洋経済新報社，2019年
加茂具樹「感染症と習近平指導部――新型コロナ対策の政策過程」『東亜』635号，2020年５月
川島真「「まだら状」の流動的秩序空間へ」川島ほか前掲『アフターコロナ時代の米中関係と世界秩序』2020年
魏慧婷「中国の対外政策と標準化の変遷」東京大学未来ビジョン研究センター安全保障研究ユニット・ワーキング・ペーパー，2021年３月
小竹洋之「「赤の恐怖」か「黄禍論」か　米国覆う反中ヒステリー」『日本経済新聞』2020年12月20日
小林信一「ポスト冷戦、ポスト911の科学技術イノベーション政策」国立国会図書館調査及び立法考査局編『冷戦後の科学技術政策の変容――科学技術に関する調査プロジェクト2016報告書』国立国会図書館，2017年
佐藤靖『科学技術の現代史――システム、リスク、イノベーション』中公新

期待後退　警戒強く」『日本経済新聞』2020年９月15日
園田茂人『アジアの国民感情——データが明かす人々の対外認識』中公新書，2020年
田中靖人「台湾と太平洋軍」土屋前掲『アメリカ太平洋軍の研究』2018年
溜和敏「インドの複層的秩序認識と対外戦略」佐橋亮編『冷戦後の東アジア秩序——秩序形成をめぐる各国の構想』勁草書房，2020年
鶴岡路人「米欧関係の展開と日本——変容する日米欧関係のダイナミズム」『国際問題』688号，2020年１・２月
東野篤子「ヨーロッパと一帯一路——脅威認識・落胆・期待の共存」『国際安全保障』47巻１号，2019年６月
久末亮一『転換期のシンガポール——「リー・クアンユー・モデル」から「未来の都市国家」へ』日本貿易振興機構アジア経済研究所，2021年
松田康博「米中台関係の展開と蔡英文再選」佐藤幸人・小笠原欣幸・松田康博・川上桃子『蔡英文再選——2020年台湾総統選挙と第２期蔡政権の課題』日本貿易振興機構アジア経済研究所，2020年.
中華民国外交部「吳部長立法院第十屆第二會期外交業務報告」2020年９月28日
趙春山「中美戦略競争下的両岸関係」『欧亜研究』４号，2018年７月

【第７章】
Graham Allison, *Destined for war: can America and China escape Thucydides' trap?* Scribe, 2017.（グレアム・アリソン〔藤原朝子訳〕『米中戦争前夜——新旧大国を衝突させる歴史の法則と回避のシナリオ』ダイヤモンド社，2017年）
Thomas J. Christensen, "There will not be a new Cold War", foreignaffairs.com, March 24, 2021.
Jared Cohen and Richard Fontaine, "Uniting the Techno-Democracies", *Foreign Affairs,* November/ December, 2020.
Ruth Doshi, "Beijing Believes Trump Is Accelerating American Decline", *Foreign Policy,* October 12, 2020.
M. Taylor Fravel, J. Stapleton Roy, Michael D. Swaine, Susan A. Thornton and Ezra Vogel, "China is not Enemy", *Washington Post,* July 3, 2019.
*Aaron Friedberg, *The Contest for Supremacy: China, America and the struggle for mastery in Asia,* W. W. Norton, 2011.（アーロン・L・フリードバーグ〔佐橋亮監訳〕『支配への競争——米中対立の構図とアジアの将来』日本評論社，2013年）
Aaron L. Friedberg, "The Debate Over US China Strategy", *Survival.* 57:3, 2015.
Christopher Layne, "Coming Storms", *Foreign Affairs,* November/ December, 2020.
Margaret K. Lewis, "Gang Chen's case should be the end of DOJ's 'China Initiative' ", SupChina, January 26, 2021.

Cheng-Chwee Kuik, "The Twin Chessboards of US-China Rivalry: Impact on the Geostrategic Supply and Demand in Post-Pandemic Asia", *Asian Perspective,* 45:1, 2020.
Lee Hsien Loong, "The Endangered Asian Century", *Foreign Affairs,* July/August 2020.
Richard McGregor, "China Down Under: Beijing's Gains and Setback in Australia and New Zealand", *China Leadership Monitor,* 60, 2019.
Rory Medcalf, *Indo-Pacific Empire: China, America and the Contest for the World's Pivotal Region,* Manchester University Press, 2020.
Rohan Mukherjee, "Chaos as opportunity: the United States and world order in India's grand strategy", *Contemporary Politics,* 26:4, 2020.
Sean O'Connor, "How Chinese Companies Facilitate Technology Transfer from the United States", U. S.- China Economic Security Review Commission, Staff Research paper, May 6, 2019.
Office of the U. S. Trade Representative, "Section 301 Report into China's Acts, Policies, and Practices Related to Technology Transfer, Intellectual Property, and Innovation", March 22, 2018.
See Seng Tan, "Consigned to hedge: south-east Asia and America's 'free and open Indo-Pacific' strategy", *International Affairs,* 96:1, 2020.
Hugh White, *The China Choices: Why America should share power,* Black, 2012.（ヒュー・ホワイト〔徳川家広訳〕『アメリカが中国を選ぶ日――覇権国なきアジアの命運』勁草書房，2014年）
板橋拓巳「ドイツの対中政策――ポスト・メルケル時代へ向けて」日本国際問題研究所ウェブサイト欧州研究会研究レポート，2021年3月19日
伊藤融『新興大国インドの行動原理――独自リアリズム外交のゆくえ』慶應義塾大学出版会，2020年
大庭三枝「新型コロナ危機下の米中対立激化と東南アジア」中曽根平和研究所ウェブサイト「平和研コメンタリー」2020年9月30日
*川上桃子・呉介民編（川上桃子監訳，津村あおい訳）『中国（チャイナ）ファクターの政治社会学――台湾への影響力の浸透』白水社，2021年
ビラハリ・カウシカン「アジア太平洋諸国，独自の均衡を」『日本経済新聞』2020年9月6日
*川島真・森聡編『アフターコロナ時代の米中関係と世界秩序』東京大学出版会，2020年
佐竹知彦「豪州　対中関係悪化の苦悩――主権維持と経済的利益の狭間で」『外交』65号，2021年1・2月
庄司智孝「「一帯一路」と「自由で開かれたインド太平洋」の間で――地域秩序をめぐる競争とASEANの対応」『防衛研究所紀要』22巻2号，2020年1月
白石隆『海洋アジアvs.大陸アジア――日本の国家戦略を考える』ミネルヴァ書房，2016年
アンドリュー・スモール「強硬中国にどう向かい合うか（下）　欧州，改革

リカ外交の諸潮流――リベラルから保守まで』日本国際問題研究所，2007年
小谷哲男「中国と太平洋軍」土屋大洋編著『アメリカ太平洋軍の研究――インド・太平洋の安全保障』千倉書房，2018年
鈴木一人「米中の技術覇権争いと安全保障」日本国際問題研究所ウェブサイト研究レポート，2021年1月8日
日本経済団体連合会・米国事務所「米中関係の根本的見直しを求める米国の声」『週刊経団連タイムズ』3452号，2020年5月14日
布施哲『先端技術と米中戦略競争――宇宙、AI、極超音速兵器が変える戦い方』秀和システム，2020年
松谷曄介「中華人民共和国におけるキリスト教」渡辺祐子監修『はじめての中国キリスト教史　増補改訂版』かんよう出版，2021年
三石浩貴「米議会の対中姿勢を分析する」『世界週報』2007年2月6日
宮地ゆう「米中先端技術の対立のなかでのシリコンバレー」東京大学未来ビジョン研究センター安全保障研究ユニット・ワーキング・ペーパー，2021年2月
村上志保「中国共産党政権による宗教政策の変化と現在――プロテスタント教会をめぐる事例を中心に」『立命館文学』667号，2020年3月
森聡「アメリカのアジア戦略と中国」世界平和研究所編『希望の日米同盟――アジア太平洋の海洋安全保障』中央公論新社，2016年

【第6章】
Ahn Sung-mi, “National Interest key to Korea’s path amid US-China spat”, *The Korea Herald,* June 7, 2020.
Noah Barkin, “Watching China in Europe – February 2021”, German Marshall Fund), February 2021.
Sophia Besch, Ian Bond and Leonard Schuette, *Europe, the US and China: A love-hate triangle?* Center for European Reform, September 2020.
Malcolm Cook, “Making what was hard harder”, *Asialink,* November 3, 2020.
Mario Esteban and Miguel Otero-Iglesias (eds.), *Europe in the face of US-China Rivalry,* European Thinktank network on China (ETNC), January 2020.
Leif-Eric Easley and Kyuri Park, “South Korea’s Mismatched Diplomacy in Asia: Middle Power Identity, Interests, and Foreign Policy”, *International Politics,* 55:3, March 2018, pp. 242-263.
Evelyn Goh, “Great Powers and Hierarchical Order in Southeast Asia: Analyzing Regional Security Strategies”, *International Security,* 32:3, 2008.
Kim Heung-Kyu, “A South Korean Perspective on the latest US-China Strategic Competition”, *Asia Insight*（立命館大学東アジア平和協力研究センター）, December 2020.
Cheng-Chwee Kuik, “How do weaker states hedge? Unpacking ASEAN states’ alignment behavior towards China”, *Journal of Contemporary China,* 25:100, 2016.

Oriana Mastro, "The Stealth Superpower: How China Hid Its Global Ambitions", *Foreign Affairs*, January/ February, 2019.

"Money Flap Undercuts Chinese Lobbying: FBI Warning on Donations also could hurt corporate campaign", *Wall Street Journal*, March 11, 1997.

James Mulvenon, "A World Divided: the Conflict with Chinese Techno-Nationalism is not coming- It's already here", *War on the Rocks*, January 28, 2021.

Barry Naughton, *The Chinese Economy: Adaptation and Growth*, 2nd edition, The MIT Press, 2018.

Barry Naughton, "Grand Steerage", Thomas Finger and Jean C. Oi, *Fateful Decisions: Choices that will shape China's future*, Stanford University Press, 2020.

John Newhouse, "Diplomacy, Inc", *Foreign Affairs*, May/ June, 2009.

Pew Research Center, "U. S. Views of China Increasingly Negative Amid Coronavirus Outbreak", April, 2020.

*David Sanger, *The Perfect Weapon: war, sabotage, and fear in the cyber age*, Crown, 2018.（デービッド・サンガー〔高取芳彦訳〕『サイバー完全兵器——世界の覇権が一気に変わる』朝日新聞出版，2019年）

Elaine Sciolino, "Clinton and China: How Promise Self- destructed", *The New York Times*, May 29, 1994.

Elaine Sciolino, "Taiwan's Lobbying in U. S.: Mixing Friendship and Hardball", *The New York Times*, April 9, 1996.

"The struggle over chips enters a new phase", *the Economist*, January 23, 2021.

Robert Sutter, *U. S. Policy toward China: An Introduction to the Role of Interest Groups*, Rowman and Littlefield, 1998.

Ana Swanson, "Nike and Coca-Cola Lobby against Xinjiang Forced Labor Bill", *New York Times*, November 29, 2020.

US Chamber of Commerce, "Made in China 2025: Global Ambitions Build on Local Protections", 2017.

US Chamber of Commerce, "Understanding U. S.- China Decoupling: Macro Trends and Industry Impacts", 2021.

Rachel Weiner, "Ad watch: 'Chinese Professor' going back on the air", *Washington Post*, October 23, 2012.

Michael Weisskopf, "Backbone of the new China lobby: U. S. Firms", *Washington Post*, June 14, 1993.

秋山信将・高橋杉雄編『「核の忘却」の終わり——核兵器復権の時代』勁草書房，2019年

江藤名保子「習近平が進める「宗教の中国化」とは」笹川平和財団ウェブサイト「SPF China Observer」2018年８月11日

NHKスペシャル取材班『米中ハイテク覇権のゆくえ』NHK出版新書，2019年

加瀬みき「エバンジェリカルの外交観と孤立主義の要因」久保文明編『アメ

The Commission on the Theft of American Intellectual Property, "the IP Commission Report", The National Bureau of Asian Research, 2013.
Sarah Cook, "The Battle for China's Spirit: Religious Revival, Repression, and Resistance under Xi Jinping", Freedom House, 2017.
Council on Foreign Relations and Pew Research Center, "Public Behind Bush on Key Foreign Issues", June 11, 2001.
John W. Dietrich, "Interest Groups and Foreign Policy: Clinton and the China MFN Debate", *Presidential Studies Quarterly,* 29:2, 1999.
Robert Dreyfuss, "The New China Lobby", *The American Prospect,* December 19, 2001.
Kerry Dumbaugh, "Ten Years in U. S.- China Policy; Interest Groups and Their Influence, 1989-2000", *CRS Report for Congress,* December 12, 2000.
Daniel Golden, *Spy Schools,* Raincoat, 2017.（ダニエル・ゴールデン〔花田知恵訳〕『盗まれる大学——中国スパイと機密漏洩』原書房，2017年）
Sheena Chestnut Greitens, "Internal Security and Grand Strategy: China's Approach to National Security under Xi Jinping", Statement before the US-China Economic and Security Review Commission, January 28, 2021.
William Hannas, et. al., *Chinese Industrial Espionage: Technology Acquisition and Military Modernization,* Routledge, 2013.（ウィリアム・C・ハンナスほか〔玉置悟訳〕『中国の産業スパイ網——世界の先進技術や軍事技術はこうして漁られている』草思社，2015年）
William Hannas, et. al., *China's Quest for Foreign Technology: Beyond Espionage,* Routledge, 2021.
James Holmes and Toshi Yoshihara, "Getting Real about Taiwan", *the Diplomat,* March 7, 2011.
Ronald J. Hrebenar and Clive S. Thomas, "The rise and fall and rise of the China lobby in the United States", Allan J. Cigler and Burdett A. Loomis, *Interest Group Politics, 8th edition,* CQ Press, 2012.
JASON, "Fundamental Research Security", The Mitre Corporation, 2019.
Henry Kissinger, "China: Containment won't work", *Washington Post,* 2005.
Henry Kissinger, "The Future of US-Chinese Relations; Conflict is a Choice, not a necessity", *Foreign Affairs,* March/ April, 2012.
David Lampton, *Same Bed Different Dreams: Managing US-China Relations, 1989-2000,* University of California Press, 2001.
Nicholas Lardy, *The States Strikes Back: the end of economic reform in China?* Peterson Institute for International Economics, 2019.
Scott Livingston, "The New Challenge of Communist Corporate Governance", *CSIS Briefs* (Center for International and Strategic Studies), January, 2021.
Richard Madsen, "The Sinicization of Chinese Religious under Xi Jinping", *China Leadership Monitor,* September 2019.
William Martin, "The Christian Right and American Foreign Policy", *Foreign Policy,* No. 114, 1999, pp. 66-80.

"The China strategy America needs", *The Economist,* November 21, 2020.
Elbridge Colby and Jim Mitre, "Why the Pentagon should focus on Taiwan", *War on the Rocks,* October 7, 2020.
Bod David and Lingling Wei, *Superpower Showdown,* Harper, 2020.
H. R. McMaster, *Battlegrounds: The Fight to Defend the Free World,* Harper, 2020.
The Policy Planning Staff, Office of the Secretary of State, "Elements of the China Challenges", November 2020.
Josh Rogin, *Chaos Under Heaven: Trump, XI, and the Battle for the Twenty-first Century,* Houghton Mifflin Harcourt, 2021.
*Jim Sciutto, *Shadow War,* Harper, 2019.（ジム・スキアット〔小金輝彦訳〕『シャドウ・ウォー――中国・ロシアのハイブリッド戦争最前線』原書房, 2020年）
Robert Sutter, "Pushback: America's New China Strategy", *the Diplomat,* November 2, 2018.
The White House, "United States Strategic Approach to The People's Republic of China", May 20, 2020.
Bob Woodward, *Rage,* Simon and Schuster, 2020.（ボブ・ウッドワード〔伏見威蕃訳〕『RAGE　怒り』日経ＢＰ社，2020年）
梅本哲也『米中戦略関係』千倉書房，2018年
大橋英夫『チャイナ・ショックの経済学――米中貿易戦争の検証』勁草書房, 2020年
*宮本雄二・伊集院敦・日本経済研究センター編著『技術覇権　米中激突の深層』日本経済新聞出版社，2020年
森聡「アメリカの対中アプローチはどこに向かうのか」川島真・森聡編『アフターコロナ時代の米中関係と世界秩序』東京大学出版会，2020年
門間理良「データから読み解く米台の緊密度」『外交』57号，2019年９・10月
王缉思「堅守中美関係的三条底線」『環球時報』2020年６月２日
「推働构建新型国際関係 共創世界更加美好未来」『人民網』2020年９月16日

【第５章】
David H. Autor, David Dorn and Gordon H. Hanson, "The China Shock: Learning from Labor Market Adjustment to Large Changes in Trade", NBER working paper, 2016.
Christian Brose, *The Kill Chain: Defending American in the future of high-tech warfare,* Hachette Books, 2020.
Kent Calder, *Asia in Washington: exploring the penumbra of transnational power,* Brookings Institution Press, 2014.（ケント・Ｅ・カルダー『ワシントンの中のアジア――グローバル政治都市での攻防』中央公論新社，2014年）
Center for International Policy, "The Taiwan Lobby", April 2021.

加藤洋一「米 NSC 上級部長のインタビュー」『朝日新聞』2013年11月24日
加藤洋一「米中「新型大国関係」の虚実と日本――米「アジア回帰論」との矛盾を問う」『外交』24号, 2014年３月
川島真「トランプ政権下の米中関係の行方と日本の対中戦略」nippon.com, 2017年１月12日
金野純「中国型社会統制システムの進化と影響――法とアーキテクチャーによる支配を中心に」『国際問題』673号, 2018年７月
朱鋒（田村祐子訳）「安定的かつ協調的な日米中３ヵ国関係は実現可能か？」『外交』６号, 2011年２月
神保謙「オバマ政権とアジアの地域安全保障――「多面的パートナーシップ」と「再保証」の追求」『海外事情』2010年１月号
*春原剛『米中百年戦争――新・冷戦構造と日本の命運』新潮社, 2012年
高畑昭男「米中戦略・経済対話（SED）とアジア太平洋回帰戦略」久保文明・高畑昭男・東京財団「現代アメリカ」プロジェクト編著『アジア回帰するアメリカ――外交安全保障政策の検討』NTT 出版, 2013年
中山俊宏「オバマ政権のリバランス政策の検証」大庭三枝編著『東アジアのかたち――秩序形成と統合をめぐる日米中 ASEAN の交差』千倉書房, 2016年
防衛省防衛研究所編『東アジア戦略概観』2010～2017年度版
新田紀子「オバマ政権の東アジア政策と航行の自由」久保ほか前掲『アジア回帰するアメリカ』2013年
増田雅之「パワー・トランジッション論と中国の対米政策――「新型大国関係」論の重点移行」『神奈川大学アジア・レビュー』２号, 2015年
松田康博「習近平政権の外交政策――大国外交・周辺外交・地域構想の成果と矛盾」『国際問題』640号, 2015年４月
森聡「オバマ政権のリバランスと対中政策」『国際安全保障 』41巻３号, 2013年12月
和田洋典「対外経済上の「攻勢」がもつ潜在性――AIIB は多角主義と地域主義に何をもたらすか」『国際問題』649号, 2016年３月
渡部恒雄『二〇二五年米中逆転――歴史が教える米中関係の真実』PHP 研究所, 2011年
崔天凱・龐含兆「新時期中国外交全局中的中美関係――兼論中美共建新型大国関係」『中国国際戦略評論2012』北京：世界知識出版社, 2012年

【第４章】

Bethany Allen-Ebrahimian, “Trump’s U. S.- China transformation”, *Axios,* January 19, 2021.
Anonymous, “The Longer Telegram: toward a new American China Strategy”, Atlantic Council, January 2021.
John Bolton, *The Room Where It Happened: A White House Memoir,* Simon and Schuster, 2020.（ジョン・ボルトン〔梅原季哉監訳〕『ジョン・ボルトン回顧録――トランプ大統領との453日』朝日新聞出版, 2020年）

Hillary Rodham Clinton, *Hard Choices,* Simon and Schuster, 2014.（ヒラリー・ロダム・クリントン〔日本経済新聞社訳〕『困難な選択』日本経済新聞出版，2015年）
Colin Dueck, *The Obama Doctrine: American Grand Strategy Today,* New York: Oxford University Press, 2015.
Stefan Halper, *The Beijing consensus : how China's authoritarian model will dominate the twenty-first century,* Basic Books, 2010.（ステファン・ハルパー〔園田茂人・加茂具樹訳〕『北京コンセンサス――中国流が世界を動かす？』岩波書店，2011年）
Jonathan Kirshner, *American Power after the Financial Crisis,* Ithaca: Cornell University Press, 2014.
Andrew Krepinevich, "How to Deter China", *Foreign Affairs,* March/ April, 2015.
Mark Landler, *Alter Egos: Hillary Clinton, Barack Obama, and the twilight struggle over American Power,* Random House, 2016.
John McCain, "An Enduring Peace Built on Freedom", *Foreign Affairs,* November/ December, 2007.
Evan Braden Montgomery, "Contested Primacy in the Western Pacific: China's Rise and the Future of U. S. Power Projection", *International Security* 38:4, 2014.
Joseph Nye Jr., *Is the American Century Over?* Polity. 2015.（ジョセフ・S・ナイ〔村井浩紀訳〕『アメリカの世紀は終わらない』日本経済新聞出版社，2015年）
Robert Ross, "The Problem with the Pivot", *Foreign Affairs,* November/ December, 2012.
David Shambaugh, *China goes global: the partial power,* Oxford University Press, 2013.（デイビッド・シャンボー〔加藤祐子訳〕『中国グローバル化の深層――「未完の大国」が世界を変える』朝日選書，2015年）
James Steinberg and Michael O'Hanlon, *Strategic Reassurance and Resolve: U. S.- China Relations in the Twenty-first Century,* Princeton University Press, 2014.（ジェームズ・スタインバーグ，マイケル・E・オハンロン〔村井浩紀・平野登志雄訳〕『米中衝突を避けるために――戦略的再保証と決意』日本経済新聞出版，2015年）
Michael Swaine, "The Real Challenge in the Pacific", *Foreign Affairs,* May/ June, 2015.
青山瑠妙『中国のアジア外交』東京大学出版会，2013年
秋田浩之『乱流――米中日安全保障三国志』日本経済新聞出版社，2016年
林載桓「中国の新同盟論」佐橋前掲『冷戦後の東アジア秩序』2020年
江藤名保子「習近平政権の世論対策に内在するジレンマ」日本国際問題研究所『中国の国内情勢と対外政策』2017年
*加藤弘之・渡邉真理子・大橋英夫『21世紀の中国　経済篇　国家資本主義の光と影』朝日選書，2013年

房，2020年）
David Shambaugh, "Sino-American Relations since September 11: Can the New Stability Last?" *Current History,* September 2002, pp. 243-249.
James Shinn (ed.), *Weaving the Net: Conditional Engagement with China,* Council on Foreign Affairs, 1996.
Robert Sutter, "The Taiwan Problem in the Second George Bush administration", *Journal of Contemporary China,* 15:48, 2006, pp. 417-441.
*秋田浩之『暗流——米中日外交三国志』日本経済新聞出版社，2008年
岡崎久彦「対中戦略　確固たる日米同盟」『読売新聞』1995年８月28日
岡崎久彦「台湾問題　平和貫ける均衡を」『読売新聞』1996年５月20日
神保謙「「責任あるステークホルダー論」と米中安全保障関係」『東亜』471号，2006年９月
戴天昭『台湾戦後国際政治史』行人社，2001年
*高木誠一郎編『米中関係——冷戦後の構造と展開』日本国際問題研究所，2007年
田中均「日中関係はどう動く」中国研究所編『中国年鑑　2019』明石書店，2019年
ジョセフ・ナイ「耕論　日米，歩むべき道は」『朝日新聞』2020年７月26日
日中経済協会『中国の対外開放政策と国際関係』日中経報214号，1985年
福田毅「QDR2006と2007年国防予算案——「長い戦争」のための国防計画」『調査と情報』512号，2006年２月
益尾知佐子・青山瑠妙・三船恵美・趙宏偉『中国外交史』東京大学出版会，2017年
胡爲眞『美國對華「一個中國」政策之演變』台灣商務印書館，2001年
宋強・张藏藏・乔边ほか『中国可以说不——冷战后时代的政治与情感抉择』中华工商联合出版社，1996年（宋強ほか〔莫邦富ほか訳〕『ノーと言える中国』日本経済新聞社，1996年）

【第３章】
*Jeffrey Bader, *Obama and China's Rise,* Brookings Institution Press, 2012.（ジェフリー・A・ベーダー〔春原剛訳〕『オバマと中国——米国政府の内部からみたアジア政策』東京大学出版会，2013年）
Robert D. Blackwill and Ashley J. Tellis, *Revising U. S. Grand Strategy Toward China,* Special Report (Council on Foreign Relations), No.72, 2015.
Ian Bremmer, *The end of the free market,* Portfolio, 2010.（イアン・ブレマー〔有賀裕子訳〕『自由市場の終焉——国家資本主義とどう闘うか』日本経済新聞出版社，2011年）
Derek Chollet, *The Long Game: How Obama Defied Washington and Redefined America's Role in the World,* New York: Public Affairs, 2016.
Thomas J. Christensen, *The China Challenge,* Norton, 2015.
Hillary Rodham Clinton, "America's Pacific Century", *Foreign Policy*, October 11, 2011.

Brookings Institution Press, 2005

Ashton B. Carter and William J. Perry, "China on the March", *The National Interest,* March/ April 2007.

Gordon G. Chang, *The Coming Collapse of China,* Random House, 2001.（ゴードン・チャン〔栗原百代ほか訳〕『やがて中国の崩壊がはじまる』草思社, 2001年）

Patrick Cronin and Michael Green, "Redefining the U. S.- Japan Alliance: Tokyo's National Defense Program", McNair Paper No.31 (National Defense University), November 1994.

Aaron L. Friedberg, "11 September and the Future of Sino-American Relations", *Survival,* 44:1, 2002.

James A. Gregor, *The China Connection: U. S. policy and the People's Republic of China,* Hoover Institution Press, 1986.

Dennis Van Hickey, "Continuity and Change: the administration of George W. Bush and US policy toward Taiwan", *Journal of Contemporary China,* 13:40, pp. 461-478.

Murray Hiebert and Nayan Chanda, "Dangerous Liaisons", *Far Eastern Economic Review,* July 20, 2000.

Robert G. Kaiser and Steven Mufson, " 'Blue Team' draws a hard line on Beijing", *Washington Post,* February 22, 2000.

Zalmay Khalizad, "Congage China", RAND Issue Paper, 1999.

Charles Krauthammer, "Why we must contain China", *Time,* July 31, 1995.

David M. Lampton, "Paradigm Lost: the Demise of 'Weak China' ", *The National Interest,* Fall 2005.

James Lilley with Jeffrey Lilley, *China Hands: nine decades of adventure, espionage and diplomacy in Asia,* Public Affairs, 2004.（ジェームズ・R・リリー〔西倉一喜訳〕『チャイナハンズ——元駐中米国大使の回想　1916-1991』草思社，2006年）

Evan S. Medeiros, "Strategic Hedging and the Future of Asia-Pacific Stability", *Washington Quarterly,* 29:1, 2005.

Ramon Myers, Michel Oksenberg and David Shambaugh (eds.), *Making China Policy: Lessons from the Bush and Clinton Administration,* Rowman and Littlefield, 2001.

Henry Paulson, *Dealing with China,* Headline Publishing, 2015.

Condoleezza Rice, "Promoting the National Interest", *Foreign Affairs,* January/ February, 2000.

Alan D. Romberg, *Rein In at the Brink of the Precipice,* Stimson Center, 2003.

Robert S. Ross, "Navigating the Taiwan Strait: Deterrence, Escalation Dominance, and U.S.-China", *International Security,* 27:2, 2002.

*Nina Silove, "The Pivot before the Pivot", *International Security,* 40:4, 2016.（ニナ・サイローブ〔志田淳二郎訳〕「アメリカのアジアへの方向転換」佐橋亮編『冷戦後の東アジア秩序——秩序形成をめぐる各国の構想』勁草書

*Orville Schell, John Delury, *Wealth and Power: China's Long March to the Twenty-first century,* Little, Brown Book, 2013.（オーヴィル・シェル，ジョン・デルリー〔古村治彦訳〕『野望の中国近現代史——帝国は復活する』ビジネス社，2014年）

Susan Shirk, *China: A fragile Superpower,* Oxford University Press, 2008.（スーザン・L・シャーク〔徳川家広訳〕『中国——危うい超大国』日本放送出版協会，2008年）

Robert L. Suettinger, *Beyond Tiananmen: the politics of U. S.- China relations, 1989-2000,* Brookings Institution Press, 2003.

Patrick Tyler, *A Great Wall: six presidents and China: an investigative history,* Public Affairs, 1999.

Yunzhu Yao, "Sino-American military relations: from quasi-allies to potential adversaries?", *China International Strategy Review,* 1:1, 2019.

Robert Zoelick, "Whither China? From Membership to Responsibility", Remarks to the National Committee on U. S.- China Relations, September 21, 2005.

佐藤丙午「米国の対中政策——第105議会における大量破壊兵器不拡散問題を中心に」『防衛研究所紀要』２巻２号，1999年９月

田中明彦「天安門事件以後のアメリカの対中政策」『東洋文化研究所紀要』116冊，1992年３月

藤木剛康『ポスト冷戦期アメリカの通商政策——自由貿易論と公正貿易論をめぐる対立』ミネルヴァ書房，2017年

前嶋和弘「米国連邦議会における中国に対する恒久正常通商関係（PNTR）法案成立要因の分析」『アメリカ研究』36号，2002年

【第２章】

Isaiah Berlin, *The hedgehog and the fox : an essay on Tolstoy's view of history,* Weidenfeld and Nicolson, 1953.（バーリン〔河合秀和訳〕『ハリネズミと狐——『戦争と平和』の歴史哲学』岩波文庫，1997年）

Richard Bernstein and Ross H. Munro, *The Coming Conflict with China,* A. A. Knopf, 1997.（リチャード・バーンスタイン，ロス・H・マンロー〔小野善邦訳〕『やがて中国との闘いがはじまる』草思社，1997年）

Dennis C. Blair and John T. Hanley Jr., "From wheels to webs: Reconstructing Asia pacific security arrangements", *The Washington Quarterly,* 24:1, 2001, pp. 7-17.

Michael Blaker, Paul Giarra and Ezra Vogel, *Case Studies in Japanese negotiating behavior,* United States Institute of Peace Press, 2002.

William Burr (ed.), "Tiananmen Massacre 30th Anniversary", National Security Archive, June 4, 2019.

William Burr and Malcolm Byrne, "Tiananmen Massacre 31 Years Ago in China", National Security Archive, June 4, 2020.

Richard C. Bush, *Untying the Knot: Making Peace in the Taiwan Strait,*

宇佐美滋『米中国交樹立交渉の研究』国際書院，1996年
岡部達味『中国の対外戦略』東京大学出版会，2002年
佐橋亮『共存の模索——アメリカと「二つの中国」の冷戦史』勁草書房，2015年
高木誠一郎「高度技術の移転と米中関係」『国際問題』323号，1987年２月
高木誠一郎「米中関係における台湾問題　上・下」『中国経済』1996年３月号，10月号
中谷内一也『信頼学の教室』講談社現代新書，2015年
松尾文夫『アメリカと中国』岩波書店，2017年
村田雄二郎「近現代中国における「反米」と「親米」——対立と共存の構造」遠藤泰生編『反米——共生の代償か、闘争の胎動か』東京大学出版会，2021年
毛里和子「科学技術と中国外交」『国際政治』83号，1986年10月
*毛里和子『現代中国外交』岩波書店，2018年

【第１章】
Samuel Berger, Interview, March 24-25, 2005, William J. Clinton Presidential History Project, Miller Center, University of Virginia.
Fred C. Bergstein, "A Partnership of Equals: How Washington Should Respond to China's Economic Challenge", *Foreign Affairs,* July/ August, 2008.
Harry Harding, *A Fragile Relationship: the United States and China since 1972,* Brookings Institution, 1992.
Scott Kennedy (ed.), *China Cross Talk,* Rowman and Littlefield, 2003.
Paul Krugman, "The Myth of Asia's Miracle", *Foreign Affairs,* November/ December, 1994.
David M. Lampton, *Same Bed, Different Dreams: managing U. S.- China relations, 1989-2000,* University of California Press, 2001.
Richard Madsen, *China and the American Dream: a moral inquiry,* University of California Press, 1995.
*James Mann, *About Face: a history of America's curious relationship with China from Nixon to Clinton,* Vintage Books, 2000.（ジェームズ・マン〔鈴木主税訳〕『米中奔流』共同通信社，1999年）
James Mann, *The China Fantasy: Why Capitalism Will Not Bring Democracy to China,* Viking, 2007.（ジェームズ・マン〔渡辺昭夫訳〕『危険な幻想——中国が民主化しなかったら世界はどうなる？』PHP 研究所，2007年）
Ramon H. Myers, Michel C. Oksenberg and David Shambaugh, *Making China Policy: lessons from the Bush and Clinton Administrations,* Rowman and Littlefield, 2001.
Minxin Pei, "Is China Democratizing?", *Foreign Affairs,* January/ February. 1998.
Henry S. Rowen, "The Short March: China's Road to Democracy", *The National Interest,* No.45, 1996.

主要参考文献

新聞記事は，とくに本文で触れているものだけを掲載した．さらにアメリカの対中政策や米中関係に理解を深めるため，本書の読者にまず手に取ってほしい概説的な日本語文献には冒頭に＊を付した．

【序章】

Daniel Bessner and Fredrik Longevall, “Recentering the United States in the Historiography of American Foreign Relations”, *Texas National Security Review,* 3:2, Spring 2020.

Gordon H. Chang, *Fateful Ties: a history of America's preoccupation with China,* Harvard University Press, 2015.

Warren I. Cohen, *America's response to China: a history of Sino-American relations, 6th edition,* Columbia University Press, 2019.

Evelyn Goh, *Constructing the U. S. rapprochement with China, 1961-1974: from “red menace” to “tacit ally”,* Cambridge University Press, 2009.

Michael H. Hunt, *The Making of a Special Relationship: the United States and China to 1914,* Columbia University Press, 1983.

Christopher T. Jespersen, *American Images of China, 1931-1949,* Stanford University Press, 1996.

Alastair Iain Johnston, “The Failures of the ‘Failure of Engagement’ with China”, *Washington Quarterly,* 42:2, pp. 99-114.

*Henry A. Kissinger, *On China,* Penguin, 2012.（ヘンリー・A・キッシンジャー〔塚越敏彦ほか訳〕『キッシンジャー回想録　中国』岩波書店，2012年）

Jacek Kugler and Douglas Lemke, “The Power Transition Research Program: Assessing Theoretical and Empirical Advances”, M. I. Midlarsky (ed.), *Handbook of War Studies 2,* Ann Arbor: University of Michigan Press, 2000, pp. 129-163.

David M. Lampton, “The China Fantasy, Fantasy”, *China Quarterly,* Vol.191, September 2007, pp. 745-749.

Simei Qing, *From Allies to Enemies: visions of modernity, identity, and U. S.-China diplomacy, 1945-1960,* Harvard University Press, 2007.

William Safire, “The Biggest Vote”, *The New York Times,* May 18, 2000.

Robert G. Sutter, *Chinese Foreign Relations, 5th edition,* Rowman and Littlefield, 2020.

Nancy Bernkopf Tucker, *Taiwan, Hong Kong and the United States, 1945-1992,* Maxwell McMillan, 1994.

池田謙一・唐沢穣・工藤恵理子・村本由紀子『社会心理学　補訂版』有斐閣，2019年

【マ行】

【ヤ行】

【ラ行】

索　引

佐 橋　亮（さはし・りょう）

1978年（昭和53年），東京都に生まれる．国際基督教大学卒業，東京大学大学院法学政治学研究科博士課程修了．博士（法学）．東京大学特任助教，オーストラリア国立大学博士研究員，スタンフォード大学客員准教授，神奈川大学教授を経て，2019年より東京大学東洋文化研究所准教授．専攻，国際政治学，東アジアの国際関係．

著書『共存の模索　アメリカと「二つの中国」の冷戦史』（勁草書房，2015年）
『冷戦後の東アジア秩序　秩序形成をめぐる各国の構想』（編著，勁草書房，2020年）

米《べい》中《ちゅう》対《たい》立《りつ》
中公新書 *2650*

2021年7月25日初版
2021年10月25日3版

著　者　佐 橋　亮
発行者　松 田 陽 三

本文印刷　三 晃 印 刷
カバー印刷　大熊整美堂
製　　本　小 泉 製 本

発行所　中央公論新社
〒100-8152
東京都千代田区大手町 1-7-1
電話　販売 03-5299-1730
　　　編集 03-5299-1830
URL http://www.chuko.co.jp/

Published by CHUOKORON-SHINSHA, INC.
Printed in Japan　ISBN978-4-12-102650-7 C1231

中公新書刊行のことば

一九六二年一一月

いまからちょうど五世紀まえ、グーテンベルクが近代印刷術を発明したとき、書物の大量生産は潜在的可能性を獲得し、いまからちょうど一世紀まえ、世界のおもな文明国で義務教育制度が採用されたとき、書物の大量需要の潜在性が形成された。この二つの潜在性がはげしく現実化したのが現代である。

いまや、書物によって視野を拡大し、変りゆく世界に豊かに対応しようとする強い要求を私たちは抑えることができない。この要求にこたえる義務を、今日の書物は背負っている。だが、その義務は、たんに専門的知識の通俗化をはかることによって果たされるものでもなく、通俗的好奇心にうったえて、いたずらに発行部数の巨大さを誇ることによって果たされるものでもない。現代を真摯に生きようとする読者に、真に知るに価いする知識だけを選びだして提供すること、これが中公新書の最大の目標である。

私たちは、知識として錯覚しているものによってしばしば動かされ、裏切られる。私たちは、作為によってあたえられた知識のうえに生きることがあまりに多く、ゆるぎない事実を通して思索することがあまりにすくない。中公新書が、その一貫した特色として自らに課すものは、この事実のみの持つ無条件の説得力を発揮させることである。現代にあらたな意味を投げかけるべく待機している過去の歴史的事実もまた、中公新書によって数多く発掘されるであろう。

中公新書は、現代を自らの眼で見つめようとする、逞しい知的な読者の活力となることを欲している。

政治・法律

h2

108 国際政治(改版) 高坂正堯
1686 国際政治とは何か 中西 寛
2190 国際秩序 細谷雄一
1899 国連の政治力学 北岡伸一
2574 戦争とは何か 多湖 淳
2652 戦争はいかに終結したか 千々和泰明
2621 リベラルとは何か 田中拓道
2410 ポピュリズムとは何か 水島治郎
2207 平和主義とは何か 松元雅和
2576 内戦と和平 東 大作
2195 入門 人間の安全保障(増補版) 長 有紀枝
2394 難民問題 墓田 桂
2629 ロヒンギャ危機 中西嘉宏
2133 文化と外交 渡辺 靖
113 日本の外交 入江 昭

1000 新・日本の外交 入江 昭
2402 現代日本外交史 宮城大蔵
2611 アメリカの政党政治 岡山 裕
1272 アメリカ海兵隊 野中郁次郎
2650 米中対立 佐橋 亮
2405 欧州複合危機 遠藤 乾
2568 中国の行動原理 益尾知佐子
700 戦略的思考とは何か(改版) 岡崎久彦
2215 戦略論の名著 野中郁次郎編著
721 地政学入門(改版) 曽村保信
2566 海の地政学 竹田いさみ
2450 現代日本の地政学 日本再建イニシアティブ
2532 シンクタンクとは何か 船橋洋一